COLLECTION FOLIO

Georges Simenon

L'aîné
des Ferchaux

Gallimard

© Éditions Gallimard, 1945.

Georges Simenon naît à Liège le 13 février 1903. Après des études chez les jésuites, il devient, en 1919, apprenti pâtissier, puis commis de librairie, et enfin reporter et billettiste à *La Gazette de Liège*. Il publie en souscription son premier roman, *Au pont des Arches,* en 1921 et quitte Liège pour Paris. Il se marie en 1923 avec « Tigy » et fait paraître des contes et des nouvelles dans plusieurs journaux. *Le roman d'une dactylo,* son premier roman « populaire », paraît en 1924, sous un pseudonyme. Jusqu'en 1930, il publie contes, nouvelles, romans chez différents éditeurs.

En 1931, le commissaire Maigret commence ses enquêtes... On tourne les premiers films adaptés de l'œuvre de Georges Simenon. Il alterne romans, voyages et reportages, et quitte son éditeur Fayard pour les Éditions Gallimard où il rencontre André Gide.

Durant la guerre, il est responsable des réfugiés belges à La Rochelle et vit en Vendée. En 1945, il émigre aux États-Unis. Après avoir divorcé et s'être remarié avec Denyse Ouimet, il rentre en Europe et s'installe définitivement en Suisse.

La publication de ses œuvres complètes (72 volumes !) commence en 1967. Cinq ans plus tard, il annonce officiellement sa décision de ne plus écrire de romans.

Georges Simenon meurt à Lausanne en 1989.

NOTE DE L'AUTEUR

Il est peut-être utile, avant de commencer ce récit en marge de l'Affaire Ferchaux, de rappeler les grandes lignes de cette affaire. On ne trouvera plus loin, en effet, que des allusions à des événements qui ont, certes, des liens plus ou moins étroits avec la crise qui nous occupe, mais qui fourniraient la matière à plusieurs forts volumes.

On nous reprochera peut-être de n'avoir pas présenté l'affaire dans toute son ampleur et sa complexité. Nous ne l'avons pas tenté, préférant borner notre étude à un moment de la vie tumultueuse de Dieudonné Ferchaux, moment que d'aucuns ne manqueront pas de considérer comme le moins intéressant d'une existence fertile en péripéties dramatiques.

De l'Affaire Ferchaux proprement dite, nous nous contenterons de résumer, d'après les pièces du procès, les faits les plus importants.

Le 3 mars 1895 le vapeur Aquitaine, *des Chargeurs Réunis, débarquait, entre autres voyageurs, dans le* port de Matadi, au Congo belge, les frères Dieudonné et Émile Ferchaux.

Émile Ferchaux s'était embarqué à Bordeaux avec un billet régulier de troisième classe. Il n'en était pas de même pour son frère, Dieudonné, dont l'aventure avait alimenté toutes les conversations pendant la traversée, non sans mettre l'excellent commandant Beuret dans un certain embarras.

Trois jours après le départ de Bordeaux, en effet, Émile Ferchaux avait insisté pour être entendu par le commandant. Très pâle, il lui avait avoué que son frère et lui avaient, faute d'argent en quantité suffisante, fait le projet de voyager tous les deux avec un seul billet. Alors qu'Émile, le cadet, s'embarquait régulièrement, Dieudonné, caché à bord, devait recevoir chaque jour la visite de son frère qui lui apporterait une partie de sa propre nourriture.

D'avance, en rôdant sur les quais de Bordeaux, ils avaient choisi comme cachette une des embarcations de sauvetage installées sur le pont supérieur et toujours recouverte d'un taud de forte toile. Que s'était-il passé au moment du départ ? Dieudonné Ferchaux n'avait pu gagner sans être vu le pont des embarcations. Refoulé par les allées et venues de l'équipage, il avait pénétré — provisoirement, espérait-il — dans la cale avant, mais son frère n'avait pas tardé de voir les matelots bloquer les panneaux.

Pendant trois jours, Émile Ferchaux avait en vain essayé d'atteindre la cale par l'intérieur du navire et il s'était adressé, entre autres, à un steward qui ne lui avait été d'aucun secours.

Son récit fiévreux s'avéra exact, car on découvrit peu après Dieudonné Ferchaux dans la cale Nº 1. Encore qu'exténué par trois jours de jeûne absolu, sa première réaction fut de fuir à la faveur de l'entassement de marchandises qui emplissaient la cale, et le troisième officier raconta le lendemain qu'il avait fallu le traquer à travers caisses et ballots comme un chat sauvage.

Ses papiers apprirent que Dieudonné Ferchaux était né à Bordeaux le 13 février 1872, d'une certaine Eugénie Lamineux, épouse Ferchaux, domestique.

Dieudonné Ferchaux qui avait donc 23 ans exerçait en dernier lieu, à Saint-Nazaire, la profession de tôlier dans un chantier de constructions navales.

Son frère, Émile, était garçon épicier à Bordeaux.

Si l'aîné avait accompli son service militaire dans une formation du Génie, Émile avait été réformé pour faiblesse pulmonaire.

Il y eut, à Matadi, une conférence entre le commandant Beuret, le représentant de la Compagnie et le capitaine du port. Ces messieurs décidèrent en fin de compte de remettre les deux délinquants entre les mains du commissaire de police qui était à ce moment un Anversois du nom de Roels.

Celui-ci fut d'autant plus embarrassé que la ville naissante de Matadi ne comportait alors ni prison ni maison d'arrêt. Il envoya les frères Ferchaux, sans escorte, à Léopoldville, en les priant de se présenter, munis d'une lettre qu'il leur remit, au procureur du roi.

Contre toute attente, ils sonnèrent à la porte de ce personnage qui leur demanda pourquoi ils s'obstinaient à ennuyer les fonctionnaires belges alors que le Congo français était de l'autre côté du fleuve.

On vit peu les Ferchaux à Brazzaville, où ils prirent pension pendant quelques jours chez un Grec du nom de Léonidas.

Un an plus tard, on les retrouvait tous les deux beaucoup plus en amont, dans la région de Bolobo et de Gamboma. C'était l'époque où ils étaient un certain nombre à s'enfoncer dans la forêt, le long des rivières, à la recherche du caoutchouc.

Ils remontèrent le fleuve plus avant encore, jusqu'à la vaste région de marais et de forêts vierges qui entoure le confluent de l'Oubangui et du Congo. C'est là une cuvette immense et surchauffée où, comme disent les coloniaux, la saison sèche est la saison où il pleut le moins, ce qui signifie qu'il y pleut toute l'année et qu'on y vit dans une humidité perpétuelle. A certaines heures du jour seulement le soleil parvient à percer la couche épaisse de nuages. Jamais il ne perce la voûte autrement impénétrable que forment les arbres d'une forêt où les champignons sont gros comme des arbustes et les arbustes comme de vieux chênes.

Parlant de cette course vers l'amont, au cours de laquelle les deux frères semblaient s'acharner à distancer leurs concurrents, Dieudonné Ferchaux devait dire un jour :

— La question était d'arriver les premiers quelque part.

D'y arriver, d'y rester, de devenir les maîtres.

En 1900, l'année de l'Exposition, Émile Ferchaux

débarquait en France, ayant cette fois voyagé en seconde classe, et, pendant plusieurs mois, on le rencontrait dans les antichambres de tous les prêteurs d'argent.

Quand il repartit, via Matadi et Brazzaville comme précédemment, la Cocolou (*Comptoirs coloniaux de l'Oubangui*), *Société anonyme* au capital de 200 000 francs, était régulièrement inscrite au registre du commerce.

En 1910, la Cocolou comptait, tant sur les bords de l'Oubangui que sur les rives du Ngoko, de l'Alima et en général de toutes les rivières du delta de l'Oubangui, une quarantaine de comptoirs qui ramassaient le caoutchouc, les amandes de palme, le ricin et fournissaient en échange les indigènes en marchandises européennes.

Cette année-là, les frères Ferchaux achetèrent à une compagnie coloniale belge en faillite leur premier bateau à aubes, le Cocolou Ier, qui commença à faire la navette entre Brazzaville et le haut du fleuve.

Par la même occasion, Dieudonné Ferchaux acquit une *pinasse* à moteur qui devait devenir sa résidence personnelle, car si son frère Émile, installé à Brazza où il faisait déjà figure de personnage important, s'occupait des relations avec l'Europe, l'aîné continuait une vie sensiblement la même que celle de leurs débuts, allant sans cesse d'un comptoir à l'autre, prospectant les régions voisines, poussant sa pétrolette bourdonnante comme un gros frelon dans le courant des moindres rivières.

Personne ne l'avait revu à Brazzaville, où il n'avait

fait que passer jadis sans attirer l'attention. Une légende commençait à se créer à son sujet. On savait qu'il avait perdu une jambe alors que, la seconde année, il était seul en pleine forêt avec son frère. On savait aussi que, dédaigneux des revolvers et des fusils, il portait toujours sur lui quelques cartouches de dynamite.

Ce fut par le Congo belge, que le fleuve seul sépare du Congo français et du fief des Ferchaux, qu'on apprit l'histoire des trois nègres. Était-elle vraie ? Était-elle fausse ? Un Pahouin, réfugié à Coquilhatville, avait raconté que le Blanc-qui-n'a-qu'une-jambe jetait des sorts sur les nègres et que ceux-ci éclataient aussitôt.

A vrai dire, cela ne surprit ni n'indigna personne. Émile Ferchaux, questionné au cercle de Brazzaville, ne nia pas, avoua que son frère, sur le point d'être abandonné par ses porteurs qui le laissaient seul dans la forêt en emportant les vivres, avait lancé sur les meneurs une cartouche de dynamite et que trois indigènes étaient morts.

La Justice ne fut pas saisie.

La Cocolou prenait une importance grandissante, par suite, surtout, de la montée des cours de l'huile de palme. Des bateaux de différents tonnages s'ajoutèrent au premier. Il y eut le Cocolou XX, construit spécialement par les chantiers de Saint-Nazaire et amené en pièces détachées à Matadi. Une centaine de blancs travaillaient pour les Ferchaux tant dans les comptoirs qu'à Brazza.

Une seconde tradition naquit alors. Pour toute la

colonie, *les Ferchaux furent les patrons qui payaient le plus mal leurs employés.*

A cela, Émile, préposé aux relations extérieures, répondit :

— Nous leur donnons un fixe très modeste, c'est vrai. Mais ils peuvent se faire en pourcentages un revenu beaucoup plus important.

A quoi on répondait derrière son dos :

— Malheureusement, les pourcentages, on ne les touche jamais. Dieudonné Ferchaux est là pour ça !

Tout cela devait faire, des années plus tard, dans l'atmosphère si différente de Paris, l'objet de polémiques passionnées. Maints journaux écrivirent le mot « requin » en parlant de Dieudonné Ferchaux. On l'appela aussi le Satrape de l'Oubangui.

On l'accusa, non seulement d'avoir une ou plusieurs femmes indigènes dans chaque village, ce qui paraît exact, mais d'avoir abusé à maintes reprises de son ascendant sur les femmes de ses employés.

Bref, sa réputation devint d'autant plus exécrable que son pouvoir et sa fortune grandissaient.

Les Ferchaux voulurent-ils évincer les premiers bailleurs de fonds qui leur avaient permis de fonder la Cocolou ? Toujours est-il qu'en 1913, déjà, ils fondaient une première filiale pour l'exploitation des bois d'ébène et d'okoumé, puis, presque aussitôt après, une société pour la plantation du caoutchouc.

En 1915, enfin, l'importance financière des affaires Ferchaux, encore accrue par la guerre, était devenue telle qu'Émile Ferchaux quittait Brazzaville pour s'installer à Paris.

En vingt ans, son frère aîné n'avait fait qu'un seul voyage en Europe, en 1905. Quoique déjà riche, il avait accompli la traversée à bord d'un cargo qui l'avait débarqué à Dunkerque. On prétendit qu'il venait en France pour soigner sa jambe dont il continuait à souffrir. On ne le vit nulle part dans les milieux coloniaux de Paris où son nom commençait à être connu.

Ce voyage fut-il une déception ? Toujours est-il qu'il devait passer à nouveau vingt ans de sa vie sans quitter ses forêts et ses marécages de l'Oubangui.

Même en compulsant, dans les archives du Palais, le volumineux dossier de l'affaire Ferchaux, ou plus exactement des affaires Ferchaux, il est difficile d'établir exactement ce qui déclencha les poursuites.

En 1934 encore, les Ferchaux, celui de Paris que tout le monde connaissait, et le Ferchaux légendaire de la pétrolette, étaient de puissants personnages. On chiffrait communément leur fortune à plusieurs centaines de millions, certains disaient le milliard.

Sans doute pareilles richesses ne s'acquièrent-elles pas sans un certain nombre d'irrégularités plus ou moins graves. La loi est la loi, certes, mais il y a un niveau d'élévation sociale au-dessus duquel la Justice ne jette les yeux que si elle y est contrainte.

Pouvait-on ignorer la malheureuse aventure des trois nègres, que les frères Ferchaux n'avaient jamais pris la peine de nier ? Certes pas. Elle était passée à l'état de légende et, au cercle de Brazzaville, on la racontait

14

aux nouveaux, ébahis, comme un exploit des temps héroïques.

Ignorait-on davantage, en haut lieu, que les lois sur les sociétés, sur les bénéfices commerciaux, voire les simples règlements de douane étaient sans cesse enfreints — avec toutes les apparences de la légalité d'ailleurs — par les Ferchaux ? S'était-on assuré que les diverses concessions dont ils avaient bénéficié n'avaient pas eu leur contrepartie occulte ?

C'est difficile à croire et, dans une interview retentissante, maître François Morel, ancien avoué, devenu par la suite le conseiller de Dieudonné Ferchaux, déclarait :

« Si les grandes entreprises devaient obéir à la morale qui régit le commun des mortels, nous n'aurions ni banques, ni usines, ni grands magasins.

« Qu'on ne me fasse pas rire, messieurs ! avec cette subite crise d'honnêteté. Disons simplement : les Ferchaux, avec qui on a composé jusqu'ici, deviennent trop puissants et gênent d'autres puissances.

« La loi de la jungle joue donc.

« Mais, de grâce, qu'on ne me parle pas de la loi tout court, ni de moralité publique. »

Toujours est-il qu'en avril 1934, des poursuites furent engagées contre les frères Ferchaux sur les instances de M. Gaston Arondel, administrateur colonial de deuxième classe.

Cet Arondel, personnage de peu d'importance, mais qu'on décrit comme très suffisant, ne fut-il qu'un instrument ? C'est possible. Il est possible aussi qu'il agit pour des motifs personnels, pour venger sa vanité blessée par Dieudonné Ferchaux.

Il était difficile de prévoir, d'ailleurs, que ce procès-verbal, dressé par un brigadier de gendarmerie dans un petit poste de la forêt, déclencherait un scandale aussi retentissant. Il s'agissait d'amandes de palme et de faux poids. Sur l'ordre d'Arondel, les gendarmes saisirent balances et marchandises cependant que des indigènes qui n'y comprenaient pas grand-chose étaient appelés à signer d'une croix les procès-verbaux.

Or, Dieudonné Ferchaux, par orgueil, affirme-t-on, pour ne pas céder devant un Arondel qu'il traitait de moucheron fanfaron, se refusa à nier.

— Jamais, depuis que la colonie existe, un comptoir n'a acheté les amandes de palme autrement que moi. Les nègres seraient les premiers surpris si mes kilos devenaient de vrais kilos.

Arondel, dès lors, s'acharna sur le colosse. Toutes les transactions des Ferchaux étaient surveillées. Gendarmes, douaniers, fonctionnaires des finances surgissaient au moment précis où il y avait une irrégularité à signaler. Des employés furent invités à trahir leur patron.

Enfin, l'administrateur de deuxième classe dénicha Dieu sait où un Pahouin qui se prétendit le fils d'une des victimes de Ferchaux et qui porta plainte, laquelle plainte, après plus de vingt-cinq ans, fut bel et bien enregistrée.

Avec un synchronisme troublant, qui semblerait donner raison à ceux qui voyaient en Arondel un simple instrument, ce fut le moment que choisirent certains actionnaires des affaires contrôlées par les Ferchaux pour réclamer des comptes et se plaindre.

Au Gabon, Dieudonné tenait tête à l'orage, ou plutôt écrasait Arondel de son indifférence méprisante.

— Une démarche auprès de lui et vous le mettrez dans votre poche, lui affirmait-on.

C'est probable, possible en tout cas.

A Paris, Émile Ferchaux se défendait en invitant à sa table force personnalités de la finance et surtout de la politique.

Déjà mondain par goût, menant grand train, tenant table ouverte, il se mit à pourchasser plus particulièrement ministres, députés et directeurs de journaux qui étaient ses hôtes, soit dans un de ses châteaux, soit dans son hôtel particulier de l'avenue Hoche.

En fit-il davantage ? Soutint-il pécuniairement la réélection de certains députés ? Aida-t-il de ses deniers des personnages influents comme il l'avait déjà fait, affirmait-on, pour obtenir certaines concessions ?

Pendant près d'un an, en tout cas, on ne toucha ni à l'un ni à l'autre des Ferchaux et la bataille paraissait gagnée quand, soudain, il fut question de l'arrestation de Dieudonné.

En mai 1935, celui-ci débarquait en France pour se défendre. Aucune personnalité n'en fut avisée. Personne ne put le photographier au cours d'un séjour d'une semaine à Paris, où le milliardaire descendit dans un petit hôtel du Quartier Latin.

Les photographes guettaient encore l'hôtel particulier de l'avenue Hoche qu'il était déjà à Caen. Il y retrouvait maître François Morel, l'ancien avoué, l'homme véreux mais terriblement malin, qu'il avait connu au Gabon et dont il avait apprécié l'esprit froidement retors.

On a écrit depuis : « Si les Ferchaux avaient voulu composer, ils n'auraient pas été inquiétés. »

Comme pour Arondel, c'est possible. Composer avec qui ? Le dossier officiel ne permet évidemment pas de le savoir.

Émile, à Paris, a essayé de le faire. Mais son œuvre était anéantie par les coups de boutoir que son solitaire de frère lançait de sa retraite de Caen.

Des mois durant ce fut, dans le cabinet des hommes de loi et dans les bureaux de la Section financière du Parquet, un étrange combat. Des milliers de pièces constituaient peu à peu des dossiers qu'il faudrait des années pour débrouiller.

A tout moment, de jour comme de nuit, maître Aubin, l'ancien bâtonnier, que Dieudonné Ferchaux avait choisi pour le défendre, recevait de Caen des instructions bien faites pour émerveiller le juriste le plus retors. Les chefs d'accusation, en ce qui concernait les affaires commerciales et financières, tombaient les uns après les autres en même temps que des pièces gênantes disparaissaient des dossiers comme par magie. Des sociétés rivales, dont il n'avait jamais été question, se trouvaient compromises et il n'était pas jusqu'à certains actes des autorités coloniales qui n'apparussent soudain sous un jour nouveau, répréhensibles aux yeux de la loi stricte. Un gouverneur était obligé de démissionner. Peut-être se demandait-on en

18

haut lieu s'il n'eût pas mieux valu n'avoir jamais levé pareil lièvre.

Et ce n'est pas de Paris, en effet, où l'étude des dossiers eût pu durer des années encore en attendant d'inévitables prescriptions, que vint le coup de grâce.

Ce fut Arondel, l'administrateur de deuxième classe, qui l'emporta. Ce fut l'affaire des trois nègres qui, suivant son chemin, obligea M. Duranruel, procureur de la Seine, à signer, le 8 octobre 1935, un mandat d'arrêt au nom de Dieudonné Ferchaux.

L'Affaire Ferchaux entrait brusquement, d'une heure à l'autre, dans le domaine public. Les trois premières pages des journaux en débordèrent. Si le drame des trois nègres servait à jouer de la corde humanitaire et sentimentale, si la personnalité du Satrape de l'Oubangui donnait la note pittoresque où ne manquait même pas la pointe d'érotisme, le Krach, qu'on annonçait proche, des entreprises Ferchaux, les chiffres plus astronomiques de jour en jour que l'on citait mettaient sens dessus dessous la petite épargne.

Enfin, comme dans le scandale de Panama, on cherchait les noms que cachaient certaines initiales. La publication d'une partie du dossier Mercator, dont nul n'avait jamais entendu parler, établissait soudain que certains personnages consulaires avaient trafiqué de leur influence, entre autres lors de la concession à des entreprises étrangères d'une partie de notre patrimoine colonial.

On interpella à la Chambre. Des gifles furent échangées dans les couloirs. On parla de commission d'enquête.

Une mort dramatique, une disparition qu'on qualifia de mystérieuse devaient, presque d'un jour à l'autre, arrêter net cette effervescence. Au grand soulagement de ceux qui, malades ou en voyage depuis quelque temps, purent reparaître le front haut.
Ils ne connaissaient rien de l'Affaire Ferchaux.
C'est déjà, pour eux comme pour le public, une très vieille histoire et tout le monde s'est résigné à n'en pas savoir la fin.

PREMIÈRE PARTIE

L'HOMME DE L'OUBANGUI

I

Le train s'ébranlait d'une secousse brutale et Maudet, interrompu dans sa course, était collé, l'espace d'une seconde, contre la cloison du couloir, près de l'accordéon noir d'un soufflet. Alors, la viscosité de cette cloison, qui semblait suer gras et froid par une nuit pluvieuse d'octobre, lui entra dans les doigts, dans la peau, dans la mémoire ; elle devait à tout jamais s'associer pour lui à la notion de train de nuit.

Il en était conscient et c'est ce qui rendait la minute exaltante. Il allait jusqu'à prévoir qu'un jour, devenu un personnage important, il lui arriverait, obligé de traverser des wagons de troisième classe pour aller de son sleeping au restaurant, de passer furtivement les paumes de ses mains soignées sur les cloisons dans l'espoir de retrouver la même sensation.

Des baluchons, des valises sur lesquelles une ficelle suppléait aux fermetures démantibulées encombraient le passage, l'air glacé vous frappait soudain devant une vitre restée ouverte, des lumières crues, dehors, se mettaient à glisser, une cabine d'aiguillage, une lampe aveuglante au-dessus d'un tronçon de voie en réparation, les éclairs bleutés d'un chalumeau ; plus haut, au-dessus de la tranchée où le train s'étirait, des fenêtres étaient faiblement éclairées au flanc de maisons à pic, un autobus vert et blanc grimpait une rampe, le train fonçait dans un tunnel et Maudet respirait avec gourmandise l'odeur d'escarbilles et de sous-sol. Un wagon, deux wagons encore à traverser, en zigzaguant comme un ivrogne, des visages entrevus derrière les vitres, tous pâles, tous maladifs dans la poussière de lumière, une humanité que la nuit, le train, cette fuite vers quelque part rendait pathétique, yeux mornes ou fixes, ou résignés.

Il marchait vite. Il atteignait enfin de la main la poignée de cuivre, ses yeux cherchaient Lina qui regardait droit devant elle mais qui sentit sa présence avant de le voir, tressaillit, tourna vivement la tête en souriant déjà.

— Viens...

Elle n'avait pas besoin de le questionner. Elle lisait la joie, l'orgueil dans ses yeux. Elle voyait ses doigts frémir d'impatience tandis qu'il saisissait la valise de fibre posée au-dessus d'elle.

Il y avait de l'ironie, de la pitié, une ombre de mépris dans le regard qu'il accordait encore à ceux qui auraient dû être leurs compagnons de voyage : trois marins de Cherbourg, exténués par quarante-huit heures de permission à Paris, l'un d'eux si blanc qu'il semblait sur le point de vomir ; une paysanne en noir, aux cinquante ans durs et calmes, immobile pour toute la nuit, les deux mains posées sur un cabas d'osier noir serré dans son giron ; une fille mère enfin, en cheveux, les yeux délavés, entrouvrant déjà son corsage sur un sein dont elle rapprochait la tête d'un bébé minuscule.

Devant eux, Lina n'osa rien demander. Michel ne lui avait pas dit où il allait. A leur arrivée à la gare Saint-Lazare, ils avaient couru tous les deux le long du train. Le convoi était long. Les troisièmes étaient en tête. Maudet se retournait machinalement, sans ralentir sa course, pour épier les aiguilles de la grosse horloge suspendue dans l'espace.

— Monte...

Il l'avait hissée sur le marchepied glissant. La barre de cuivre était plaquée d'eau et de poussière de charbon.

Les autres étaient déjà las, installés pour la nuit. Lina s'était assise, mais Michel, debout, les avait regardés, ses prunelles s'étaient rétrécies, tout son visage était devenu plus mince, ses traits plus mobiles. Elle avait bien compris, en voyant battre imperceptiblement les ailes du nez.

Où était-il allé, d'où il revenait triomphant ?

— Viens...

On traversait la banlieue : un café éclairé, à un coin de rue, un rang de maisons basses, puis soudain un immeuble tout en hauteur qui paraissait ne tenir debout que par miracle, et, dans une rue déserte, un taxi égaré.

— Tu crois, Michel ?...

Il l'entraînait. Ils étaient deux, l'un derrière l'autre, à se heurter aux cloisons, à croiser des fantômes zigzagants qui cherchaient déjà les cabinets. Enfin, après un dernier soufflet aux tôles mouvantes, une lumière extraordinairement quiète, chaude et distinguée, un couloir au tapis rouge, aux cloisons d'acajou verni.

Lina entrevit le profil de Michel. Celui-ci n'était-il pas à cet instant comme un jeune animal qui, à force d'astuce et de volonté, a enfin retrouvé son élément ?

— Entre...

Un compartiment était vide, gris perle et bois verni, avec des appuis-tête au filet sur le dossier des banquettes et des photographies sur les cloisons.

— Si le contrôleur...

Il haussa les épaules, ferma la porte et rabattit sur le globe électrique des volets de toile bleue qui se rejoignaient comme des paupières.

— Voilà !

Il s'installait, s'enfonçait dans le mou des banquettes, s'étirait. Il se détendait enfin ! Ils étaient chez eux, à présent. Ils avaient fait leur coin. Ils pouvaient se serrer l'un contre l'autre — les petits cheveux de Lina qui s'échappaient de son béret de velours étaient perlés de pluie encore froide.

Elle pensait toujours au contrôleur.

— Qu'est-ce que tu lui dirais ?

Il haussa les épaules. A quoi bon prévoir ? Ils étaient bien. Ils étaient partis. N'était-ce pas déjà magnifique ? Le train, qui avait pris de la vitesse et qui saluait les premières campagnes d'un long coup

26

de sifflet, les emportait tous les deux dans un douillet wagon de première classe.

— Tu vois que cela s'arrange toujours !

Qu'est-ce qui s'arrangeait ? Tout et rien. Ils ne savaient pas. Ils ne pouvaient pas prévoir ce qui les attendait, mais ils avaient fait un pas en avant, ils avançaient et, pour Maudet, cela suffisait.

— Quelle est la première gare ?

— Mantes-Gassicourt, dans une demi-heure.

Elle faillit objecter :

— S'il montait quelqu'un ?...

A quoi bon ? Elle le regardait, debout à nouveau, retirant son imperméable jaune qui lui donnait un aspect famélique. Il était maigre. Son complet trop juste le faisait paraître efflanqué. Sous ses cheveux longs, toujours en désordre, d'un blond cendré que les filles lui enviaient, les yeux étaient fiévreux, les ombres bleutées de l'anémie modelaient les pommettes.

Il se penchait pour regarder les photographies : le Mont-Saint-Michel — l'Abbaye de Jumièges — un transatlantique sortant du port du Havre... Ses narines palpitaient, ses babines se retroussaient comme celles d'un jeune loup.

— Tu as peur ? se moqua-t-il.

— De quoi ?

Ne savait-elle pas qu'il avait besoin de la voir calme et confiante, placide, avec ce sourire un peu vague qui gonflait si naturellement ses lèvres charnues ?

N'était-ce pas lui qui avait peur, une peur vague

comme un malaise, qui le poussait, par défi, à toujours aller de l'avant et à jouer les insensés ?

— Tu m'attendras dans un hôtel près de la gare.

Ils étaient à peine partis qu'il voulait être arrivé. La veille, à minuit, ils ne savaient rien de ce voyage. Ils étaient affalés dans un coin de l'atelier de leur ami Lourtie, tout en haut de Montmartre, au pied du Sacré-Cœur. C'était le refuge pour les soirs sans argent. L'atelier était au fond d'une cour, au-dessus d'une remise. On était sûr d'y trouver n'importe quand trois ou quatre camarades. On mettait toutes les ressources en commun pour aller acheter de la charcuterie et du vin.

Il n'y avait pas l'électricité. De temps en temps, on levait la mèche d'une lampe à pétrole. Lina sommeillait sur un divan fait de vieilles caisses et d'une paillasse. Les hommes discutaient, buvaient, retrouvaient bientôt au fond de leurs poches quelque monnaie pour aller acheter de nouveaux litres.

Il était deux heures du matin quand ils redescendirent, Lina accrochée d'une main lasse au bras de son mari. Qu'est-ce qu'il disait ? Elle l'entendait qui parlait, qui s'exaltait encore, mais elle était trop abrutie pour suivre le fil de son discours.

Il n'aimait pas ceux qu'il venait de quitter. Il les méprisait.

— Des ratés, tu verras ! Ils ne comprennent pas que...

Que quoi ? Les pieds de Lina butaient. Michel avait la manie de se coucher le plus tard possible et elle finissait par se laisser conduire comme une somnambule.

Les lumières de la place Blanche. Elle sentait qu'il frémissait. Tout ce qui participait d'une vie insensible le faisait frémir, lui donnait des impatiences quasi douloureuses : un portier de cabaret en rouge ou en bleu, le hall et la porte tournante d'un palace, une limousine qui glissait sans bruit sur l'asphalte et la silhouette entrevue d'une femme enveloppée de fourrures...

— Tu verras, un jour!
— Mais oui.

Pour elle, le rêve immédiat, c'était son lit. Peu importait que ce fût dans la chambre étroite d'un hôtel meublé de la rue des Dames. Elle marchait plus vite. Elle avait hâte de sortir de la zone dangereuse. Elle sentait que Michel était attiré de tous les côtés par des fils invisibles.

— Tiens, Buchet!

Ils étaient presque sauvés. Ils avaient atteint la partie la moins éclairée du boulevard de Clichy et voilà que Maudet repérait une silhouette glissant le long des arbres, une vaste cape noire, un chapeau d'artiste, une barbe roussâtre.

— Salut, vieux... Tu rentres?
— Et toi?

Buchet, qui avait failli être prix de Rome et qui composait des sonates, tapait chaque soir le piano dans une boîte du boulevard Rochechouart, un faux cabaret dont l'enseigne imitée des cabarets fameux du début du siècle n'attirait plus que de rares bourgeois de province.

Il rentrait chez lui, on ne savait où. On ne savait jamais ce qu'il faisait. Certain soir, on le voyait surgir dans l'atelier de la rue du Mont-Cenis, bien peigné, bien lavé, un rouleau de musique dans la poche. D'autres fois, on le rencontrait hâve et crotté comme un clochard et il vous frôlait en feignant de ne pas vous reconnaître.

— On prend un verre ?
— Si tu veux.

C'est à peine si Lina, de sa main posée sur le bras de Michel, osait une pression timide en forme de prière. Elle savait que rien ne le retiendrait. Tant qu'il y avait encore de la vie dehors, quelque chose à voir, à entendre, à renifler, il lui en coûtait d'aller s'enfermer entre quatre murs, de sombrer bêtement dans un sommeil anéantissant.

Ils poussèrent la porte d'un tout petit bistrot de la place Clichy où il n'y avait qu'une marchande de fleurs et un chauffeur de taxi, s'accoudèrent au zinc, près des œufs durs et des sandwichs desséchés.

— Deux calvados, patron. Qu'est-ce que tu prends, Lina ?
— Rien, merci.

Michel n'aimait pas plus Buchet que les autres. Peut-être seulement l'estimait-il, avait-il pour lui un respect inconscient, à cause du courage qu'il avait de sombrer plus bas que n'importe qui. Certains n'affirmaient-ils pas avoir vu le musicien fouiller furtivement dans les poubelles ?

Ils n'avaient rien à se dire. Cela n'avait pas d'importance. Il y avait de la lumière, des reflets sur les bouteilles, les joues lavées de pluie de la marchande de fleurs, le visage terreux du chauffeur qui mangeait un œuf.

Or, c'est là que l'aventure, par le plus inattendu des hasards, devait commencer. La porte s'ouvrit. Maudet vit, dans la glace d'abord, un jeune homme en pelisse, coiffé d'un chapeau melon, ganté de clair, qui s'avançait vers le comptoir en affectant l'assurance d'un noctambule.

— Vous me donnerez un café.

Déjà il s'interrompait :

— Tiens, Buchet !... Et Maudet... Qu'est-ce que vous faites ici ?

Lui aussi, malgré sa pelisse et son melon, faisait partie de la bande du Mont-Cenis. Michel ne se rappelait pas son nom. C'était un des visiteurs intermittents. Il était dans les affaires, il était plus exactement sans cesse à la chasse de la bonne affaire. Il voyait des gens, beaucoup de gens. Sa vie se passait à courir après les personnes influentes.

— Tu prends un calvados avec nous ?

Une inquiétude dans son regard. Il ne devait pas avoir de quoi payer la tournée. Maudet le rassura en tirant son dernier billet de cinquante francs de sa poche.

— A propos... Tu ne connais pas quelqu'un qui cherche une place de secrétaire ?

— Secrétaire de qui ?

— Attends...

Le garçon à la pelisse avait toujours un portefeuille bourré de cartes de visite et de bouts de papier.

— C'est un type qui m'a parlé de ça tout à l'heure... Il paraît que la place est bonne, qu'on voyage beaucoup, qu'il faudra peut-être aller en Afrique...

Lina, qui sommeillait en se regardant vaguement dans la glace, tressaillit à l'instant précis où les traits de Michel se durcissaient.

— Dis !

— Attends... Non, ce n'est pas celui-ci... Ah ! je l'ai écrit sur cette enveloppe... Un certain M. Dieudonné, rue des Chanoinesses, à Caen...

— Qu'est-ce qu'il fait ?

— Je n'en sais rien... A ce qu'on m'a dit, c'est un original... Voilà déjà deux ou trois secrétaires qui défilent en peu de temps... Pourtant, cela doit être bien payé...

— Combien ?

— On ne me l'a pas dit... Le type a plusieurs châteaux, des bateaux, je ne sais quoi encore...

— Tu es sûr que la place n'est pas prise ?

— On m'a donné le tuyau à deux heures cet après-midi... Il faut s'adresser à un notaire de Paris, M. Curtius... Je n'ai pas son adresse, mais tu la trouveras dans l'annuaire des téléphones...

— Vous avez un annuaire des téléphones, patron ?

— Dans la cabine.

Il trouva. Maître Curtius, notaire, rue de l'Éperon.

A quatre heures du matin, Lina, couchée près de Michel, avait encore conscience que celui-ci continuait à lui parler, mais elle sombra bientôt dans un sommeil total.

A onze heures, elle s'éveilla la première et elle faisait sa toilette quand il bondit hors du lit.

— Laisse-moi m'habiller, que j'aille téléphoner tout de suite au notaire. Il sera bientôt midi et on ne me répondra plus.

Le temps était glauque. Des traînées de pluie n'en finissaient pas de sécher sur les toits et sur les trottoirs. Il téléphona de chez le marchand de vins voisin.

— Maître Curtius ?... Oui, personnellement... C'est maître Curtius qui est à l'appareil ?... Je vous téléphone au sujet de M. Dieudonné... Oui... Comment ?

Son front s'assombrissait. D'une voix insupportablement calme, le notaire, derrière qui on entendait crépiter une machine à écrire, expliquait qu'il lui était difficile de donner une réponse sûre, qu'il avait bien été chargé par M. Dieudonné de lui trouver un secrétaire mais que, depuis, celui-ci en avait peut-être trouvé un de son côté... Que Maudet donne donc son adresse et ses références... Mieux, qu'il mette tout cela par écrit, avec des recommandations si possible... Le notaire se chargeait de faire suivre le tout et, dans une semaine au plus, vraisemblablement, il recevrait une réponse...

Avant de sortir du bistrot, Michel but deux pernods coup sur coup, son front se dérida, il pénétra dans la charcuterie d'en face pour acheter des coquilles de langouste et reparut, triomphant, devant

Lina qui avait eu le temps de s'habiller et qui faisait bouillir de l'eau pour le café sur une lampe à alcool. Malgré le froid, la fenêtre était ouverte, à cause de l'odeur, car la tenancière interdisait de cuisiner dans les chambres.

— Eh bien ?
— Je crois que ça y est. Nous partons pour Caen.
— Qu'est-ce que le notaire t'a dit ?
— Il croit que la place n'est pas prise.
— Il croit ?
— C'est-à-dire qu'il en est à peu près sûr.

Elle savait qu'il mentait. Elle savait aussi qu'il ne servirait de rien de le contrecarrer.

— Avec quel argent veux-tu partir ?

Leur restait-il seulement vingt francs des cinquante de la veille ? Elle reconnaissait déjà le regard qu'il lançait autour de lui : il cherchait quelque chose à vendre, ou à porter au Mont-de-Piété.

Il y avait à peine cinq mois qu'ils étaient mariés et il ne leur restait pas grand-chose ayant quelque valeur. La montre en or de Lina avait été engagée deux semaines après leur arrivée à Paris. On avait revendu ensuite à un prix dérisoire le smoking que Michel s'était fait faire pour se marier.

Le manteau de Lina, un confortable manteau de drap que ses parents lui avaient commandé chez le meilleur tailleur de Valenciennes, avait été sacrifié à son tour.

« — Il est trop chaud pour Paris. En outre, il fait province. Il est trop sérieux pour toi... »

— Écoute, Lina, il faut absolument que nous

partions... C'est une occasion unique... Attends-moi... Je cours avant tout voir René...

Un ami de Valenciennes, qui vivait chez une tante, rue Caulaincourt, et qui était employé dans une compagnie d'assurances de la rue Pillet-Will.

Lors de ses débuts à Paris, alors qu'il était venu seul pour chercher une situation avant d'épouser Lina, Maudet avait déjà eu recours à lui. Et même, à une époque où il n'avait pas un centime en poche, il avait couché chez lui, à l'insu de la tante, se cachant sous le lit de son ami quand celle-ci faisait irruption dans la chambre.

— Mange au moins ta coquille.

Il rentra à deux heures, les nerfs tendus, les yeux plus fiévreux que jamais, mais il n'avait trouvé qu'une quarantaine de francs que René, sous un prétexte humiliant, avait obtenus en avance sur son traitement du caissier de la compagnie.

— Tu comprends, Lina, il faut coûte que coûte...

Elle s'attendait à la scène. Elle en prévoyait les phases. Les dents farouchement serrées, les poings tendus, puis les larmes jaillissant enfin, des larmes de rage.

— Je sens que je réussirai, tu ne me crois pas ?... Moi, je sais !... Je suis sûr... Et, à cause d'une stupide question d'argent...

Il les avait tous eus comme cela, même Raoul Bocage, le père de Lina, qui avait toujours juré de ne donner sa fille qu'à un garçon sérieux, ayant une situation stable.

Eh bien, il l'avait donnée à Maudet ! Un gamin de

vingt ans, parti pour Paris quelques mois plus tôt et qui prétendait y gagner largement sa vie !

Le père Bocage, qu'on disait malin, bien qu'il fût toujours entre deux vins, avait cédé devant un bout de papier à en-tête d'un grand journal affirmant que le nommé Michel Maudet était employé comme reporter par ce journal aux appointements de deux mille francs par mois, plus les piges.

— Ce n'est pas beaucoup, mais c'est une carrière qui...

Ce jour-là, rue des Dames, Michel savait où il voulait en venir. Lina, elle, ne le soupçonnait pas encore. Elle attendait, cherchant à comprendre.

— Dans six mois, un an au plus, je gagnerai de quoi racheter tout ce que nous avons vendu et dix fois plus !

Il y venait enfin. Lina avait encore son linge, le trousseau que sa mère lui avait donné.

— Tu comprends ? Ce n'est pas du linge pour toi, c'est du linge de petite bourgeoise de province. Quand j'aurai réussi...

Elle ne résista presque pas, sinon la scène se fût prolongée et il eût donné des coups de poing dans les murs comme il le faisait quand il atteignait au comble de la rage. Vers quatre heures, ils s'acheminaient tous les deux vers la rue des Blancs-Manteaux.

Déception ! Le Crédit municipal venait de fermer ses portes. Michel n'abandonna pas pour si peu. Ils pénétrèrent dans d'étranges boutiques où de vieux juifs palpèrent de leurs doigts sales le linge de Lina qu'on sortait pièce à pièce de la valise.

A six heures, ils étaient riches de trois cent vingt francs et ils dînaient dans une brasserie des Grands Boulevards.

— Garçon ! Apportez-moi l'indicateur des chemins de fer.

Il voulait partir tout de suite. Le train de nuit les déposait à Caen à 2 heures 8 du matin.

— Qu'est-ce que tu veux faire à deux heures du matin dans une ville que tu ne connais pas ? Prenons plutôt le premier train du matin.

Ne comprenait-elle donc pas que le train de nuit était nécessaire à l'aventure, et l'arrivée dans une gare inconnue, la salle d'attente sordide, les corps allongés sur les bancs, les traînées de mouillé par terre ?

— Je tiens à être à la première heure chez ce M. Dieudonné.

— Puisque tu me dis que la place n'est pas prise, qu'il n'y a personne sur les rangs ?

— On ne sait jamais.

Il avait peur ! Il tremblait d'angoisse ! Il valait mieux ne pas y penser, se jeter dans le bain le plus vite possible.

Ils avaient couru rue des Dames. Ils avaient bouclé la valise où il restait tout juste, pour chacun, une chemise et des bas de rechange, le réchaud à alcool, deux assiettes, des tasses et des couverts.

— Je sens, vois-tu, que c'est notre avenir qui se joue.

Et, quand il *sentait* de la sorte, il n'admettait pas qu'un obstacle se dressât sur sa route.

— Il va falloir payer la chambre, objecta Lina.

— Si on paie la chambre, il ne nous restera même pas assez pour le voyage.

Il la fit descendre la première pour s'assurer qu'il n'y avait personne dans le corridor. Il attendait le signal dans l'escalier, la valise à la main. Il se précipita enfin, bondit dans la rue, courut sans se retourner jusqu'au boulevard des Batignolles tandis que Lina longeait plus lentement les maisons.

— Tu vois ! Nous leur rembourserons ça plus tard.

Tout cela, c'était la partie sordide de l'aventure. Il n'y avait qu'à l'effacer. Il n'y penserait plus jamais. Quand il fermait les yeux, il lui arrivait bien...

Mais non ! Le train roulait. Ils étaient serrés l'un contre l'autre dans un coin, comme de jeunes chats devant le feu. La main de Maudet caressait un peu de chair dans l'échancrure du corsage de sa femme.

— Attention, Michel... Si quelqu'un venait...

— Tout le monde dort.

— J'ai peur.

Allait-elle lui gâcher son plaisir en l'empêchant de faire l'amour, cette nuit-là, dans la moelleuse intimité de leur compartiment de première classe ?

Après, elle s'endormit, tressaillant chaque fois qu'elle croyait entendre les pas du contrôleur dans le couloir. Lui se levait, collait son front à la vitre embuée, striée, à l'extérieur, de longues diagonales de pluie. Il absorbait tout, les moindres lumières à l'entrée des villages, les gares obscures qui défilaient, les barrières laiteuses des passages à niveau. Tout lui était bon, il se gavait, frémissant, et quand le train s'arrêta pour dix minutes en gare d'Évreux, il ne résista pas au désir de foncer vers le buffet, de boire un verre d'alcool, d'acheter une pomme pour Lina, malgré le danger d'attirer l'attention du contrôleur.

— Où sommes-nous ?
— Évreux.
— Quelle heure est-il ?
— Minuit.

L'odeur de la pomme qu'elle croquait, les portières qu'on refermait bruyamment...

L'arrière-goût de train qu'il gardait dans la gorge et dans tout son être tandis qu'ils traversaient une place déserte, sonnaient à la porte d'un hôtel pour voyageurs, suivaient le gardien de nuit en savates vers une chambre sans eau courante, au lit couvert d'une courtepointe.

— Surtout, n'oubliez pas de m'éveiller à huit heures.

Il s'éveilla à sept, de lui-même. Il ne faisait pas tout à fait jour. Il se rasa à l'eau froide, s'habilla et erra par les rues gluantes de pluie, franchissant deux fois le même canal, s'adressant enfin à un boueux pour s'informer du centre de la ville.

A huit heures, il était dans l'étroite rue des Chanoinesses, au pavé inégal, au trottoir quasi inexistant, bordée de vieux hôtels flanqués de bornes de pierre.

Le 7, qu'on lui avait indiqué, n'était qu'une monumentale porte cochère verte entre deux murs aveugles. On n'avait pas assez de recul pour voir ce qu'il y avait derrière. On ne découvrait qu'un toit d'ardoise.

Allait-il se présenter de si bon matin ? Il déambulait le long de la rue, les mains enfoncées dans les poches de son imperméable, le chapeau amolli par la pluie. Son estomac le tiraillait un peu. Il alla manger des croissants trempés dans du café.

— A neuf heures, je sonne !

Il sonna à huit heures et demie. En tirant le bouton de cuivre, il déclencha, dans le silence de la cour rendu plus sensible par le fin bruissement de la pluie, une cloche de couvent au son grave qui n'éveilla aucun écho.

Il attendit, recula dans l'espoir d'apercevoir des fenêtres par-delà le mur, sonna une fois encore.

Ce fut derrière lui, dans la maison d'en face, qu'une fenêtre ornée d'un géranium s'ouvrit au rez-de-chaussée. Une femme en bigoudis lui demanda :

— Qu'est-ce que vous cherchez ?

— C'est bien ici chez M. Dieudonné, n'est-ce pas ?

— Il n'y a personne.

— Vous ne savez pas où je pourrais le trouver ? C'est pour une affaire urgente.

— Ils étaient ici hier, mais ils sont partis à la soirée. Ils étaient en auto. Il y a des chances que vous les trouviez à leur campagne.

Devait-il avouer qu'il ne savait rien de M. Dieudonné et qu'il ignorait où était cette campagne ? La femme était sur le point de refermer sa fenêtre. On distinguait, dans le clair-obscur de la chambre, une petite fille en chemise qui attendait que sa mère l'habille.

— Pardon, madame. Voudriez-vous me donner son adresse ?

— Je ne sais pas au juste. Je sais seulement que c'est du côté d'Arromanches...

Michel avait-il tort de croire aux miracles ? N'en était-ce pas un qui se produisait ? Juste à ce moment, on entendit des pas au coin de la rue Saint-Jean et de la rue des Chanoinesses. La femme n'eut pas besoin de regarder de ce côté. Elle dit :

— Ce doit être le facteur. Il pourra sûrement vous renseigner.

En effet, le facteur le renseigna. M. Dieudonné habitait la villa « La Guillerie », entre Courseulles et Arromanches.

— En vous dépêchant, vous attraperez encore le vicinal sur la place du Marché.

Maudet avait laissé Lina à l'hôtel, où elle devait dormir et où il n'avait pas le temps de passer.

Par crainte de rater son vicinal, il se mit à courir le long des maisons.

— J'en serai quitte pour lui téléphoner. D'ailleurs, comme elle n'est sûrement pas prête, elle ne pourrait quand même pas m'accompagner.

Une odeur de choux mouillés, de choux-fleurs surtout. Il atteignit le marché aux légumes. Deux vicinaux noirs d'encre stationnaient au milieu de la place, au ras des paniers.

— Arromanches, s'il vous plaît ?

— Le premier... Dépêchez-vous...

Il trouva cependant le temps d'avaler un verre de vin blanc dans un des caboulots du marché. N'aurait-ce pas été navrant de ne pas goûter à l'atmosphère si savoureuse de ces petits cafés-là ? Il était en nage sous son imperméable, d'avoir couru. Il sauta sur le marchepied de la dernière voiture et resta sur la plate-forme où de longues gouttes d'eau tombaient autour de lui comme des flèches de cristal.

Ils avaient déjà dépassé le premier village et le contrôleur surgissait de l'intérieur embué quand il rougit, ressentit un petit choc : il avait oublié de laisser de l'argent à sa femme qui n'avait pas un centime dans son sac.

Bah ! N'était-elle pas à l'hôtel et ne pouvait-elle pas, en l'attendant, se faire servir ce qu'elle voulait ? Il lui téléphonerait dès son arrivée. Il lui téléphonerait... Comment ?... La nuit, il n'avait pas regardé l'enseigne du meublé. Il en ignorait le nom. C'était devant la gare. Il y avait, côte à côte, quatre ou cinq hôtels pour voyageurs.

Il valait mieux ne pas y penser. Il alluma une cigarette. Une grosse goutte d'eau tomba juste au milieu de celle-ci et dessina une tache grise sur le papier. La fumée stagnait un long moment, comme hésitante, sur la plate-forme, avant d'être happée par le courant d'air et d'aller se dissiper dans la pluie.

II

Le contrôleur lui avait dit, alors qu'ils étaient tous les deux, le nez humide, les mains dans les poches, à battre la semelle sur la plate-forme arrière du vicinal :

— Quel jour sommes-nous ? Vendredi ? C'est le marché à Luc. Nous avons toutes les chances, à Langrune, d'attendre un quart d'heure la correspondance de Ouistreham.

Il est vrai qu'il avait ajouté :

— A moins qu'il soit en avance. Avec lui, on ne sait jamais. C'est trop ou pas assez.

Maudet s'était promis de profiter de cet arrêt à Langrune pour essayer de téléphoner à Lina. Elle s'était rendormie, c'était certain. Il croyait la voir, un bras replié sous sa tête. Il n'avait pas refermé les rideaux. La lumière crue, qui venait de la cour et que reflétait le zinc mouillé d'une plate-forme, devait la déranger dans son sommeil. Elle n'allait pas tarder à se réveiller, à tâter machinalement la place vide et déjà froide à côté d'elle.

Des haies s'égouttaient au ras du petit train noir, des champs s'étendaient à perte de vue sous un ciel gonflé d'eau et Michel faisait exprès d'imaginer la chambre, sa femme debout, les yeux brouillés de sommeil, cherchant une allumette pour allumer sa lampe à alcool afin de chauffer son fer. Il s'amusait à évoquer les détails : les pieds nus sur le tapis terne ; le rectangle de linoléum rougeâtre devant la toilette. Il s'ingéniait à retrouver la couleur du papier peint, à revoir la place de la gare, les enseignes en grosses lettres blanches : était-ce l'hôtel du Chemin de Fer ? l'hôtel des Voyageurs ?...

Dès que le vicinal s'arrêterait, il se l'était promis, il foncerait vers la cabine téléphonique du premier café venu. Mais, déjà un peu avant d'arriver à Langrune, il respira dans l'air une poussière d'eau qui n'était pas celle de la pluie, qui était celle des embruns que le vent d'ouest apportait de la mer. Il lécha ses lèvres, se persuada qu'elles avaient un goût de sel. Les narines dilatées, il cherchait à distinguer l'odeur du varech.

Le train s'arrêta sur une petite place où, sur des rails voisins, le vicinal de Ouistreham qu'on attendait viendrait se ranger. Il ne remarqua d'abord rien, qu'un village banal, puis il se pencha, descendit, et alors, au bout d'une rue, il aperçut un tas de sable et de gravier, un espace désolé qui ressemblait à un chantier de démolition. La couleur dominante était un blanc crayeux. De grands oiseaux d'un blanc plus cru encore se détachaient sur le ciel sombre et Maudet comprit que c'était la mer, se précipita, découvrit un gros rouleau effervescent qui arrivait inlassablement du large et retombait avec majesté sur la plage.

C'était la première fois qu'il voyait la mer. Il faisait sa connaissance un matin qu'elle était d'un gris si plombé que le ciel en paraissait clair. Parmi le désordre d'une plage qu'on eût dite abandonnée, on découvrait quelques cabines à demi déracinées ; en se retournant, on apercevait deux laids hôtels dont tous les volets étaient clos.

Pourtant, il n'eut aucune désillusion.

Malgré sa crainte du ridicule, il eut besoin de marcher jusqu'à se faire lécher les pieds par l'ourlet de la première vague, il lui fallut se baisser, mouiller ses deux mains, ramasser une longue herbe gluante qu'il renifla, se pencher encore pour saisir un coquillage cassé qu'il glissa dans sa poche. *shellfish*

Le sifflet du train de Ouistreham le rappela à la réalité. Il courut, s'aperçut qu'il avait encore du temps devant lui et éprouva le besoin de boire.

Il n'avait aucun remords en pensant à Lina et au téléphone. D'ailleurs, leur hôtel ne s'appelait probablement ni l'Hôtel de la Gare, ni l'Hôtel du Chemin de Fer, ni l'Hôtel des Voyageurs.

Le calvados lui brûlait la gorge. Il y avait, par terre, des paniers de marée et, à une table, des hommes en costume de pêcheurs.

— La même chose, patron... Vite...

Et dès lors, il ne cessa presque pas d'apercevoir la mer, d'apercevoir tout au moins les dunes qu'on longeait, dans lesquelles, parfois, le petit train noir et gluant avait l'air de vouloir pénétrer. Son exaltation croissait. Il avait envie de courir, d'aller plus vite. Il avait hâte de savoir. Il avait peur.

Le contrôleur lui avait promis de l'avertir dès qu'on approcherait de La Guillerie.

— Il n'y a pas d'arrêt régulier, mais j'avertirai le mécanicien.

Pourquoi le contrôleut était-il invisible, s'attardant sans doute à bavarder dans le wagon de tête ? S'il allait oublier ? Maudet avait vu des paysannes attendre au bord de la voie, en pleine campagne, avec leurs paniers, et le petit train s'arrêter devant elles. Il ne connaissait pas La Guillerie. Il serait incapable de reconnaître la villa de M. Dieudonné.

Sur la gauche, au-delà de la route luisante, on ne voyait à perte de vue qu'une sorte de marécage couvert de touffes d'herbes sèches et rares, et, à droite, toujours les dunes, parfois semées de galets livides.

Le train s'arrêtait enfin. Il allait se précipiter. Le contrôleur se montrait enfin.

— Ce n'est pas encore pour vous.

Un kilomètre ou deux plus loin, enfin, l'homme lui désigna une maison qui se dressait toute seule dans la dune.

— C'est La Guillerie ?

Il fit oui de la tête tandis que, sans attendre que le convoi eût stoppé, Michel sautait sur le sol sablonneux.

Il avait le sang aux joues, soudain. Il avait eu tort de boire. Trois ou quatre fois, dans les villages, il s'était précipité vers le premier estaminet Il avait la bouche pleine du goût du calvados. Est-ce que M. Dieudonné n'allait pas sentir à son haleine qu'il avait bu ? Dans ses cas-là, ses gestes étaient tranchants, son regard trop vif, presque méchant.

Il restait debout, immobile, à regarder le petit train qui s'éloignait, l'étrange maison qui ressemblait si peu à ce qu'il s'attendait à trouver, et il avait grand-peine à n'être pas déçu. On ne voyait que cette bâtisse dans l'immensité du décor, à vingt mètres de la route, debout comme une chose inachevée et pourtant déjà vieille, sans même une clôture autour d'elle. Elle n'avait pas l'air d'avoir poussé là, de faire partie du paysage, mais d'avoir été apportée par erreur de quelque banlieue ou de quelque petite ville.

C'était une grande construction en briques noircies, à deux étages, trop haute pour sa largeur. Elle n'était pas faite, avec ses deux pignons nus, pour rester ainsi toute seule, mais pour être étayée, dans une rue, par d'autres maisons pareilles. Une camionnette dont la capote mal attachée claquait dans le vent stationnait devant la porte fermée et Maudet s'approchait en décrivant un arc de cercle comme s'il eût voulu prudemment inspecter les abords.

Sa fièvre tombait. Il perdait confiance en lui. Qu'était-il venu faire ici ? Pourquoi s'était-il lancé avec des espoirs aussi fous sur la piste d'un M. Dieudonné dont il ne savait rien ? Il se sentait vide et froid dans le vent qui plaquait sur son corps maigre son imperméable mouillé et, une fois encore, il pensa à

Lina vaquant à sa toilette dans la chambre miteuse de Caen.

Pour en finir, il étendit le bras vers un cordon de sonnette, se rendit aussitôt compte qu'il n'y avait pas de sonnette. Sans la présence de la camionnette, il aurait pu croire que la maison était vide, que jamais ces murs absurdes n'avaient été habités. Il frappa. Puis il frappa toujours plus fort, pris d'une panique qu'il voulait surmonter. Enfin, il s'élança, fit le tour de la maison, découvrit, du côté de la mer, une seconde porte ensablée et colla son visage à la vitre.

Dans la pénombre d'une pièce où régnait un calme inhumain, il finit par discerner une épaisse silhouette de femme immobile, le visage tourné vers le sien et, après une attente qui lui parut longue, cette femme, qui était vieille, avec des mèches de cheveux blancs sortant d'un bonnet, s'approcha enfin de la porte, tira un verrou et ouvrit.

Pourquoi le regardait-elle sans rien lui demander ?

— C'est bien ici qu'habite M. Dieudonné ? questionna-t-il.

Et elle, placide :

— Qu'est-ce que vous lui voulez ?

— Je viens de la part du notaire Curtius, de Paris.

Était-elle convaincue ? Doutait-elle encore ? Il y eut encore un temps d'arrêt avant qu'elle prononçât :

— Faites le tour de la maison. Je vais vous ouvrir.

Une fois devant la porte principale, il l'entendit venir à pas feutrés le long du corridor, tourner une clef dans la serrure.

Le corridor était étroit, pavé de mosaïque jaune et

rouge comme dans les maisons bourgeoises, les vitraux de l'imposte répandaient une lumière rougeâtre. Il y avait un portemanteau à droite, un porte-parapluies, deux portes sombres, peintes en faux chêne, du côté gauche, puis un escalier qui conduisait au premier étage où on entendait du bruit.

— Entrez là.

Il crut qu'elle allait le laisser seul, mais elle entra derrière lui et referma la porte. Ils se trouvaient dans une pièce qui avait dû être un salon. Des lambris noirs couvraient les murs jusqu'à un mètre de hauteur. Au-dessus, une tapisserie en tissu brun était décollée par endroits, déchirée aux places où il y avait eu des clous pour suspendre les tableaux.

Machinalement, Maudet essayait, sans y parvenir, de définir l'odeur qui régnait.

— M. Dieudonné est ici ? questionna-t-il d'une voix mal assurée.

Des meubles étaient entassés dans un coin, une bibliothèque vide, des fauteuils empilés les uns sur les autres, une table Henry II avec des têtes de lion sculptées aux angles.

— Vous connaissez M. Dieudonné ? questionnait la vieille.

Il faillit mentir.

— C'est-à-dire... que je le connais de nom. Maître Curtius m'a dit qu'il cherchait un secrétaire et que je ferais l'affaire.

Il n'aimait pas la façon calme et soupçonneuse dont elle l'observait de la tête aux pieds. On eût dit qu'elle hésitait à le mettre à la porte, que cela lui en coûtait de lui entrouvrir la maison. Ce qu'il y avait de plus étonnant chez elle, c'était sa capacité d'immobilité et de silence.

— C'est bon, soupira-t-elle enfin. Quand il descendra, je l'avertirai que vous êtes là.

Elle se retira en glissant sur ses pantoufles de feutre. Il eut l'impression qu'elle restait un moment derrière la porte, à écouter. Elle ne l'avait pas invité à s'asseoir. Il y avait des chaises, dépareillées, mais elles étaient encombrées de vieux papiers, de cahiers de musique, d'objets hétéroclites.

— Sans doute qu'il emménage, songea-t-il pour se rassurer.

Des pas lourds, au-dessus de sa tête, des allées et venues, des bruits plus sourds, comme si on traînait des meubles, ce qui le confirma dans son idée d'emménagement. Un murmure de voix.

Il n'avait plus de montre et il jugea qu'il devait être un peu moins d'onze heures. Il avait froid. La pièce n'était pas chauffée et il y régnait une humidité crue. Une fois encore, il pensa à Lina, eut des remords de ne pas lui avoir téléphoné, trembla à l'idée de la rejoindre pour lui annoncer qu'il s'était lancé avec tant d'ardeur dans une voie sans issue.

Le camarade rencontré dans le bar de la place Clichy ne s'était-il pas trompé ? Il ne parvenait pas à se souvenir de son nom. Pourtant, le notaire Curtius lui avait bien confirmé au téléphone que M. Dieudonné cherchait un secrétaire.

La porte de communication avec la pièce voisine était entrouverte. Il s'avança sur la pointe des pieds, jeta un coup d'œil, aperçut une grand feu de bois dans l'âtre, une table, des chaises, une fenêtre sans rideaux par laquelle on découvrait au-delà des dunes la bande gris sombre de la mer. Ce qui le rassura davantage, peut-être, ce fut, au mur, un téléphone.

Qu'est-ce qui le frappait tout à coup dans les bruits qui lui parvenaient du premier étage ? Il tendit l'oreille. Il entendait les pas de plusieurs personnes et, parmi ces pas, il y en avait d'irréguliers, comme les pas d'un boiteux.

Que pouvaient-ils faire là-haut ? Il y avait au moins un quart d'heure d'écoulé. Un homme descendait. C'était peut-être...

Mais non. La voix, au fond du corridor, disait :

— Dites-moi, madame Jouette, est-ce que vous avez...

Le reste se perdit. L'homme devait être entré dans la cuisine. Il remontait un peu plus tard. Il portait quelque chose qui faisait le même bruit qu'un seau plein. Tiens ! Des sons plus familiers. On versait du charbon dans un poêle.

Cinq minutes de silence. Une voix furieuse. Une odeur de bitume. De la fumée qui se glissait par les fentes de la porte. Le feu, là-haut, ne prenait pas. Les hommes discutaient, descendaient, remplissant la maison de vacarme.

— Je vous répète que cela suffit.

D'autres, deux sans doute, bredouillaient.

— Écoutez, monsieur Dieudonné...

— Suffit.

On les mettait à la porte. Celle-ci se refermait avec

fracas. Des pas dehors, la camionnette qu'on essayait de remettre en marche.

Et, dans le corridor :

— Jouette !... Jouette !... Où est Arsène ?... Envoie-moi tout de suite Arsène... Ces cochons-là...

On dut l'interrompre. Était-ce la vieille, qu'on appelait Jouette ? Elle parlait bas. On ne percevait qu'un chuchotement. Puis, une fois de plus, un silence, et, soudain, alors que les pas de souris s'éloignaient vers la cuisine, le bouton de la porte tourna sans bruit.

Maudet se redressa instinctivement, fit face, comme à un danger. La porte s'ouvrait. Un homme se tenait debout, l'air de méchante humeur, et le regardait sans rien dire.

Ce qui était le plus déroutant, c'était sa banalité. Pourquoi Michel s'était-il attendu à une apparition extraordinaire ? L'homme était plutôt petit, plutôt maigre, avec un visage sans âge — il lui donna entre cinquante et soixante ans. Il était habillé d'une façon quelconque, d'un complet gris assez mal coupé. Tout de suite, le regard de Maudet descendit vers les pieds et découvrit le pilon qui sortait de la jambe vide du pantalon.

— Excusez-moi de vous déranger, commença-t-il, le sang aux oreilles. Maître Curtius m'a dit...

Comme sans faire attention à lui, l'homme se dirigea vers la seconde porte qu'il ouvrit.

— Entrez !

Puis il se dirigea vers le feu d'âtre et se campa le dos à la cheminée.

— Si j'avais su que vous aviez le téléphone... Maître Curtius m'avait dit...

— Quand l'avez-vous vu ?

— Hier matin... C'est-à-dire que je ne l'ai pas vu personnellement... Un de mes amis...

Tranquillement, l'homme se dirigea vers l'appareil téléphonique mural, tourna la manivelle.

— Allô !... Donnez-moi Odéon 27-37... Oui... C'est urgent...

C'était le numéro du notaire de la rue de l'Éperon. Alors, Maudet, se raccrochant à son désir, comme si cette place dont il ne savait rien eût été sa seule chance d'avenir, sa seule planche de salut, se lança dans une explication fiévreuse.

— Il faut que je vous dise tout de suite que j'ai eu tort, et je vous demande pardon... J'ai appris par le plus grand des hasards que vous cherchiez un secrétaire...

— Que qui cherchait un secrétaire ?

— Mais... M. Dieudonné... Je suppose que vous êtes M. Dieudonné ?... Comme on me le conseillait, j'ai téléphoné à maître Curtius... Celui-ci m'a laissé entendre que la place n'était pas encore prise, mais il n'en avait pas la certitude et...

Pourquoi cet homme si banal, à part sa jambe de bois, était-il si impressionnant ? Revenu près du feu, il ajoutait deux bûches qu'il équilibrait avec soin, se redressait, faisait signe qu'il écoutait.

— ... Pour vous dire toute la vérité, il m'a conseillé de lui adresser une demande écrite en y joignant mon curriculum vitæ... J'aurais dû le faire...

J'ai eu peur que la place soit prise entre-temps et je suis venu...

La sonnerie du téléphone retentissait. M. Dieudonné décrochait.

— Allô!... Curtius?... Oui... Ce n'est plus la peine... Vous avez reçu un coup de fil d'un certain...

Un regard interrogateur à son visiteur.

— Maudet... Michel Maudet... Oui... Vous avez oublié le nom... Cela n'a pas d'importance... Comment?... Mais oui... Merci...

Il raccrocha. Le silence tomba. Maudet cherchait quelque chose à dire. Il faisait très chaud dans cette pièce où s'infiltrait un peu de fumée. On avait dû, au premier, essayer d'allumer un poêle qui ne tirait pas.

— Il y a longtemps que vous crevez de faim?

— Je donne de temps en temps des articles aux journaux. Dans les débuts, c'est dur... Il faut se faire un nom... Il n'y a pas un an que je suis à Paris... jusque-là, j'avais vécu à Valenciennes, chez mes parents...

— Qu'est-ce qu'ils font?

— Mon père a ouvert un magasin de disques.

— Il gagne sa vie?

— Je crois que cela ne marche pas fort. Avant, il représentait une marque américaine de machines à écrire.

Pourquoi avait-il une telle envie de séduire, de convaincre en tout cas ce bonhomme qui le regardait avec indifférence? Il souriait, murmurait :

— Mon père n'a jamais fort réussi dans ses

entreprises... Il est plein d'idées, il en a trop, toujours de nouvelles, mais...

— Vous tapez à la machine ?
— Oui.
— Vous connaissez la sténo ?

Il mentit.

— Oui... Un peu... Assez, je pense, pour...
— Vous avez fait votre service militaire ?
— J'ai devancé mon terme pour...

Il faillit dire : pour me marier. Quel instinct l'avertit qu'il valait mieux n'en pas parler ?

— ... pour aller plus tôt tenter ma chance à Paris... J'ai vingt ans et demi...

Ils étaient toujours debout. Il y avait des chaises, pourtant, de bonnes vieilles chaises à fond de cuir. La pièce était meublée d'une façon presque normale : une grande table au milieu, un fauteuil près du feu, deux vastes armoires et, non loin du téléphone, un bureau américain à volet tout encombré de paperasses.

— On vous a prévenu que je ne gardais pas longtemps mes secrétaires ?
— Oui.
— Combien avez-vous d'argent en poche ?

Un peu désorienté d'abord, Michel sourit.

— Je crois que je n'ai pas de quoi retourner à Paris.
— Vos bagages ?
— J'ai laissé ma valise à Caen... Je ne me souviens même pas du nom de l'hôtel... Comme je vous l'ai dit, j'avais peur de trouver la place prise... Je me suis

présenté au petit jour rue des Chanoinesses... On m'a annoncé...

— Qui ?

— Le facteur... Il m'a dit que vous deviez être dans votre villa... J'ai eu la chance d'attraper le vicinal... Je suis bachelier...

Il sentit que ce mot était inutile.

— Vous êtes sûr de ne pas connaître mon nom ?

— On m'a seulement dit M. Dieudonné, je le jure.

Il se produisait un curieux phénomène. La maison plantée dans la dune, rébarbative, ne correspondait guère à l'idée que Michel s'en était faite. Les pièces délabrées n'avaient rien pour le séduire, ni la vieille qui l'avait accueilli avec une sourde méfiance. L'homme enfin, mal vêtu, peu soigné, était quelconque en apparence et pourtant, de plus en plus, Maudet avait une envie folle de lui plaire.

— Je vous demande seulement de me prendre à l'essai. Si je ne fais pas votre affaire...

Ce qu'il s'expliquait le moins, c'était les pensées de son interlocuteur. Il avait la certitude de ne jamais s'être trouvé en contact avec un être de cette sorte. M. Dieudonné le regardait à peine et pourtant il savait déjà tout de lui, le jugeait à sa mesure. Pourquoi hésitait-il ? Car il hésitait, paraissait mécontent de lui plutôt que de Maudet.

— On m'appelle Ferchaux, prononça-t-il à brûle-pourpoint.

Et, comme son visiteur ne réagissait pas aussitôt :

— Dieudonné Ferchaux, l'aîné des frères Ferchaux... Vous ne lisez pas les journaux ?...
— Je vous demande pardon... Je n'avais pas...
Il n'avait pas pu se convaincre tout de suite que son interlocuteur était le Ferchaux dont on s'entretenait depuis quelques semaines. Il en tremblait, maintenant, d'émotion, à l'idée qu'il se trouvait en face de l'homme qui possédait la plus grande partie de l'Oubangui, qui brassait des centaines de millions, qui luttait d'égal à égal avec l'État.
Celui-ci l'observait toujours et Michel balbutia :
— Excusez-moi... Je ne m'attendais pas... Je comprends, maintenant...
— Qu'est-ce que vous comprenez ?
— On m'avait annoncé que, si je devenais votre secrétaire, je voyagerais beaucoup...
— Il y a des mois que mes voyages consistent à aller d'ici à Caen et de Caen à ici... Je suppose que vous n'êtes pas marié ?
Il avait été bien inspiré, tout à l'heure. Le ton de Ferchaux disait clairement qu'il ne voulait pas d'un secrétaire marié.
— Évidemment... murmura-t-il en s'efforçant de sourire.
— Combien voulez-vous gagner ?
— Je ne sais pas... Ce que vous jugerez bon de me donner...
— Ici, vous serez logé et nourri... Vous n'avez donc pas besoin de beaucoup d'argent... Je vous donnerai huit cents francs par mois pour commencer, pour vos faux frais...

il gagnera

C'était dérisoire, à peine ce que gagnait à Paris une bonne cuisinière, et jamais Lina ne pourrait vivre avec cette somme, dont il lui faudrait une partie pour lui-même. Il répondit cependant :

— Si vous voulez...

Alors, Ferchaux se dirigea vers la porte qu'il entrouvrit.

— Jouette !... Tu mettras deux couverts...

Il revint.

— Vous pouvez enlever votre imperméable. Il y a un portemanteau dans le vestibule.

— Je l'ai vu.

— Ne laissez jamais les portes entrouvertes ; j'ai horreur des courants d'air. Le grave défaut de cette maison est d'être impossible à chauffer. Ce matin, quand vous êtes arrivé...

Et Ferchaux, qui avait un procès avec le gouvernement, avec les banques, avec toutes les puissances financières, Ferchaux qui pouvait être ruiné, sinon pis, d'un jour à l'autre, racontait, plein de rancune :

— ... j'avais fait venir un nouveau poêle d'Arromanches... Le fumiste m'avait garanti qu'il marcherait... C'est le troisième poêle que j'essaie en huit jours et il n'y a pas moyen d'en trouver un qui ne fume pas... Les fumistes sont des idiots... Demain, je ferai démolir la cheminée et j'en ferai construire une autre... Allez vous débarrasser de votre imperméable...

Quand Michel revint :

— Je me demande où je vais vous loger. Il y a bien

une chambre à côté de celle d'Arsène. Arsène, c'est le chauffeur. Seulement, j'ignore s'il y a un lit.

— Je ne suis pas difficile.

— Il vous faudra quand même un lit, non ? Alors, ne dites pas de bêtises... Jouette !... Jouette !...

A la stupeur de Maudet, la vieille femme en pantoufles prononça en s'encadrant dans la porte :

— Qu'est-ce que tu veux ?

— Il y a un lit disponible dans la maison ?

— Tu le gardes ?

Elle désignait Michel du regard.

— Je le garde, oui. Il couchera dans la chambre du deuxième étage, à côté d'Arsène. Il est rentré, Arsène ? Qu'est-ce qu'il fiche, celui-là ?

— Je l'ai envoyé à Caen.

— Sans rien me dire ! Comme il faudra qu'il y retourne tout à l'heure, cela fera deux fois l'essence... Le déjeuner n'est pas prêt ?

— Tu manges ici ?

Il sembla à Maudet que Ferchaux manifestait une certaine gêne. Où mangeait-il donc d'habitude ? Dans la cuisine, avec la vieille qui le tutoyait ?

— Sers-nous ici, oui... Dépêche-toi... J'attends Morel à deux heures...

Il arrangea les bûches du foyer. Il ne s'asseyait toujours pas. De temps en temps, il lançait à Maudet un petit regard perçant, détournait aussitôt la tête quand le regard du jeune homme rencontrait le sien.

Le silence, maintenant, devait le gêner, lui aussi, puisqu'il éprouva le besoin d'expliquer :

— Morel, c'est mon homme d'affaires... Il habite

Caen... C'est même un peu à cause de lui que je suis ici... C'est une fripouille... Peut-être la plus grande fripouille de France ?... Il a été rayé du tableau des avoués... Cela lui est égal... Vous le verrez... Il a une belle tête d'honnête homme...

Puis, après un coup d'œil aux cheveux que Maudet avait très longs :

— Vous tenez à avoir l'air d'un artiste ?

— Je les ai toujours portés ainsi. Si cela vous déplaît, je les ferai couper.

— C'est cela. Vous passerez chez le coiffeur cet après-midi. Vous achèterez aussi une cravate comme tout le monde.

Maudet portait encore une lavallière.

— Arsène vous conduira à Caen pour aller prendre votre valise. Peut-être faudra-t-il qu'il aille chercher des draps de lit rue des Chanoinesses ? Dans cette baraque-ci, il n'y a rien. Je l'ai louée toute meublée et je crois qu'il y a plus de dix ans qu'elle n'a pas été habitée. Il serait bon que je vous installe un bureau, mais je ne sais pas encore où... Venez, que nous voyions un peu ça...

Il entrouvrit la porte du salon glacé et la referma aussitôt, puis ils gagnèrent le corridor au fond duquel se trouvait la cuisine.

— C'est peut-être plus pratique que vous soyez au premier, car c'est toujours là que je me tiens... Du moins, je m'y tiendrai quand on sera venu à bout de cette satanée cheminée... Montez devant... Je vous dis de monter devant !...

Il suivait, frappant chaque marche de son pilon.

On sentait qu'il parlait pour parler. Les murs, peints en faux marbre, avaient pris la couleur brune d'une vieille pipe d'écume. Il y avait eu jadis des tapis dans cet escalier, car il subsistait quelques anneaux destinés à maintenir les barres de cuivre.

— Tiens! Je n'avais pas pensé à l'entresol.

A mi-hauteur du premier étage, il y avait un palier, deux marches, une pièce étroite, à côté des cabinets. Cette pièce était complètement vide. Une vitre était cassée et laissait passer le vent mouillé.

— Pensez à rapporter de Caen un peu de mastic. J'ai vu dans la cave de vieux morceaux de carreaux qui feront l'affaire.

— Bien, monsieur.

— Cherchons une table, une chaise. Au fait, vous aurez besoin d'un poêle...

Il arrivait au premier, composé de trois chambres assez vastes dont deux étaient encombrées de vieux meubles.

— Tenez! Voici une table qui fera votre affaire... Attrapez-la...

Ferchaux la prenait par l'autre bout. Gêné, Maudet protesta.

— Je la porterai bien seul...

— Faites ce que je vous dis... Attention à la porte...

Ils remontèrent, choisirent deux chaises de salle à manger.

— Il y a une machine à écrire rue des Chanoinesses. Mais on ne peut pas la transporter à chaque fois.

Vous vous arrangerez pour en louer une à Caen. Une vieille fera l'affaire, car il y a peu de chose à taper...

— Bien, monsieur.

— Pensez aussi à acheter des crayons et des blocs de sténo. Arsène vous montrera le magasin. Vous me demanderez de l'argent.

— Oui, monsieur.

La troisième des pièces, où on n'entra pas, et d'où suintait l'odeur de fumée, devait être la chambre de Ferchaux. Celui-ci évoluait tout naturellement dans cette maison à peine habitable. Il ne paraissait voir ni les murs piqués d'humidité, ni les boiseries grasses et sales, ni l'entassement sinistre de meubles disparates qui faisaient penser à une vente forcée et au marteau des huissiers.

— Il faudra encore vous trouver une lampe... C'est Jouette qui s'occupe des lampes...

Ainsi, il n'y avait même pas l'électricité dans la villa !

— C'est prêt ! criait d'en bas la vieille.

— Allons manger.

On avait mis une nappe sur la table, une carafe d'eau et une carafe de vin rouge ordinaire. Le couvert faisait penser à celui d'une très modeste pension de famille et la serviette de Ferchaux était roulée dans un anneau de buis.

— Tu lui donneras un anneau aussi, Jouette.

— J'y ai déjà pensé, va !... Mange...

La soupe fumait dans la soupière, comme dans les campagnes. Il n'y avait pas de hors-d'œuvre. On servit des harengs grillés avec des pommes de terre bouillies, puis du fromage et des pommes. Ferchaux ne mangea que des harengs mais il en mangea cinq.

La vieille allait et venait, grognon. Il était évident qu'elle considérait le nouveau secrétaire comme un intrus et qu'elle en voulait à Ferchaux de l'avoir engagé.

— Je te donnerai tout à l'heure une liste de ce qu'il faudra apporter de Caen, dit-elle au maître de maison.

Celui-ci mangeait avec appétit, les coudes sur la table, ne buvait que de l'eau. Maudet n'osait pas se servir de vin.

— Vous ne buvez pas de vin ?
— Si vous le permettez...

Il haussa les épaules et poussa la carafe de vin rouge vers lui.

— Ne faites pas l'idiot. Vous avez dit à quelqu'un que vous veniez ici ?
— Non... Ou plutôt, je l'ai téléphoné à maître Curtius...
— Reprenez du fromage...

Une auto s'arrêta derrière la maison, les roues à demi enfoncées dans le sable. Un chauffeur en uniforme et en casquette étendit une couverture sur le capot et pénétra dans la cuisine.

— Arsène !... appela Ferchaux sans quitter sa place.

Le chauffeur entra, s'étonna de trouver un convive, porta deux doigts à sa tempe en guise de salut.

— C'est mon nouveau secrétaire... Au fait, comment vous appelez-vous encore ?
— Michel Maudet.
— Dès que tu auras mangé, Arsène, tu conduiras Maudet à Caen... Il a une valise à prendre à son hôtel... Vous irez ensuite tous les deux rue des Chanoinesses... Tu demanderas la clef à Jouette... Il faut des draps, un oreiller, une lampe... Vous irez aussi chez Trochu pour louer une machine à écrire. Ne te laisse pas refaire... Ça ne vaut pas plus de trente francs par mois... Tu as vu Morel ?
— Il viendra à deux heures comme vous le demandez.
— Va manger.

Dehors, une pluie fine et persistante s'égouttait toujours des gros nuages blancs et gris qui accouraient du large avec la marée.

Derrière Ferchaux les bûches crépitaient parfois, lançaient quelques flammes plus hautes qui ne parvenaient cependant pas à animer la maison où Maudet ressentait une angoissante sensation de vide.

Ferchaux n'avait plus rien à dire. Il restait là, les coudes sur la table, à se curer les dents, et de temps en temps son regard rêveur se posait sur le jeune homme que la chaleur et le repas commençaient à engourdir.

Il y avait du vide aussi dans ce regard-là, comme dans la maison, comme dans le vaste paysage qui l'entourait et où quelques mouettes seules piquaient parfois vers la mer en poussant des cris aigus.

On avait besoin d'un effort pour échapper à ce

néant, pour toucher la nappe, s'assurer du monde réel, et ce fut un soulagement d'entendre la vieille Jouette qui tisonnait le poêle de la cuisine.

III

La voiture à peine engagée sur la route, Arsène lâcha le volant, le repoussa, sembla-t-il, avec ce dédain superbe des adolescents qui passent les bras ballants, sans toucher le guidon de leur vélo, comme s'ils avaient dompté la mécanique ou plutôt comme s'ils l'avaient dressée en haute école. C'était un beau garçon, de ceux qu'on voit dans les cafés, la petite moustache humide, l'œil brillant, lutiner les servantes. Posément, sans souci des quatre pneus qui glissaient dans du mouillé crépitant, il tirait de sa poche un paquet de cigarettes, en collait une à sa lèvre ; d'une autre poche, il extrayait un briquet de cuivre, prenait son temps, faisait durer le plaisir, soufflait enfin une bouffée de fumée sur le pare-brise embué et se décidait à déclencher l'essuie-glace.

Michel Maudet, qui avait pris place sur le siège à côté de lui, comprit que toute cette désinvolture était à son intention. Pendant quelques instants, les sourcils froncés, le chauffeur à petites moustaches brunes, au menton joliment dessiné, feignit un effort pour apercevoir la route noyée dans le même brouillard que le ciel. Puis il réprima un sourire, lança à son compagnon un coup d'œil goguenard et, comme Michel ne paraissait pas comprendre, il railla tout en mettant les gaz :

— Ce sera la peine que je vous ramène ?
— Pourquoi ?
— Je ne sais pas, moi. C'est à vous de décider, n'est-ce pas ?

Il avait l'air de se raconter à lui-même une bonne histoire, de réprimer son hilarité, par politesse, tout en mordillant des brins de tabac de sa cigarette.

— Qu'est-ce que vous dites du phénomène ?
— Il y a longtemps que vous êtes à son service ?
— Minute, papillon !... Il ne faudrait pas confondre... Arsène n'est pas au service du monsieur...

Est-ce qu'il pleuvait encore ? Était-ce le brouillard qui s'abattait, ou les embruns, ou les deux à la fois ? Les vernis, les tôles de la limousine étaient visqueux et glacés. L'essuie-glace faisait un bruit énervant de métronome.

— Je suis, moi, au service de M. Émile... Vous ne paraissez pas fort au courant... On ne vous a pas parlé de M. Émile ?... Vous ne lisez pas les journaux ?... Émile Ferchaux, c'est le frère cadet, et je vous jure qu'il ne ressemble pas au Dieudonné... Quand celui-ci a débarqué à Bordeaux, voilà peut-être six mois, M. Émile m'a dit comme ça :

« — Arsène, il faut que tu me rendes un service...

« Ne croyez pas qu'il soit familier avec le monde... C'est un monsieur... Mais c'est moi qui m'occupe de ses autos... Il en a cinq... Je m'occupe aussi de son canot de course, de ses hors-bord, et nous avons gagné des prix ensemble à Herblay... Bref, il me dit :

« — Arsène, comme je connais mon frère, il serait prudent qu'il y ait près de lui quelqu'un comme toi...

« Vous comprenez ? »

Il fit un clin d'œil, souffla de la fumée par les narines.

— C'est pourquoi, moi, je m'en fiche... Il se mettrait demain à marcher sur la tête ou à boire sa soupe au biberon que je rigolerais...

Michel était mal à l'aise, choqué par la familiarité vulgaire d'Arsène autant que par l'image fausse que celui-ci dessinait de Ferchaux.

— Vous voulez dire qu'il est...

— Hum !... Peut-être pas encore tout à fait mûr pour Charenton, mais le soleil lui a tapé un sérieux coup sur la tête... Il paraît que depuis quarante ans il vit là-bas, dans l'Oubangui... Ils étaient partis tous les deux, son frère et lui... M. Émile, lui, a vite compris... Quand les affaires ont commencé à marcher, il est venu les diriger de Paris... Hôtel particulier, châteaux, chasse en Sologne, villa à Cannes et à Deauville... Il la connaît, quoi !... Quant au frangin, on m'a juré qu'il ne vivait même pas, là-bas, dans une maison comme les blancs, mais qu'il passait la plus grande partie de l'année dans sa pétrolette, un rafiot de douze mètres de long, avec deux nègres pour tout équipage, à remonter ou à descendre les rivières.

On venait de traverser Courseulles et l'auto s'arrêtait brusquement, comme sous le coup d'une panne, devant une maison basse. Maudet comprit en lisant sur l'imposte le mot estaminet suivi, en petites lettres jaunes, du nom : « Veuve Dieumégard. »

— On a le temps de prendre un calva... C'est ma tournée...

Et Arsène entra comme chez lui dans une pièce où il n'y avait qu'un comptoir, quelques bouteilles, deux tables et des bancs, un vieux calendrier et la loi sur les débits de boissons.

— Te dérange pas ! cria-t-il.

Il alla prendre une bouteille que terminait un bec d'étain, remplit deux verres à fond épais.

— A la vôtre !... Moi, ce que je vous en dis, hein...

Par l'entrebâillement d'une porte, Maudet aperçut une grosse femme entre deux âges, en négligé, qui, un livre à la main, se levait d'un fauteuil d'osier et restait debout, sans s'avancer, hésitante, comme ahurie, peut-être encore plongée dans son roman populaire à couverture glacée.

— Vous permettez ?

Arsène pénétra dans la cuisine dont il laissa la porte entrouverte. Des minutes passèrent. On ne parlait pas. On n'entendait aucun bruit. Enfin, la voix d'Arsène, peut-être pas tout à fait naturelle, lança :

— Vous ne vous ennuyez pas trop à attendre ?

Michel sentit comme un piège. Mais il était déjà trop tard. Il s'était machinalement tourné vers la cuisine. C'est ce que l'autre avait voulu, qu'on le vît, faisant grossièrement l'amour, debout, tandis que la

Dieumégard, accoudée à une commode, les cheveux dans la figure, tournait juste à ce moment, la page de son livre.

Une claque sur une énorme fesse nue et blanche termina leurs ébats.

— Si le cœur vous en dit... Non ?... Comme vous voudrez... C'est une bonne copine... Elle est bête mais elle a un gros...

Un mot bien cru. Il était revenu dans l'estaminet et il se versait un second verre, servait Michel.

— On file ?...

L'auto était une belle et spacieuse limousine noire, une des autos d'Émile Ferchaux, comme Arsène l'expliqua un peu plus tard.

— Remarquez que c'est Dieudonné le plus riche des deux... On ne pourrait pas dire au juste le chiffre de sa fortune, mais il reste à savoir s'il la gardera... Demain, tout coriace qu'il soit, il sera peut-être en prison...

Une auto les croisait, projetant des gerbes d'eau sale ; Arsène porta respectueusement la main à sa casquette.

— Maître Morel !... Ils vont s'enfermer pendant des heures, le patron et lui, et le téléphone en prendra un bon coup... Il se défend, le bougre !... Déjà pour l'affaire des nègres, il a obtenu sa liberté provisoire...

Michel avait vaguement entendu parler de l'affaire mais il ne s'y était pas intéressé.

— C'est lui qui a tué les nègres ?

— Trois ou quatre... Une cartouche de dynamite,

qu'il leur a envoyée à travers la figure... Il y a près de trente ans de ça... On n'en avait jamais rien su... Ou alors, ceux qui savaient se taisaient... Puis, tout à coup, c'est revenu sur l'eau... A cause d'histoires financières compliquées... Il paraît que les Ferchaux sont devenus gênants, qu'ils ont les dents trop longues... Bref, tout le monde leur tombe dessus à la fois et la politique s'en mêle...

On approchait déjà de Caen. Dans la ville, le temps était si sombre que la plupart des magasins avaient éclairé leurs vitrines. Des parapluies luisants glissaient le long des trottoirs. Au passage de la voiture, qui les aspergeait de boue visqueuse, les passants faisaient un saut de côté, se collaient contre les murs.

— Où c'est-il, votre hôtel ?
— En face de la gare.
— Vous en avez pour longtemps ?

Maudet hésita une seconde à mettre Arsène dans la confidence, à lui parler de Lina, à lui demander de le laisser pendant une heure avec elle. Mais il nourrissait déjà à l'égard du chauffeur une hostilité qu'il ne cherchait pas à comprendre.

— J'en ai pour une minute.

Il avait pensé aussi lui emprunter un billet de cent francs ou deux. Il ne le fit pas.

— Le temps d'aller chercher ma valise...

Il reconnut l'hôtel, se précipita dans le couloir, dans l'escalier, voulut ouvrir la porte qui résista. Il frappa, appela. On ne répondait pas. Il redescendit en courant toujours, trouva la patronne dans sa cuisine.

— Vous n'avez pas vu ma femme ?

— Il n'y a pas une demi-heure qu'elle a pris sa clef et qu'elle est montée.

— Vous êtes sûre qu'elle n'est pas ressortie ?

Un coup d'œil machinal au tableau.

— Félix !... Le 22 n'est pas redescendu ?

— Je ne l'ai pas vu.

— Elle doit être là-haut.

Il remonta, inquiet, pris de remords. Il frappa plus fort, appela à mi-voix :

— C'est moi, Lina !... Ouvre !...

Une porte voisine s'était ouverte et un gros homme aux bretelles pendantes, occupé à se raser, le regardait s'impatienter.

— Lina !... Réponds !...

Ce fut long, des minutes sans doute, et enfin il y eut un mouvement du côté du lit, puis un soupir, puis une voix pâteuse qui questionnait :

— Qu'est-ce que c'est ?

Des pas. Elle entrebâillait la porte. Elle avait son chapeau de travers sur sa tête, son manteau fripé sur le corps, ses chaussures encore humides aux pieds. Elle se frottait les yeux.

— Qu'est-ce qui s'est passé ? murmurait-elle. D'où viens-tu ?

— Écoute, Lina... Je suis pressé... Es-tu réveillée ? Est-ce que tu m'entends ?

— Mais oui... Pourquoi cries-tu si fort ?... Qu'est-ce qui m'est arrivé ?... Ah ! oui... J'étais allée à ta rencontre jusqu'à la rue des Chanoinesses... Une dame, en face, en me voyant faire les cent pas, m'a appris qu'il n'y avait personne... J'avais faim... Tu as encore oublié de me laisser de l'argent... Je suis rentrée... Je me suis assise au bord du lit, croyant que tu allais venir... Quelle heure est-il ?

— Deux heures et demie...

Alors, comme si elle s'en apercevait seulement :

— J'ai dormi...

— Oui... Écoute... Je suis engagé... J'ai la place. Tu entends ?... Et sais-tu qui est mon patron ?... Ferchaux... Celui d'Afrique... Je t'expliquerai une autre fois... C'est quelque chose de magnifique, mais il est en ce moment dans sa villa au bord de la mer... Ce n'est pas loin...

— Comme tu es excité...

— Attends... L'auto est en bas...

— Quelle auto ?

— La sienne, avec son chauffeur... Il ne faut pas qu'on sache que tu es ici, ni que je suis marié... Tu comprendras plus tard...

— Reste un instant tranquille... Tu me fatigues...

— Voilà ce que tu vas faire... Tu prendras le premier vicinal pour Ver... Tu retiendras ?... Je vais te l'écrire... C'est tout près de la villa... Je ne sais pas au juste... peut-être quatre kilomètres... Tu trouveras sûrement une auberge... Tu donneras ton nom de jeune fille et tu m'attendras...

— Mais, Michel...

Elle se réveillait avec peine d'un sommeil trop

lourd et il l'assourdissait, l'abrutissait en ne tenant pas en place.

— Tu as compris ?... Je ne peux te donner que cent francs aujourd'hui... A l'auberge, tu n'auras pas besoin de payer... C'est assez pour la chambre d'ici et pour ton train...

— J'ai faim...

— Tu mangeras des croissants avant de partir... Écoute-moi, pour l'amour de Dieu !... Je te dis qu'on m'attend !... Arsène pourrait s'impatienter et monter...

Il lui remit les cent francs, l'embrassa distraitement et se précipita dehors. Il dut revenir sur ses pas, ouvrir la valise qu'il avait emportée, et jeter sur le lit les quelques effets de sa femme.

— Enveloppe-les dans un papier... Surtout, ne t'inquiète pas... Je viendrai te voir, je ne sais pas encore quand...

Il retrouva Arsène debout à côté de la voiture, trahissant, en s'essuyant les moustaches, qu'il était encore allé boire un petit verre.

— Et voilà ! rue des Chanoinesses...

Il avait horreur des hommes du type du chauffeur, de leur vulgarité, de leur assurance, de leurs airs malins. Il détestait surtout ces coups d'œil goguenards que l'autre prenait déjà l'habitude de lui lancer.

— Dites donc ! Vous êtes resté un bout de temps. Vous n'auriez pas fait comme moi tout à l'heure chez la Dieumégard ?

Michel ne put s'empêcher de rougir. Arsène avait-il deviné ? S'était-il renseigné auprès de la patronne de l'hôtel ? Il nia, parla de la machine à écrire qu'il devait louer.

— On ira tout à l'heure. Je sais où il faut s'adresser. Avec le patron, c'est toujours dans les plus sales boutiques que personne n'irait dénicher.

On stoppait en face de la porte cochère de la rue des Chanoinesses et Michel fut satisfait de voir la femme d'en face, celle qui lui avait parlé le matin, le regarder descendre de la voiture. Arsène tirait une grosse clef de sa poche, ouvrait une porte qui s'encadrait dans un des battants.

— C'est pas la peine de rentrer la bagnole.

Une cour de petits pavés ronds, entourée de trois côtés par des bâtiments en pierre grise. Les persiennes étaient closes à toutes les fenêtres. Au lieu d'entrer par la grande porte, Arsène se dirigea vers une porte de service dont il avait aussi la clef. Il tourna un commutateur électrique.

Le chauffeur avait repris son air goguenard.

— Ce n'est pas le même genre qu'à La Guillerie, mais vous allez voir que ce n'est pas beaucoup plus gai... Vous avez remarqué les armoiries au-dessus du portail ?... C'étaient des comtes qui habitaient ici depuis je ne sais combien de siècles... A la fin, il n'y avait plus qu'une vieille comtesse de quatre-vingt-dix ans... Elle n'avait même pas assez d'argent pour se payer une bonne et M. Dieudonné en a profité pour lui racheter l'hôtel, avec les meubles, la vaisselle, les draps, les portraits... Cela a permis à la vieille de se retirer dans un couvent où on n'accepte que des nobles...

Il ouvrait des portes, tournait toujours des commutateurs, car la lumière ne pénétrait pas dans la maison aux volets clos.

— Voilà leur grand salon... Écoutez...

Il marcha lourdement et fit tinter ainsi un immense lustre de cristal. De fragiles chaises dorées étaient rangées le long des murs et, au milieu d'un parquet assez vaste pour une salle de danse, des tapis étaient roulés.

— On n'ouvre jamais les pièces du rez-de-chaussée. Il existe une cuisine aussi grande que dans un restaurant, mais la vieille Jouette ne veut pas y mettre les pieds... Montons...

Ils suivaient le grand escalier à rampe sculptée. Arsène ne se gênait pas pour écraser sa cigarette sur une marche et pour en allumer une autre, ce qui choqua Maudet.

— Il y a seulement un mois qu'on a La Guillerie... Avant, on vivait ici tout le temps... C'est ici qu'on a vu défiler des secrétaires...

Il poussa une porte, celle d'un cabinet de travail assez vaste où un lit de camp était installé près d'une cheminée armoriée.

— La chambre du patron... Il y faisait tout, manger, boire, travailler, dormir... L'habitude de sa pétrolette, là-bas, vous comprenez ?

Il traversa la pièce, ouvrit une autre porte.

— La chambre du secrétaire... C'était le second, car le premier, qui était de Caen, couchait chez ses parents... Un petit jeune homme blond comme vous, mais avec des airs de premier communiant... Il fallait l'entendre dire en baissant les yeux : « Oui, monsieur... non, monsieur... merci, monsieur... » Et, quand le patron l'obligeait à manger avec lui, il ne savait plus comment se tenir... M. Dieudonné ne pouvait pas le sentir, l'engueulait du matin au soir... Le pauvre gosse s'appelait Gillet... Albert Gillet, si je me souviens bien... M. Dieudonné lui donnait toujours du monsieur long comme un bras :

« — Dites-moi, *monsieur* Gillet...

« Et l'autre ne savait où se mettre... Son père est employé dans une banque... Ils habitent une petite maison que je vous montrerai, astiquée comme un buffet de salle à manger... On laissait le Gillet à rien faire et à se morfondre toute la journée... Puis, au moment où il s'apprêtait à partir, le patron l'appelait et, exprès, pour le faire enrager, lui dictait pendant des heures...

« Ou bien, quand il était rentré chez lui, qu'il allait se mettre au lit, que ses parents étaient déjà couchés, il m'envoyait le chercher... »

Michel, qui soupçonnait Arsène de vouloir le mettre à l'épreuve, s'efforçait de montrer un visage indifférent.

— Vous coucherez ici aussi. Car on fait tout le temps la navette. Au moment où on s'y attend le moins, on arrive à Caen... On reste deux ou trois jours, une semaine, quelques heures, cela dépend. On vous réveille en pleine nuit.

« — L'auto, Arsène !... Nous partons pour La Guillerie...

« Le vieux n'est bien nulle part. On n'avait pas encore La Guillerie à ce moment et pourtant le jeune Gillet devenait fou... Un jour, il est arrivé, tiré à quatre épingles — il s'arrêtait souvent dans l'escalier pour essuyer ses souliers avec un chiffon qu'il avait dans sa poche !...

« — Mon père m'a chargé...

« Et il dégoise le pauvre, il explique que son père lui a conseillé de réclamer une augmentation parce que... parce que...

« Le patron l'a laissé dire, puis l'a reconduit poliment jusqu'à la porte, sans un mot... »

Et Arsène d'ajouter, les mains dans les poches, le mégot collé à la lèvre inférieure :

— Si vous voulez prendre vos draps et votre taie d'oreiller... Vous feriez bien aussi d'emmener un broc et une cuvette, car je ne sais pas s'il y en a de reste à La Guillerie...

— Et les autres secrétaires ? questionna Michel, malgré lui, comme ils traversaient la chambre de M. Dieudonné.

— Il en est venu un de Paris, Clasquin qu'on l'appelait, un costaud celui-là, avec des cheveux noirs plantés bas sur le front, un type qui jouait du rugby dans je ne sais quelle équipe et qui sortait des « Sciences Po »... Il couchait dans la maison... Il me parlait comme si j'étais son domestique, mais le patron l'avait à la bonne parce qu'ils jouaient tous les deux aux cartes une partie de la nuit... Est-ce que vous savez jouer au piquet ou à la belote ?... Ce serait une affaire pour vous, je vous le dis en copain... Ils se chamaillaient... Quand le patron perd, il est à cran... Ils se disputaient comme chien et chat mais, le lendemain, ils étaient à nouveau copains...

« Un jour, M. Dieudonné, qui ne déteste pas surprendre les gens et qui, malgré sa jambe de bois, sait fort bien marcher sans bruit quand il le veut, trouve le Clasquin en train de fouiller dans ses papiers...

« J'aurais voulu que vous voyiez le tableau !... J'étais au garage, dans la cour, mais le bruit m'a alerté et je suis accouru, croyant à un accident... Ils avaient roulé par terre tous les deux... Je vous jure qu'ils cognaient dur... Le patron n'est pas gros... Quand vous le verrez à poil, vous comprendrez... Je ne vous conseille pas de vous y frotter... C'est lui qui a eu le dessus sur le joueur de rugby... Il lui a démoli la mâchoire, aplati le nez... Il l'aurait poursuivi dans la rue, tant il était en colère, si je ne l'avais pas retenu... Le lendemain, voilà que s'amène un huissier... Le Clasquin voulait intenter un procès... Eh bien, vous me croirez si vous voulez, l'huissier en a pris plein la gueule, lui aussi... Quant au troisième... M. Max de Lannoy... Un noble, s'il vous plaît !... Un grand jeune homme maigre et triste... Ne voilà-t-il pas que, dès le second soir, il se met à hurler au beau milieu de la nuit ?... Il était somnambule... C'est moi qui l'ai reconduit au train... Il pleurait, l'imbécile... Venez par ici, qu'on boive quelque chose... »

La maison devait être restée telle que la vieille comtesse l'avait quittée, encombrée de meubles anciens, de velours, de soieries fanées, avec des housses sur les sièges, des bibelots fragiles, de minuscules tables à ouvrage et des bonheurs-du-jour, des secrétaires de marqueterie. Il y avait encore, devant la cheminée d'un boudoir, une chancelière à glands d'or. Un peu de lumière grise filtrait par les fentes des persiennes et les lampes qu'Arsène avait allumées donnaient une clarté poussiéreuse.

— Suivez-moi... C'est ma chambre...

Une chambre de maître, au lit à baldaquin et aux sièges Renaissance à dossier sculpté. Dans un coffre armorié, Arsène prit une bouteille et des verres.

— C'est le bourgogne de la comtesse. Il en reste quelques bouteilles et le patron n'en boit pas...

Un gilet, sur le lit, des chaussettes violettes, des savates sur le tapis rougeâtre. Sur la cheminée, entre les candélabres, des fioles de médicaments.

— A votre santé !... Avouez que je vous ai gentiment affranchi... Moi, n'est-ce pas ? que ce soit vous ou un autre... Par exemple, je vous conseille de vous méfier de la vieille Jouette...

— C'est une domestique ?

— Vous n'avez pas remarqué qu'ils se tutoient ? C'est une ancienne du patron, une amie, qu'il dit... Il paraît qu'ils ont été à l'école ensemble... Quand il était dans l'Oubangui et qu'il a commencé sa fortune, il lui a envoyé de l'argent, car elle ne s'était pas mariée... Pas beaucoup d'argent, sûrement... De quoi vivre pour une femme seule... Il lui est arrivé de revenir en France sans chercher à la revoir... Il est comme ça... Quand ses ennuis ont commencé, qu'on l'a attaqué de tous les côtés et qu'il a débarqué à Bordeaux pour se défendre, la vieille Jouette était sur le quai... Voilà toute l'histoire... Il ne faudrait pas croire qu'ils soient tendres l'un avec l'autre... Il y a des jours où il la menace de la foutre à la porte... Elle ne s'émeut pas, lui rend la monnaie de sa pièce... Il faudrait je ne sais combien de gendarmes pour la mettre dehors, et encore, elle rentrerait par le soupirail !... A la vôtre... Mais si ! il faut vider la bouteille...

Arsène questionna, comme ils faisaient le tour des pièces pour éteindre les lampes :

— Combien vous donne-t-il ?... Vous n'avez pas besoin de vous gêner avec moi... je le connais !...

Pourquoi Maudet éprouva-t-il le besoin de mentir ?

— Mille francs...

— Il faut croire qu'il a bien changé...

— Pourquoi ?

— Les autres n'ont jamais eu plus de six à huit cents... Enfin ! cela vous regarde... Surtout, n'essayez pas de chaparder des timbres ou de tricher sur les petits frais... Il a l'œil à tout... Il compte jusqu'au moindre centime...

Sèchement, Michel laissa tomber :

— Je vous remercie.

Et l'autre haussa les épaules.

Quand ils revinrent, il faisait déjà nuit et Michel,

assis à côté du chauffeur, le regard fixé sur les pinceaux blêmes des phares, avait les pieds glacés, les mains gourdes, mais la tête chaude, trop chaude, car une fois encore il s'était laissé entraîner à boire. Il restait tout imprégné de l'atmosphère des petites rues de Caen, des images dansaient devant ses yeux, des pavés noirs, des trottoirs glissants, des vitrines qui se découpaient dans l'obscurité des façades, des stores faiblement éclairés aux étages, et des silhouettes sombres qui s'affairaient, des parapluies qui se penchaient pour s'éviter les uns les autres...

Des pans de murs blancs émergeaient un instant de la nuit, une vache surgit à certain moment au beau milieu de la route, puis, alors qu'on approchait de la mer, on entendit le sifflet déchirant du petit train qu'on dépassa, s'étirant comme un jouet, avec des têtes minuscules derrière les glaces, des hommes debout sur les plates-formes.

Michel s'était penché pour apercevoir Lina qui devait s'y trouver mais ce fut trop rapide, il ne la reconnut pas parmi tant de têtes, on traversait déjà le panache de fumée que le vent rabattait sur le sol et on atteignait la route des dunes.

Alors il baissa la vitre, pour retrouver sur ses lèvres le goût du sel qui l'avait enchanté le matin et qui s'était dissipé. Très loin dans le noir de la mer se balançait une lumière. Ses doigts se crispaient. Il regardait avidement les moindres échancrures dans la dune crayeuse, sentait sa poitrine se gonfler. Il avait une étrange sensation de puissance, ou plutôt d'appétit. Il lui semblait que tout cela, il allait l'étreindre, se l'approprier, se l'incorporer.

On traversa un village, des maisons basses comme des huttes, tapies aux deux côtés de la route.

Était-ce le fait de frôler en auto ces vies stagnantes qui lui donnait ainsi l'illusion de la force ?

Il revoyait une rue, à Valenciennes, une de ces mornes rues moitié ville, moitié faubourg et, à peine lumineuse, la vitrine d'une boutique dont le timbre d'entrée résonnait sourdement, son père, aux cheveux qui s'argentaient, toujours angoissé par ses échéances, sa mère qui traînait tragiquement un cancer à l'estomac.

Pendant des années, il avait haï ce décor et tout ce qu'il comportait à ses yeux de mesquinerie, tout ce qu'il avait d'étouffant.

Le souffle du large pénétrait par la portière, le fouettait au visage. Il avait envie de chanter, de crier, puis soudain il se souvenait de Lina que le petit train allait tout à l'heure déposer dans un village inconnu. Elle n'avait pas de valise, mais de maigres bagages enveloppés dans du papier gris qu'elle avait dû demander à la patronne de l'hôtel.

— Il y a une bicyclette à La Guillerie ?

Le bout incandescent de la cigarette du chauffeur se tourna vers lui, mais il était impossible de voir les yeux d'Arsène.

— Vous avez déjà envie de vous balader ?
— Je pense qu'un vélo me serait utile.
— Cela m'étonnerait.
— Que voulez-vous dire ?

— Que le patron n'aime pas ça... Pour moi, c'est différent... J'appartiens à son frère... Et encore, il lui arrive de rouscailler quand il s'imagine que je reste dehors cinq minutes de trop...

Maudet s'efforça de sourire.

— Je suppose que je pourrai néanmoins sortir ?

— Vous essayerez... Tout dépend... Voyez-vous, il est jaloux...

— Jaloux de quoi ?

— C'est difficile à expliquer... Jaloux comme un malade. Tenez !... J'avais une vieille tante infirme qui ne bougeait pas de sa chambre, au premier étage... La maison n'était pas grande... Deux pièces en bas et deux pièces en haut... Eh bien, elle passait ses journées à guetter les bruits et les voix... On lui avait donné une canne pour frapper le plancher quand elle avait besoin de quelque chose... Il suffisait de chuchoter pour être sûr d'entendre la canne...

« — Qu'est-ce que vous voulez, tante ?

« — De quoi parliez-vous, en bas ?

« Si quelqu'un entrait... Si quelqu'un sortait... Elle vous accueillait d'un coup d'œil soupçonneux... On avait toujours l'air de lui voler quelque chose...

— C'est Ver, n'est-ce pas, dont on voit les lumières sur la gauche ?

— C'est Ver, oui.

— Combien de kilomètres y a-t-il jusqu'à La Guillerie ?

— Six... Il existe un chemin plus court à travers le marais, mais il n'est guère praticable en hiver...

Pourtant, Michel n'était pas déçu. Il n'hésitait pas.

Il avait hâte, au contraire, de retrouver la maison plantée dans la dune, hâte surtout de revoir l'aîné des Ferchaux. Il s'en voulait de ne l'avoir pas mieux regardé, de n'avoir pas pris garde à certains détails.

Ce qui le choquait le plus chez Arsène, ce n'était peut-être pas sa vulgarité teintée d'arrogance, c'était la façon par trop désinvolte dont il parlait de Ferchaux.

Il ne peut pas comprendre ! se disait-il.

Les trois secrétaires qui l'avaient précédé n'avaient pas compris, eux non plus, et Michel était persuadé que lui comprendrait.

Certes, il avait un peu honte en pensant à Lina. Il l'aimait bien. Il lui arrivait de l'aimer fougueusement. Or, depuis le matin, il ne faisait que la trahir. Il en avait conscience. C'était une véritable trahison. Il ne pensait plus qu'à Ferchaux et à son mystère.

La preuve, c'est qu'il se penchait, le cœur battant, pour apercevoir plus vite les lumières de la maison. Il ne put distinguer qu'un halo du côté de la cuisine, puis, au moment où l'auto stoppait, il découvrit une autre voiture arrêtée dans la nuit.

Maître Morel, sans doute, était encore là, et Maudet en fut contrarié. Ferchaux seul l'intéressait, l'attirait, et sa mauvaise humeur ou son dépit en constatant la présence de l'homme d'affaires ressemblait à de la jalousie.

Ici, Arsène l'aida à sortir les draps, la machine à écrire et quelques menus objets de la voiture. Les deux hommes entrèrent par la cuisine où la vieille

Jouette, occupée à éplucher des pommes de terre, ne leva pas la tête vers eux.

— Tu n'as pas oublié la viande ? se contenta-t-elle de demander à Arsène qui, en effet, s'était arrêté dans une boucherie.

Il la laissa tomber sur la table où traînait un bol de café refroidi.

Michel ne savait que faire, ni où se mettre. Il restait debout devant le fourneau, sans songer à retirer son imperméable. Arsène sortait pour remiser l'auto.

— Je vais monter avec vous pour arranger votre chambre, dit la vieille en laissant tomber une dernière pomme de terre dans un seau d'émail et en versant dans un panier les épluchures restées dans son giron.

Elle se leva en soufflant, regarda les draps, l'oreiller, soupira, comme mécontente, alluma une lampe à pétrole.

— Prenez la lampe et passez devant.

On entendit, en passant devant la pièce occupée par les deux hommes, un murmure de voix, puis la sonnerie du téléphone. La porte ne s'ouvrit pas. Ferchaux ne s'occupait pas de son nouveau secrétaire.

— Tenez la lampe droite, au moins. Vous allez faire éclater le verre.

Ils traversèrent la chambre de M. Dieudonné, où on avait allumé du feu dans un poêle qui n'était pas celui du matin. Celui-ci, en effet, ne fumait pas. C'était un poêle bas, en fonte, comme ceux des blanchisseuses. Ferchaux avait dû l'installer lui-même au début de l'après-midi. Il y avait un lit de fer, à côté, cinq ou six cantines peintes en vert sombre et toutes bosselées.

— Posez la lampe sur l'appui de fenêtre.

Elle fit le lit de Maudet avec des mouvements adroits.

— Vous avez apporté un broc et une cuvette ? Il faudra aller chercher une table au grenier.

Puis, quand tout fut prêt, elle jeta un dernier regard autour d'elle, haussa les épaules devant la parfaite stupidité des choses et, laissant le jeune homme seul, elle redescendit sans un mot.

La lampe à pétrole entourait Michel d'une lumière jaune et grasse. Il resta d'abord un long moment assis au bord de son lit, puis il se leva, marcha jusqu'à la fenêtre, écarta le rideau de guipure et colla son front à la vitre. Dans le noir, il n'y avait de lumineux que l'énorme rouleau qui s'abattait à un rythme régulier sur les galets de la plage et parfois, comme un éclair, le vol d'une mouette qui s'abattait avec un grand cri.

Les deux hommes parlaient toujours, en bas, et leurs voix parvenaient à Maudet en un murmure régulier.

IV

C'était le troisième jour, ou plutôt la troisième nuit de Maudet à La Guillerie. Il s'était réveillé en sursaut, avec l'angoisse d'avoir dépassé l'heure. Sa main avait tâtonné sur le marbre de la table de nuit pour trouver les allumettes, la flamme avait éclairé le cadran du réveille-matin qui marquait paisiblement trois heures dix et Michel, par crainte de se rendormir, avait allumé la bougie.

Il n'était pas habitué à entendre un réveil près de son oreille et le tic-tac monotone le berçait ; il restait de la bougie pour un quart d'heure à peine ; il lui sembla que la lumière rougeâtre, qui lui rappelait de troubles matins d'enfance, l'engourdissait davantage : il éteignit, resta les yeux ouverts, couché sur le dos, exprès, parce que, dans cette position, il ne parvenait d'habitude pas à s'endormir.

Il faisait chaud dans les draps mais son visage, son nez surtout, qui commençait à picoter, était exposé au froid de la chambre, un froid humide qui n'était pas immobile, qui venait par petites vagues, on ne savait d'où, car la porte et la fenêtre étaient fermées. Avait-il bien éteint la bougie ? Pourquoi croyait-il encore voir le rectangle de l'étroite cheminée de marbre noir, le papier jaune à fleurs brunes des murs ? Il s'endormait. S'il avait le malheur de se rendormir, il ne s'éveillerait sûrement pas à cinq heures du matin et c'était l'heure qu'il s'était fixée.

Il n'osait pas non plus partir plus tôt. Trois heures du matin, ce n'est pas une heure pour aller prendre l'air. Si on l'entendait, si Ferchaux sortait soudain de sa chambre au moment où il franchirait le palier du premier, que lui dirait-il ?

— Dans une heure, je me lèverai...

Lorsqu'il sentit qu'il sombrait dans le sommeil, il sortit un pied et une jambe des draps, afin que le froid le tînt éveillé. Sa pensée n'en prenait pas moins des formes de cauchemar. Il croyait entendre la respiration sonore de la vieille Jouette qui dormait tout près de lui, à moins d'un mètre, juste derrière la cloison, et qui, vingt fois par nuit, se retournait tout d'une pièce dans son lit, se rabattait brusquement sur le côté droit ou sur le côté gauche en poussant un gémissement. Après, pendant un certain temps, on n'entendait plus rien. Pourquoi cela lui faisait-il penser à Lazare dans son tombeau et se demandait-il chaque fois si la vieille femme était morte ?

Il fallait éviter, coûte que coûte, de se rendormir. Il fallait aller voir Lina. Elle était venue, la veille, et Maudet avait été profondément apitoyé. Il était à ce moment un peu plus de trois heures de l'après-midi. Avec les nuages bas qui roulaient dans le ciel, le jour n'allait pas tarder à tomber. Il devait y avoir une charogne sur la plage, car des dizaines de corbeaux s'étaient mêlés aux mouettes blanc de craie, à la limite de la terre et de l'eau ; les oiseaux blancs et noirs se mélangeaient dans le ciel, dansaient une sorte de ballet sauvage qu'ils accompagnaient de leurs cris, s'abattant parfois férocement à un endroit que, de la maison, Michel ne pouvait apercevoir.

Dieudonné Ferchaux était plongé dans une de ses interminables communications téléphoniques avec maître Aubin, son avocat de Paris, ce qui l'obligeait à se tenir près du mur où était fixé l'appareil. Le rideau était un peu tiré. Michel, en regardant machinalement dehors, avait aperçu de loin Lina qui s'avançait en hésitant dans la dune, se découpait dans le ciel ou disparaissait en partie selon les mouvements du terrain.

Il eut peur d'abord, peur que son patron l'aperçût, puis il eut pitié, tant elle paraissait seule dans l'immensité que le vent tourmentait, seule et timide, effrayée par cette côte désolée et aussi, il en eut l'intuition, par ces oiseaux qui la faisaient hésiter à s'avancer.

Elle n'avait plus que des souliers de ville à hauts talons qui devaient s'enfoncer dans le sable, glisser sur les galets, se tordre au moindre faux pas. Son manteau — celui qu'il lui avait laissé, qui avait échappé aux brocanteuses du quartier des Archives — datait d'au moins trois ans, d'un temps où les femmes s'étaient habillées plus long, ce qui donnait un air miteux à sa silhouette. Elle avait froid. Son nez était sûrement humide. Elle s'avançait timidement, en essayant de se donner les allures dégagées d'une promeneuse. Comme s'il y avait une seule promeneuse à cette heure sur toute la côte de la Manche ! L'eût-il aperçue, Ferchaux eût compris aussitôt. Et alors, que se serait-il passé ?

Elle avait parcouru près de huit kilomètres, elle qui s'essoufflait si vite. Elle avait été obligée de demander son chemin. Maintenant, elle tournait autour de la maison, décrivait assez loin un large demi-cercle en regardant avidement les fenêtres.

Jouette devait la voir par la porte vitrée de sa cuisine.

Michel eut le cœur serré. Et pourtant, à sa reconnaissance se mêlait un involontaire sentiment de gêne, presque de rancune. Elle lui faisait honte et il n'aimait pas avoir honte. Elle avait l'air ainsi, rôdant humblement autour d'une maison isolée, les mains dans les poches d'un méchant manteau trop long, d'une pauvre sacrifiée.

— Tu es sûr que tu pourras la nourrir ? avait insisté sa mère quand il s'était marié.

Car sa mère était la seule à n'avoir aucune confiance en lui, à ne rien croire de ce qu'il affirmait avec tant d'énergie convaincante.

Il lui avait menti comme aux autres, il avait juré qu'il gagnait assez d'argent pour entretenir une femme, qu'il en gagnerait bientôt davantage encore.

Lina, elle, savait. Il ne l'avait pas trompée. N'était-ce pas elle qui l'avait voulu ? N'était-ce pas elle qui, deux ans plus tôt, venait rôder sous les fenêtres du journal où il faisait les faits divers ? Ne s'arrangeait-elle pas pour se trouver sur son chemin chaque fois qu'elle revenait de ses cours à l'École Bacula ?

Elle portait à cette époque-là des jupes plissées, en lainage écossais, des chandails de fin jersey qui moulaient son buste, lui donnant une netteté qui la distinguait de toutes les autres jeunes filles. Elle étudiait les langues, parce que ses parents voulaient qu'elle étudie quelque chose. Elle avait dû mettre des amies dans le secret de ses sentiments, car c'était toujours avec l'une d'elles au bras qu'elle passait et repassait sous ses fenêtres.

C'est par une de ces amies-là, d'ailleurs, qui était la sœur d'un camarade de Michel, que celui-ci avait été présenté à Lina, et, dès lors, ils s'étaient retrouvés chaque soir dans les rues où ils cherchaient les coins les plus sombres, s'enfonçaient, pour se serrer l'un contre l'autre, au plus profond des portes cochères et parfois dans le courant d'air d'un porche désert.

Lina était riche. Son père était le propriétaire du Grand Café, tout blanc et or, avec ses glaces et ses lustres, ses chaudes banquettes grenat, où ne fréquentaient guère que les importants bourgeois de la ville. On le voyait dès le matin, chaussé de fin chevreau, un col rabattu, d'une blancheur éblouissante, dégageant son cou apoplectique, assis à l'une des tables, puis à une autre, un peu plus rouge à mesure que la journée s'avançait, les yeux plus globuleux, la langue embarrassée ; mais si, le soir, les mots arrivaient difficilement à ses lèvres, on ne l'avait jamais vu ivre et c'était de lui-même que, très digne, la démarche prudente, il montait se coucher quand il en avait assez.

Ni sa femme, qui était d'une excellente famille, ni sa fille, ne mettaient jamais les pieds dans le café. Il ne l'aurait pas toléré. Madame Bocage portait un des plus beaux manteaux d'astrakan de la ville et faisait partie des comités de bienfaisance les plus fermés.

Que diraient les industriels, les gros commerçants de Valenciennes, clients du Grand Café qu'ils considéraient comme un cercle, s'ils apercevaient la fille de Bocage rôdant comme une pauvresse dans le sable et les galets des dunes ?

Cependant, par crainte de la voir s'attarder, Michel s'était retiré de la fenêtre avant que Lina l'aperçût, s'était tenu exprès au fond de la pièce, et quand, plus tard, on avait allumé la lampe, il n'y avait plus personne dehors.

Il frotta une nouvelle allumette. Il était quatre heures moins dix ; par peur de se rendormir, il se leva, ses pieds nus se posèrent sur le morceau de couverture qui servait de carpette, il enfila ses chaussettes, s'habilla, les doigts engourdis par le froid, surtout après qu'il se fut passé un peu d'eau sur les mains et sur le visage.

Il s'était rasé avant de se coucher, afin de gagner du temps. Les autres soirs, il n'avait pas de réveil dans sa chambre. C'était celui de la cuisine qu'il avait pris tout exprès. Il n'avait pas osé l'emporter à l'insu de la vieille.

— Puisque vous le laissez la nuit dans la cuisine,

cela ne vous ennuierait pas que je l'emporte dans ma chambre ? Je le redescendrai chaque matin.

Il craignait d'être deviné, mais Jouette n'avait pas eu l'air d'écouter ce qu'il disait. Néanmoins, il n'avait pas osé faire marcher la sonnerie qui eût réveillé toute la maison.

Il avait mal dormi. Jusqu'à deux heures du matin au moins, il avait entendu, dans son demi-sommeil, le pilon de Ferchaux qui allait et venait dans sa chambre, juste au-dessous de sa tête.

Ses souliers dans la main, il descendit prudemment l'escalier, s'arrêtant souvent pour écouter. Il appréhendait de franchir le palier et il lui semblait qu'il déclenchait des vacarmes, il avait la conscience troublée comme s'il eût commis un méfait, alors qu'il avait bien le droit d'aller rejoindre sa femme.

Il avait décidé, dès la veille, de sortir par la cuisine. On laissait la clef sur la serrure. Le verrou était facile à tirer. Il se trouva dehors où, bien qu'on ne vît pas de lune, il régnait une clarté suffisante pour se diriger. Chose curieuse, cette clarté ne semblait pas émaner des lèvres molles des nuages, mais de la mer qui moutonnait jusqu'à l'infini.

Il marcha vite, sans se retourner. Ses pieds enfonçaient dans le sable. Une fois sur une dune éloignée seulement, il regarda la maison pour s'assurer qu'aucune lumière ne paraissait aux fenêtres.

Alors, son exaltation le reprit. Il aspira l'air profondément, comme il eût mangé quelque chose de savoureux. Il regarda la mer, dédaigna la route lisse qui se dessinait à sa droite, préféra buter parmi les galets, se penchant sur des épaves qui prenaient dans la nuit des formes fantastiques, touchant une énorme souche de bois flotté, ramassant un os de seiche, saisissant dans ses mains une algue gluante.

Il avait froid. Il avait un peu peur. Une fois, il fit cent mètres en courant presque parce que quelque chose de vivant avait remué près de son pied et plus loin, entendant le même bruit, il se rendit compte que c'étaient des crabes qui cheminaient sur la bande de sable mouillé découvert par la marée.

S'il ne chantait pas, il y avait en lui comme une musique. Ce fut à regret qu'après une demi-heure il dut obliquer vers les terres et prendre la route de Ver où des arbres dénudés laissaient tomber, bien qu'il n'eût pas plu de la nuit, des gouttes glacées.

Il apercevait au loin des toits qui paraissaient écrasés sur le sol. Il marcha plus vite. Il avait hâte de surgir devant Lina. La veille, il avait interrogé adroitement Arsène sur les hôtels du pays, et le chauffeur lui avait appris que tous les hôtels de Ver étaient fermés l'hiver, sauf un, qui était plutôt une auberge.

— C'est le bureau de tabac, en face de l'église.

Au lieu de se dissiper, la nuit devenait plus sombre et plus froide. Il atteignit la place, aperçut la civette au-dessus d'une porte sans seuil, mais celle-ci était fermée, tous les volets de la maison étaient clos. Il n'y avait pas un bruit dans le village, pas une âme éveillée. L'horloge du clocher ne marquait pas encore cinq heures du matin.

Allait-il être forcé d'attendre ? Il tourna autour de

la maison, qui était longue, à un seul étage. Il comprit, à une chaude bouffée d'étable, qu'il y avait des vaches, il entendit soudain le chant du coq, un chien tira sur sa chaîne et il craignit de le faire aboyer.

Un portail en fer peint au minium se dressait entre deux montants. Par une fente, il découvrit une cour boueuse, un tas de fumier dans un coin, une vieille auto sans pneus près d'une charrette. Il lui sembla qu'une faible lueur jaune venait de la droite de la cour, il tendit l'oreille, finit par distinguer un bruit de sabots sur le sol.

Sans doute quelqu'un était-il déjà levé et occupé à traire les vaches ? Alors, il appela, faiblement d'abord.

— Quelqu'un ! disait-il, impressionné par sa propre voix. Quelqu'un !... Hé !... De l'hôtel...

Il se passa du temps. Il dut appeler à plusieurs reprises. Enfin, une fille à grosse tête ronde passa la tête par la porte de l'étable, se demandant d'où venait le bruit.

— Ici, mademoiselle... Excusez-moi... Ma femme est en pension chez vous...

Elle s'approcha enfin du portail. Peu décidée, elle répétait avec une obstination stupide :

— Qu'est-ce que c'est ? Qu'est-ce que vous voulez ?

— Ma femme... (Il se rappela à temps qu'il lui avait recommandé de s'inscrire sous son nom de jeune fille. Pourvu qu'elle n'ait pas écrit mademoiselle!) ...ma femme est descendue chez vous... Madame Bocage...

— Eh bien! qu'est-ce que vous lui voulez?

— Je suis venu la voir à l'improviste... Si vous vouliez bien m'ouvrir...

— C'est que je ne sais pas, moi. Les patrons ne sont pas levés, à cette heure.

— Puisque je vous dis que ma femme...

Elle se décida enfin, ne trouva pas la clef, envoya Maudet faire le tour de la maison et attendre devant la porte à la civette. Elle fut si longue qu'il se demanda si elle ne le laissait pas en plan.

— Où est sa chambre?

— Au premier, au fond du couloir à droite.

Une bonne chaleur régnait dans l'auberge qui sentait le feu de bois de la veille et la cuisine mijotée, avec un arrière-fond d'étable et de fruits qui mûrissent. L'escalier de chêne était ciré et Michel faillit s'étaler en glissant. Il tâtonnait dans l'obscurité du couloir quand il songea seulement à l'électricité, frotta une allumette, trouva le commutateur. Alors, en passant devant une première porte, il entendit une femme qui s'éveillait et qui, sans doute, chuchotait quelques mots à l'oreille de son mari. Il se dépêcha, arriva à la porte du fond et tourna le bouton.

La porte n'était pas fermée à clef. D'ailleurs, on n'y voyait pas de serrure. Le cœur de Michel battait. Il poussa le battant qui rencontra une légère résistance, il comprit bientôt pourquoi : Lina, effrayée de dormir derrière une porte ouverte, avait poussé une chaise derrière celle-ci.

Malgré le grincement de la chaise, elle ne s'éveilla pas et il eut le temps de se glisser près d'elle, de la serrer dans ses bras, toute chaude, toute moite, toute imprégnée de l'odeur du lit de campagne.

— Ma grande !
— C'est toi ?... Comment ?...

Il ne voulut pas allumer tout de suite.

— Chut... Ne dis rien...

Il se dévêtait rapidement, entrait dans les draps, se collait, glacé, contre elle.

— Chut... Je n'ai pas beaucoup de temps...

Il était heureux de retrouver son corps un peu gras, très doux, très lisse, et Lina ne sortait que peu à peu du sommeil ; elle eut un mot qui ne parut même pas étrange à Michel :

— Comment as-tu fait ?

Comme s'il eût été prisonnier dans la maison de la dune !

— Allume, maintenant...

Et, tandis qu'il faisait trois grands pas, le corps nu, vers le commutateur :

— Je suis allée là-bas hier.
— Je t'ai vue.
— Les gens m'ont dit que c'était une sorte de fou et j'avais peur...
— Mais non, mon petit, ce n'est pas un fou, je te jure. C'est un type extraordinaire, le plus extraordinaire que j'aie jamais vu...

Il était bien au fond du lit aux épais matelas de plume, dans cette chambre basse, blanchie à la chaux où il y avait une grosse armoire d'acajou, des cadres noirs avec des images de saints, une petite vierge en plâtre sur la cheminée.

— Je n'ai pas pu venir plus tôt parce qu'il me tenait du matin au soir...

— Il ne te laisse pas sortir ?

Pourquoi Lina lui paraissait-elle soudain si lointaine ? Il s'irritait malgré lui de sa voix neutre de femme encore endormie, de ses questions qui correspondaient si mal à la réalité, de la façon dont elle le regardait, comme si elle eût cherché en lui ce qu'il y avait de changé. Il croyait lire une sorte de méfiance dans ses yeux. Elle ne l'aurait peut-être pas regardé autrement si elle l'eût soupçonné de sortir des bras d'une femme.

— Je suppose qu'il ne te fait quand même pas travailler jour et nuit ?

— Mais non, évidemment... C'est difficile à t'expliquer...

— Pourquoi habite-t-il une maison isolée dont personne ne voudrait ? Est-ce vrai qu'il se cache ?

— Je t'assure, Lina, qu'il ne se cache pas.

Il avait envie de rire. C'était tellement stupide, cette idée que les gens se faisaient de Ferchaux !

— Alors, pourquoi vit-il sous un autre nom que le sien ? Les gens d'ici le savent. On n'ignore pas qui il est. Le patron de l'hôtel prétend que les gendarmes viendront l'arrêter un jour ou l'autre.

— Il ne se laissera pas faire.

— Tu le défends bien !

Pourquoi ce reproche ? N'avait-il pas le droit de défendre un homme que...

Que quoi, au fait ? Il cherchait ses mots. Il se demandait comment faire partager à Lina son enthousiasme pour Dieudonné Ferchaux.

— Il a tué des nègres, c'est vrai, trois nègres exactement, mais il devait le faire ; c'était non seulement son droit, mais son devoir. Si j'avais une carte, je t'expliquerais. C'est lui qui a mis en valeur, qui a presque découvert la région la plus sauvage de l'Afrique. Il me l'a expliqué lui-même. C'est comme une vaste cuvette, une cuvette grande comme la moitié de la France, au confluent du Congo et de l'Oubangui. Il n'y a là que des marais, des rivières qui s'enfoncent dans l'obscurité presque complète de la forêt vierge...

Et elle de murmurer :

— A quoi cela sert-il ?

Il était découragé, mais il s'obstinait, d'autant plus qu'il lui arrivait lui-même de regarder Ferchaux d'un œil froid, presque méprisant.

— Au début, on ne pouvait circuler qu'en pirogue, au risque d'être chaviré par un hippopotame et dévoré par les crocodiles qui pullulent. Il y a en outre les mouches tsé-tsé qui donnent la maladie du sommeil...

— Ne parle pas si fort. Je suis sûre que tu as réveillé la patronne. Maintenant qu'elle commence à s'habituer un peu à moi !

Mais il ne s'occupait pas encore d'elle. Il était plein de son sujet. Il s'y raccrochait.

— Ferchaux et son frère Émile sont partis là-bas sans un sou en poche. Maintenant ils sont riches à centaines de millions. Partout, ils ont établi des comptoirs. Ils ont des bateaux de cinq cents tonnes pour transporter leurs marchandises sur le Congo, des agents dans tous les centres du Gabon, de grands entrepôts à Brazzaville. Si Dieudonné Ferchaux n'avait pas tué les trois nègres...

Elle écoutait en regardant le plafond où une mouche du dernier été était desséchée.

— C'étaient des porteurs. Dieudonné Ferchaux avait ramassé une cinquantaine de porteurs pour aller rejoindre la caravane de son frère qui se trouvait en difficulté à quatre ou cinq cents kilomètres de là. Chaque nuit, des porteurs désertaient. Ferchaux a fini par découvrir les trois noirs qui les excitaient. Tu comprends, maintenant ? A la première occasion, ils se seraient tous enfuis en emportant vivres et munitions...

— Ils étaient chez eux, ces gens-là !

— Si tu veux. Tu le fais exprès de ne pas comprendre. A t'écouter, ce n'était pas la peine de coloniser l'Afrique. Il les a surpris qui rampaient vers les caisses d'armes. Il était seul blanc au milieu des Pahouins.

Il sentit bien qu'elle était choquée de l'entendre parler aussi familièrement de choses qu'il ne connaissait pas quelques jours plus tôt.

— Il a allumé une cartouche de dynamite et la leur a lancée. Tous les explorateurs en ont fait autant. Mais sais-tu à cause de qui ses ennuis ont commencé, près de trente ans plus tard ? Devine !

— Comment veux-tu que je devine ?

— Tu te souviens d'Arondel?
— Gaston?

Ce fut au tour de Michel de tiquer, à cause de ce prénom qu'elle prononçait tout naturellement. Gaston Arondel était un de leurs camarades de Valenciennes, un beau garçon, toujours tiré à quatre épingles, qui faisait sa médecine.

— Qu'est-ce que Gaston...

— Ce n'est pas lui, mais son père, qui est administrateur au Gabon. C'est un crétin, un type aux idées arrêtées, un orgueilleux par surcroît, comme son fils, qui n'irait pas sans ses gants jusqu'au coin de la rue. Tu comprends que là-bas, un type comme ça, à cinq mille francs par mois, n'est pas grand-chose à côté d'un Ferchaux. Arondel a été vexé de son rôle effacé. Alors, il a engagé la petite guerre. Il s'est armé des règlements que des gens qui n'y connaissent rien édictent à Paris. Têtu, buté, l'administrateur s'est attaqué jour après jour à Ferchaux et à toutes ses affaires. C'est lui qui est allé déterrer cette vieille histoire des trois nègres que tout le monde connaissait mais qui n'indignait personne. Il a mis la machine judiciaire en marche. Il a déniché des témoins, les a amenés à Brazzaville aux frais de l'État. Il a engagé contre la compagnie Ferchaux une véritable persécution administrative, épluchant les comptes, les bilans, les déclarations au fisc...

— Ferchaux trichait?

— Tu ne veux pas comprendre! Il vaudrait mieux que je me taise. Toujours est-il que, d'un jour à l'autre, c'est vrai, cet homme-là, qui a passé quarante ans dans la forêt équatoriale et qui a créé de ses mains une des plus grosses affaires coloniales, peut être jeté en prison, ruiné, ses affaires réduites à néant, par la faute d'un imbécile dont les chefs eux-mêmes essaient de freiner le zèle. Voilà pourquoi il est venu ici.

— A La Guillerie ?

— A La Guillerie ou ailleurs. Qu'est-ce que cela peut faire qu'il soit ici ou là. Il pouvait descendre dans le plus grand palace. (Michel, à vrai dire, ne comprenait pas encore pourquoi il ne l'avait pas fait.) Il pouvait s'acheter, comme son frère, un hôtel particulier aux Champs-Élysées. Il pouvait habiter un des châteaux qu'Émile possède en France, ou sa villa de Cannes, ou celle de Deauville. Qu'est-ce que ça peut lui faire, à lui ? Sais-tu qui, le plus souvent, casse le bois dans la cave ? C'est lui. Et sais-tu où il mangeait avant mon arrivée ? Dans la cuisine, avec le chauffeur et une vieille femme qui lui sert de bonne. Le soir, nous jouons aux cartes tous les trois.

— Quels trois ?

— Ferchaux, le chauffeur et moi. Il a juré qu'on ne l'aurait pas. Il n'a l'air de rien, comme ça. Il se moque d'être habillé de telle ou telle manière. Il se moque encore davantage de ce que les imbéciles pensent de lui. Seulement, hier encore, tiens, alors que tu te promenais dans les dunes, je l'ai entendu donner un coup de téléphone qui va faire sauter un gouverneur. S'il le voulait, ce serait sans doute le ministère qui sauterait. Est-ce que tu commences à comprendre que ça vaille la peine de vivre pendant quelque temps dans une vieille maison sur la dune ?

Elle soupira. Elle n'était pas convaincue, mais elle n'avait pas le courage de discuter.

— Si tu crois...

Puis, presque aussitôt :

— Tu m'as apporté de l'argent ?

Il rougit.

— Pas aujourd'hui. Je ne peux quand même pas lui demander de l'argent alors que je suis à peine entré chez lui. Patiente deux ou trois jours. A la première occasion...

— Si seulement j'avais des bagages, ne fût-ce qu'une valise...

— Je t'apporterai la mienne.

— Ce ne sera plus la même chose. Les gens qui voient arriver une jeune femme seule, avec un petit paquet de papier gris sous le bras... A cette saison-ci, ils n'ont jamais personne... Ils ont hésité à m'accepter...

« — Vous comprenez, m'a dit la patronne, c'est notre période de repos, à nous... Une personne, ce n'est qu'une personne, bien sûr, mais il faut quand même lui faire à manger... C'est du souci, allez, et j'aimerais mieux que vous alliez voir ailleurs...

— Puisqu'elle t'a quand même acceptée !

— Parce que je faisais semblant de ne pas comprendre. A la fin, je crois qu'ils m'ont prise en pitié. Quand ils vont savoir que tu es à La Guillerie...

— Ils ne le sauront pas.

— Ils te verront partir. Maria t'a ouvert la porte

Marie est dangereuse

et, avec ses airs nigauds, c'est elle la plus dangereuse, parce que c'est sur elle que le travail retombe, et elle me regarde de travers. Rien que la façon dont elle pose les plats sur la table devant moi...

— Tu ne crois pas, chérie, que tu pourrais avoir un peu de patience, que cela en vaut la peine ? Une chance inespérée, insensée, me permet de connaître un homme qui...

Mais non ! Il ne voulait plus lui parler de Ferchaux, car, chaque fois qu'il s'agissait de lui, elle le regardait avec la même méfiance.

— J'ai la veine de pénétrer dans un monde que je ne connais pas, que peu de gens connaissent, où l'on brasse les millions par dizaines, où l'on tire les ficelles de milliers et de milliers de marionnettes comme ton Arondel...

— Pourquoi mon ?

— Je te demande pardon. Mais aussi, au lieu d'être contente, de te féliciter de ce qui nous arrive...

— Mets-toi à ma place !

— Je sais... Ce n'est peut-être pas très gai... Ce n'est pas non plus pour durer... Un jour ou l'autre, Ferchaux retournera à Caen... Il paraît que c'est là qu'il habite la plupart du temps... Nous nous verrons tous les jours...

— A la sauvette...

Ce mot lui fit regarder l'heure et il se sauva en effet. Il était près de sept heures. Il se jeta sur ses vêtements, comme pris de panique.

— Tu vois bien !

— Qu'est-ce que je vois ?

Elle a la méfiance pour D.

— Dans quel état tu te mets à l'idée d'arriver en retard ! Si, pour huit cents francs par mois, tu dois être à la disposition de ce monsieur jour et nuit comme un esclave...
— Tu es idiote.
— Merci.
— Au lieu de m'aider...
Il était furieux, plus encore vexé de son échec que furieux, vexé aussi de ne rien trouver à répondre. Il faillit s'en aller sans l'embrasser, revint quand même vers le lit, se pencha sur Lina et s'adoucit :
— Ne fais pas attention, ma petite Lina. Je sens tellement, vois-tu, que j'ai raison, que c'est pour nous la fortune, que...
— Va vite.
— Souris...
— Non.
— Souris vite...
— Voilà.
Il s'enfuit et elle lui lança d'une voix boudeuse :
— Ne reste plus si longtemps sans venir !
Arsène lui avait dit qu'un sentier traversait le marais et il avait une telle hâte d'être de retour à La Guillerie qu'il s'y engagea au petit bonheur, n'apercevant personne à qui demander son chemin. Mal lui en prit, car, alors qu'il était peut-être à mi-route, le sentier s'effaça, il pataugeait dans l'eau cachée sous les herbes, il dut aller et venir en tous sens, cherchant un terrain plus ferme, tandis qu'au-dessus de sa tête les nuages blanchissaient, laissaient voir de grosses poches grises pleines de pluie.

Quand il mit enfin le pied sur la route, il avait de la boue jusqu'aux genoux et la sueur lui collait sa chemise sur le corps. Il chercha de la lumière au premier étage ; il n'y en avait pas. Il contourna le rez-de-chaussée, trouva Arsène qui mettait la voiture en marche, car, chaque matin de bonne heure, il allait à Caen chercher le courrier.

Arsène, comme d'habitude, lui adressa un bonjour goguenard et le regarda des pieds à la tête, puis il fit un geste qui devait signifier que le patron était de mauvais poil.

Michel traversa la cuisine.

— Je ne savais pas qu'il était si tard, dit-il en guise de bonjour à Jouette qui trempait du pain dans son café au lait et qui ne lui répondit pas.

Il n'osa pas monter chez lui tout de suite. Il pénétra dans la salle à manger qui servait de bureau et de salon. Une flamme claire pétillait. Le dos au feu, Ferchaux mangeait des œufs à la coque.

— Je suis en retard, n'est-ce pas ? Je vous demande pardon. Depuis que je suis arrivé, j'avais envie de faire une promenade matinale au bord de la mer...

Le regard de Ferchaux se posa sur le bas crotté du pantalon. Ce fut tout. Ramasse-t-on une telle boue au bord de la mer ?

Maudet n'avait pas de vêtements de rechange. Il s'assit. La vieille lui apporta ses œufs dans une serviette.

Le patron mangeait toujours en silence, avec l'air de penser à autre chose. Michel évitait de le regarder. Mais il recevait parfois un coup d'œil bref, furtif, comme honteux. Ferchaux pensait à lui. Qu'est-ce qu'il pensait ? Pourquoi avait-il ce soupir en essuyant ses lèvres de sa serviette et en se levant pour aller se camper devant le feu ?

Il n'était pas seulement préoccupé. On eût dit qu'il était un peu triste, un peu inquiet. Comme la voiture démarrait, emmenant Arsène à la ville, il se redressa, murmura :

— Enfin !...

Cela pouvait signifier : « On verra... »... Ou encore : « A quoi bon ? »... Ou : « C'est sans importance »... Voire : « Je suis idiot de m'inquiéter de ça... »

Après quoi il regarda autour de lui en homme qui dissipe les brumes du petit matin et qui décide de commencer sa journée.

V

Il y avait peut-être un quart d'heure qu'Arsène était revenu de Caen avec le courrier et on l'entendait siffloter en montant du bois de la cave au premier étage. Était-ce un quart d'heure ? Était-ce moins ou plus ? Maudet n'en pouvait juger et cette question de mesure du temps lui causait parfois un malaise.

Quand, à Paris, il avait revendu sa montre, il avait dit à Lina :

— Il existe des horloges à tous les carrefours des Grands Boulevards, sur toutes les places, à toutes les vitrines d'horlogers.

Dans la maison de Ferchaux, il n'y avait l'heure nulle part, sinon dans la chambre de la vieille Jouette, là-haut, et dans la cuisine. Ferchaux avait bien, dans la poche de son gilet, une grosse montre en nickel comme on en vendait autrefois sous le nom de montre de chemin de fer, mais il est probable qu'il ne songeait pas à la remonter, car il ne la tirait jamais de son gousset, ne se préoccupait pas de l'heure, celle-ci étant donnée avec assez d'approximation par le vicinal qui passait deux fois par jour dans chaque sens et par les allées et venues de Jouette. Enfin si, pour un coup de téléphone par exemple, il avait besoin de plus de précision, il allait dans la cuisine consulter le réveil.

Le retour d'Arsène avec le courrier, c'était à peu près neuf heures du matin. La table du petit déjeuner était débarrassée, le feu d'âtre avait eu le temps d'imprégner la pièce de chaleur. Michel était assis en face de la fenêtre derrière laquelle, à sa grande satisfaction, un brouillard laiteux commençait à s'épaissir jusqu'à lui cacher déjà la mer.

Ferchaux, qui s'asseyait rarement, était debout le dos au feu et dépouillait le courrier, jetant au fur et à mesure les enveloppes dans les flammes. Certains jours, il n'y avait que des lettres de Paris, lettres d'hommes de loi, d'hommes d'affaires, de banquiers, mais, plusieurs fois par semaine, soit par les Chargeurs Réunis, soit par l'avion de Brazzaville ou par l'avion belge de Coquilhatville, arrivait un énorme courrier de l'Oubangui dont Ferchaux se saisissait avidement.

Ils avaient commencé tous les deux, l'avant-veille, un important travail de classement qui était loin d'être terminé. Depuis près de six mois qu'il était en France, Ferchaux se contentait de fourrer ses lettres en tas dans les meubles, au petit bonheur. Deux ou trois fois, pourtant, sans doute à chaque nouveau secrétaire, il y avait eu des velléités de classement, on retrouvait des chemises rouges ou vertes, couvertes d'écritures différentes : « Arondel », « Banque de l'Oubangui », « Affaire Ledent », « Morel », « Maître Aubin », etc., etc.

Parfois, au moment où on dépouillait une liasse de documents serrés d'une ficelle, d'un bout de cordon, Ferchaux se frappait le front.

— Il doit y avoir d'autres pièces du même genre dans un tiroir de ma chambre... Je vais les chercher...

Il y allait lui-même et on entendait son pilon dans l'escalier, puis au-dessus du plafond. Il ne faisait aucune distinction entre un travail et un autre, allait casser du bois aussi volontiers qu'il dictait ; il ne lui serait pas venu à l'idée d'appeler Jouette pour lui demander l'heure, il allait lui-même dans la cuisine s'il avait envie d'un verre d'eau et, quand il y avait des meubles à changer de place, il donnait la main à Arsène.

Cela avait choqué Michel au début. Maintenant, il commençait à comprendre, il se rendait compte, en tout cas, que c'était beaucoup plus compliqué qu'il l'avait cru, qu'on semblait le croire autour de M. Dieudonné.

Maudet aimait, maintenant, ces heures grises avec le bruit du vent dehors et celui des flammes dans la pièce, les papiers de toutes sortes qu'il examinait les uns après les autres sans qu'il y en eût de secrets pour lui, pas même, par exemple, les rares lettres qu'Émile avait écrites à son frère.

— Je vous expliquerai au fur et à mesure..., lui avait dit Ferchaux.

Était-ce confiance absolue de sa part ? Ou bien

considérait-il le jeune homme comme un être de si peu d'importance qu'on pouvait tout lui dire ? Maudet se l'était demandé. La question le troublait. Peut-être y avait-il un peu des deux.

— Encore Arondel ! gronda M. Dieudonné en terminant la lecture d'une lettre du Congo. Bastard, qui tient le poste de Makoli, me raconte qu'au moment où les indigènes apportaient les amandes de palme, les gendarmes sont arrivés, ont assisté à la pesée, ont saisi la bascule et les poids.

— Les poids sont truqués ? questionna Maudet.

— Ils le sont toujours, là-bas. Les prix sont faits en conséquence. Les indigènes ont dû être les premiers surpris de cette aventure. Du moment qu'une fraude est admise par les deux parties, il n'y a plus fraude.

Tous deux levèrent la tête en même temps et se tournèrent vers la fenêtre. Dans le brouillard, on voyait stopper une énorme voiture jaune au capot très allongé. Un chauffeur grand et fort, à la livrée impeccable, en descendait, ouvrait la portière. Bien que l'homme qui mit pied à terre ne ressemblât nullement à M. Dieudonné, Michel reconnut le frère de celui-ci. Il entra par la cuisine, comme c'était l'habitude de la maison. Il s'y arrêta un instant pour échanger quelques mots avec Jouette. On entendait sa voix, une voix d'homme qui croit nécessaire de feindre perpétuellement une humeur enjouée.

Dieudonné ne bougea pas pour se porter à sa rencontre. Michel ne savait que faire, regardait la porte. Celle-ci s'ouvrit en même temps que la voix faisait :

114

— On peut entrer ?

Émile Ferchaux, qui avait trois ans de moins que son frère, était plus grand que lui, plus large, plus étoffé. Sans être gras, il accusait un certain embonpoint, ce que l'on appelle de la prestance. Il tendait une main gantée de pécari.

— Comment vas-tu ?

Cela faisait dans cette maison, dans cette ambiance à laquelle Michel était déjà habitué, un effet étonnant, cela choquait, aussi bien les allures trop dégagées du personnage que ce ton de bonne compagnie, cette humeur légère, cette désinvolture mondaine.

Émile Ferchaux était en tenue de chasse. Il arrivait de Sologne, comme il l'annonça aussitôt. Il possédait un château là-bas et, tel qu'il se présentait, c'était le châtelain type. Il portait des culottes de golf, très claires, des guêtres blanches, un veston marron en tweed épais et moelleux. Sur ses cheveux argentés, un chapeau vert, avec une petite plume sur le côté.

— J'avais d'abord pensé à te téléphoner pour m'annoncer, mais, comme j'étais sûr de te trouver ou ici ou à Caen...

Il était rasé de près. Son teint était rose, ses joues délicatement couperosées. Il restait un peu de talc sous l'oreille et il se répandait dans la pièce un discret parfum de fougère.

Émile Ferchaux avait vu Michel qui s'était levé. Il n'avait pas été surpris. Il lui avait accordé quelques secondes de curiosité et il s'était contenté de lui adresser un signe bienveillant de la main.

Dieudonné, lui, toujours debout devant le feu, n'avait pas bougé et regardait son frère.

Le reste, Maudet ne put le voir. Gauchement, il avait mis quelques papiers en tas, pour se donner une contenance. Puis, en balbutiant un vague « pardon », il s'était dirigé vers la porte. Comme personne ne le retenait, il était sorti.

Il conservait, de ces quelques secondes de tête-à-tête entre les deux frères, un sentiment complexe, qu'il allait essayer d'analyser. Émile Ferchaux était mal à l'aise, cela lui paraissait évident. C'était l'homme du monde aux allures dégagées qui se trouvait gêné en face de son frère. Mais celui-ci ? Quels sentiments sa physionomie avait-elle exprimés ? Michel aurait juré que les yeux s'étaient voilés d'une certaine tendresse. Chose curieuse, ce n'était pas une tendresse d'homme. Cela ressemblait davantage à la tendresse d'un gamin pour un frère plus jeune. Avec une certaine tristesse en plus. Il y avait presque toujours de la tristesse sur le visage de Dieudonné Ferchaux, une tristesse que Michel était incapable de comprendre.

Le matin, par exemple, quand il était rentré de Ver, son patron l'avait reçu avec amertume. Il ne lui avait adressé aucun reproche. On eût dit qu'il savait tout, qu'il avait tout compris, qu'il ne se donnait plus la peine de se fâcher, de questionner, de réduire son interlocuteur : il pardonnait. Même pas : il effaçait.

Pourquoi une phrase des Écritures saintes, qu'il croyait avoir oubliées, lui revenait-elle à la mémoire ?

« — Avant que le coq ne chante, l'un de vous me trahira... »

Maudet était désœuvré. Il prit son chapeau et son imperméable au portemanteau, traversa la cuisine, avec l'idée d'aller se promener le long de la mer. Le prestigieux chauffeur d'Émile Ferchaux, qu'Arsène avait rejoint, couvrait le capot de sa voiture d'une épaisse couverture.

Michel n'avait pas parcouru cinquante mètres que la fenêtre s'ouvrait derrière lui, Dieudonné Ferchaux, malgré son horreur du froid, se penchait, parlait à Arsène qui se précipitait.

— Le patron vous fait dire de ne pas vous éloigner, car il peut avoir besoin de vous d'un moment à l'autre.

Arsène était guilleret. Sa joie était celle d'un homme qui se retrouve enfin en compagnie de gens de son monde.

Michel resta à errer sur la dune, à mi-chemin entre la maison, dont il pouvait suivre les allées et venues, et de la mer qui commençait à monter. Bientôt, il vit les deux chauffeurs attablés dans la cuisine devant une bouteille de vin qu'Arsène était allé chercher à la cave. La mère Jouette s'affairait, transformée, elle aussi. Un quart d'heure ne s'était pas écoulé qu'Arsène prenait l'auto pour se diriger vers Caen. Son collègue le suivit jusqu'à la voiture et, au moment où la portière allait se refermer, Arsène lui passa une enveloppe d'un geste furtif. L'autre la glissa aussitôt dans sa tunique et revint vers la maison avec un air faussement dégagé.

Qu'est-ce que cela signifiait ? Est-ce qu'Arsène, dès le premier jour, n'avait pas déclaré à Maudet qu'il était au service d'Émile Ferchaux, que c'était celui-ci qui l'avait placé momentanément auprès de son frère ? N'avait-il pas laissé entendre que son rôle consistait en quelque sorte à surveiller celui-ci ?

Lina, le matin, n'avait rien compris à l'enthousiasme de son mari. Était-il lui même capable d'analyser les sentiments qui l'animaient pour son patron qu'il connaissait depuis si peu de jour ?

Il l'admirait. D'abord, il l'avait admiré d'être un homme aussi riche et aussi puissant, tout en étant choqué, voire indigné, par le peu d'usage qu'il faisait de sa fortune. Trois jours plus tôt encore, il se fût emballé pour Émile Ferchaux qui, lui, du moins, menait grand train, jouissait de la vie, s'entourait d'un maximum de luxe.

Maintenant, il hésitait, commençait à pressentir ce qu'il y avait de facilement vulgaire dans cette attitude.

Certes, Dieudonné le hérissait encore, surtout par son avarice, mais Maudet était impressionné par ce qu'il devinait en lui d'irrémédiablement hautain.

A présent, il aurait voulu être là, près des deux frères. Son intuition lui disait que la présence d'Émile était un danger, que c'était en ennemi qu'il était venu, malgré sa cordialité débordante.

Il ne les voyait pas. Derrière la fenêtre du rez-de-chaussée, ce n'était qu'un trou noir, avec parfois le reflet rose des flammes qui dansait sur les vitres. Est-ce que Dieudonné s'était enfin assis ? Restait-il debout, le dos au feu, à observer son frère qui parlait ?

Jouette s'agitait plus que de coutume. Le chauffeur venu du château se tenait sur le seuil, calme et serein comme un rentier à la tombée du jour, fumait sa pipe et suivant des yeux le vol des mouettes.

Ce fut une étrange matinée. Michel pensa beaucoup. Peut-être, de sa vie, n'avait-il jamais eu de pensées aussi denses et aussi heurtées, qui tournaient toutes autour des deux hommes, mais surtout autour de Dieudonné Ferchaux.

Se faisait-il des illusions ? Il aurait parié volontiers que celui-ci ne l'avait laissé quitter le bureau qu'à regret, que peut-être à présent il le suivait parfois des yeux à travers la fenêtre.

Il ne pleuvait pas, mais le brouillard posait comme une laque sur les choses, le ciel était devenu d'un blanc lumineux qui étonnait les yeux, la mer, au contraire, virait au vert sombre sur lequel tranchaient les crêtes des vagues. C'était sourd et lancinant. Le petit train noir passa en sifflant avec colère et sa fumée se confondit aussitôt avec le ciel. Personne ne descendit. Sans s'arrêter, il continua sa route.

Arsène, qui avait dû faire de la vitesse, revint de Caen et s'offrit, devant son collègue, un virage périlleux qui enfonça les quatre roues dans le sable. Il rapportait des langoustes, un gigot, d'autres victuailles encore et des bouteilles.

Dieudonné Ferchaux n'avait donné aucun ordre. C'était la mère Jouette qui avait pris sur elle de changer ainsi les habitudes de la maison. D'ordinaire, on mangeait d'une façon qui avait fort étonné Michel. Ferchaux, par exemple, dévorait cinq ou six harengs, et c'était là tout son repas. La veille, il avait mangé quatre côtelettes énormes ; le soir, on préparait un brouet d'orge ou d'avoine dont il remplissait plusieurs fois son assiette.

On appelait Michel à la maison. Il se précipita, se débarrassa de son chapeau et de son imperméable.

— Dépêchez-vous. Ces messieurs ont besoin de vous.

Dieudonné avait sorti à peu près toutes les paperasses de la commode où elles étaient empilées et les avait étalées sur la table et sur les chaises. Il fouillait là-dedans, l'air ennuyé.

— Dites-moi, Maudet... Vous ne vous souvenez pas avoir vu une lettre de maître Aubin ?... Un document plutôt, qui compte une dizaine de pages dactylographiées ?...

— Vous permettez, monsieur ?

Émile l'observait, assis sur une chaise qu'il renversait en arrière, un cigare aux lèvres.

— Si c'est ce que je pense, je l'ai classé hier, monsieur... Dans cette chemise verte... Maître Aubin... Vous voyez...

— Je vous remercie.

Dieudonné tendait les feuillets dactylographiés à son frère qui les parcourait à travers la fumée de son cigare. Michel devait-il rester ? Sortir ? Il se retira. Ne sachant que faire, il monta dans sa chambre et se donna un coup de peigne, puis il attendit, assis sur son lit.

Une demi-heure plus tard, c'était la voix de la mère Jouette qui appelait, du bas de l'escalier :

— Monsieur Michel !... Voulez-vous descendre ?...

Il fut sur le point d'entrer dans le bureau, mais elle le guettait de la cuisine.

— Venez déjeuner.

Elle avait mis trois couverts dans la cuisine, celui des deux chauffeurs, qui étaient déjà attablés, et celui de Maudet.

— J'aime mieux que tout le monde mange avant ces messieurs. C'est plus facile pour le service.

Il ne dit rien, ne protesta pas, bien qu'il fût choqué. Le nouveau chauffeur, à la face rose et prospère, lui était aussi antipathique qu'Arsène. Les deux hommes avaient dû parler de lui, car ils l'examinaient à la dérobée et les clins d'œil d'Arsène ne pouvaient signifier que :

« Qu'est-ce que je vous avais dit ? »

La mère Jouette les servait abondamment. Il y avait deux bouteilles de vin sur la table. Après chaque lampée, Arsène essuyait ses petites moustaches avec une affectation qui exaspérait Michel.

Le repas touchait à sa fin quand la vieille se dirigea vers le bureau pour y dresser les couverts. Elle emporta la nappe, les assiettes. Les deux portes restaient entrouvertes.

— Et Maudet ? questionna la voix de M. Dieudonné.

— Il a mangé.

— Où ?

— Dans la cuisine, avec ces messieurs.
— Qui est-ce qui t'a dit de le servir dans la cuisine ?
— Personne.
— Eh bien, tu as eu tort.

Ce fut tout. Michel était heureux. Les deux autres avaient entendu et marquaient le coup en le regardant avec une ironie affectée. Ils évitaient de s'adresser à lui, parlaient de lieux et de gens qu'il ne connaissait pas, faisant exprès de rester dans le vague afin que la conversation lui restât indéchiffrable.

Maudet ne prit pas de dessert, bien qu'il y eût des crêpes flambées, et il sortit à nouveau. Il rôda autour des deux autos, les caressa comme s'il les eût apprivoisées, comme s'il leur eût promis qu'un jour, celles-là ou leurs pareilles deviendraient siennes.

Émile Ferchaux partit peu de temps après le repas. Il s'installa confortablement au fond de la voiture. Son chauffeur lui entoura les jambes d'un plaid, lui tendit une allumette pour son cigare, referma la portière et s'installa à son tour aussi commodément que possible.

Dieudonné, sur le seuil, assista au départ, puis il rentra dans la pièce que la vieille Jouette achevait de ranger et Michel y pénétra derrière lui, resta debout près de la fenêtre en attendant que tout fût en ordre.

La porte enfin refermée, le silence se prolongea.

— Je continue le classement, monsieur ? Vous m'aviez demandé de vous rappeler que vous deviez téléphoner à maître Morel.

— Appelez-le-moi, oui.
— Allô !... Maître Morel ?... Je vous passe M. Dieudonné...
— Allô !... C'est vous, Morel ?

D'un signe, il pria Michel, qui se retirait discrètement, de ne pas quitter la pièce.

— Allô !... Oui... Ce n'est pas de cela que je veux vous parler... Mon frère sort d'ici...

L'étonnement devait être grand à l'autre bout du fil, car il insista :

— Mais oui... Émile... C'est comme cela !... Il a même dû quitter la Sologne avant le jour, car il est arrivé avant dix heures du matin... Non... Il n'avait pas amené sa fille... Comment dites-vous ?...

La voix feutrée était triste, Michel en avait maintenant la certitude, mais ce n'était pas une tristesse sentimentale ou nostalgique, c'était une tristesse qu'il ne connaissait pas encore.

— ... Allô !... Ne coupez pas, mademoiselle... Écoutez, si le cœur vous en dit et si vous n'avez rien de mieux à faire, mais... Comment ?... Mais non ! Je sais parfaitement que vous avez mis votre fiche d'écoute... Peu importe !... Voici, Morel... La femme de mon frère est apparentée aux Larimer, qui ont un château à quelques kilomètres de celui de mon frère... Je passe sur les détails... Comme vous connaissez Émile, il a dû préparer cela de longue date... Oui... Larimer et lui ont organisé chacun une chasse le même jour... Les femmes en étaient... Comme par hasard, là où leurs terres se touchent, ma belle-sœur et madame Larimer se sont rencontrées...

Avec quel mépris souverain il racontait cette histoire !

— Vous voyez ça, oui... Or, parmi les invitées de madame Larimer, se trouvait comme par hasard madame Duranruel... La femme du procureur général, oui, dont le mari, lui aussi, était de la chasse... Comme vous dites ! Mon frère Émile s'était distingué... Les deux hommes ne pouvaient guère se rencontrer... C'eût été trop voyant... Mais les femmes !... Toujours comme par hasard, ma belle-sœur et madame Duranruel se sont trouvées seules un bon moment dans une clairière... Et ce sont les paroles de madame Duranruel qu'Émile est venu me rapporter avec un fraternel empressement.

Michel fut soudain gêné. Il s'apercevait seulement qu'il fixait Dieudonné Ferchaux et que celui-ci, de son côté, le fixait. Il eut même l'impression que le patron parlait autant pour lui que pour l'homme d'affaires de Caen, davantage même, car si l'un comprenait mieux certains détails de l'affaire, l'autre, l'adolescent nouveau venu dans la maison, en devinait le côté dramatique.

Dieudonné semblait dire :

« Écoutez, mon petit... Faites votre éducation... Plus tard, tout ceci vous servira... Beaucoup plus tard, vous comprendrez... »

Il parlait maintenant de la demoiselle des téléphones.

— Non... Je crois qu'elle s'est lassée de notre conversation... Au surplus, cela n'a aucune importance... Madame Duranruel, donc, aurait dit à peu près textuellement, après quelques politesses dont je vous fais grâce, mais que mon frère m'a rapportées par le menu :

« — *Quel dommage que votre beau-frère ne comprenne pas qu'il vous fait et qu'il se fait à lui-même le plus grand tort !... Mon mari m'en parlait encore hier au soir en rentrant du Palais... Il venait d'avoir un long entretien téléphonique avec son ministre, qui est un peu notre cousin par les femmes... Celui-ci ne demande qu'à éviter un scandale d'autant plus indésirable que l'on approche des élections... C'est un homme qui comprend largement les choses... Mais c'est la présence même de votre beau-frère qui risque d'obliger le gouvernement à agir...*

« Vous êtes toujours là, Morel ?... Comment ?... Vous prenez en sténo ?... Si cela vous amuse... Je continue donc... Ma belle-sœur, qui avait été auparavant stylée, a insisté :

« — *Sa présence en France ?*

« — *En France ou en Afrique... Qu'il comprenne donc qu'il est accusé d'un crime de droit commun, qu'au lieu de nier, comme cela aurait été si aisé au début, il s'en vante, prétend justifier son geste, le rendre en quelque sorte légal...*

« *Pour le gros public, c'est un assassin et nous ne pouvons laisser éternellement un assassin en liberté provisoire sans donner à penser que certaines gens sont au-dessus des lois...* »

Le regard que Ferchaux laissait peser sur Maudet devint plus aigu, plus ardent, confirmant que c'était pour lui et pour lui seul qu'il parlait. Était-ce son admiration qu'il sollicitait de la sorte ?

— Vous y êtes, Morel ?... On me conseille de disparaître pendant un certain temps, de voyager à l'étranger sans faire parler de moi... Je crois qu'au besoin on m'établirait un passeport à un faux nom comme à une Altesse... Cela permettrait d'étouffer l'affaire des nègres, quitte, si on ne peut s'en tirer autrement, d'en finir par une condamnation par contumace...

« Hein ?... Mon frère... Il est tellement persuadé que c'est la seule solution possible qu'il m'a apporté des pouvoirs en blanc en me priant de les signer... C'est cela !... On lui a promis sans rien promettre, enfin, on lui a laissé entendre, ou plutôt cette dame Duranruel a laissé entendre à ma belle-sœur, toujours de la part de son mari, que l'affaire des nègres une fois close, on arriverait plus aisément à un compromis en ce qui concerne les affaires financières... C'est avec mon frère que l'on traiterait, évidemment... Celui-ci, par une procédure assez compliquée, que ses conseils ont d'ores et déjà établie, réservant tous mes droits...

« Voilà... Je n'ai pas fini... Il faut croire que ces dames n'avaient pas peur de la pluie qui tombait hier à torrent, car elles ont dû rester un certain temps dans leur clairière...

« Au moment où elles allaient se séparer, madame Duranruel a pris un air plus mystérieux. Elle s'est penchée pour ajouter :

« — *Ceci, mon mari ne m'a pas chargée de vous le*

dire, mais ma sympathie pour vous me pousse à commettre une indiscrétion qu'on me reprochera peut-être plus tard... Votre beau-frère a eu grand tort de s'attaquer à M. Arondel... Certes, ce n'est qu'un fonctionnaire subalterne, et ses chefs ont eu maintes fois à se plaindre de ses excès de zèle... Mais il appartient à certaine organisation puissante et il compte des appuis tellement hauts que, s'il continue, votre beau-frère se cassera les reins et vous entraînera tous dans sa chute... »

Un silence. Qui sait si, à l'autre bout du fil, maître Morel ne se taisait pas aussi, impressionné.

— C'est tout. Comment ?... Ce que j'ai décidé ?... Nous continuons à attaquer... Non, ne venez pas aujourd'hui... J'ai encore des tas de papiers à mettre en ordre... Je vous téléphonerai ce soir ou demain matin... Je ne sais pas encore si je n'irai pas passer quelques jours à Caen... De toute façon, nous nous verrons demain, ici ou là-bas... J'ai reçu une lettre de Bastard... Arondel a encore fait des siennes en envoyant les gendarmes à Makoli... Nous en causerons demain...

Il raccrocha tandis que son secrétaire, par contenance, étalait à nouveau sur la table les papiers à classer. Tout à coup, Maudet sursauta. Une voix venait de prononcer derrière son dos, près de l'âtre :

— Je parie que vous trouvez que j'ai tort.

— Je ne pense pas cela ! s'empressa-t-il de répondre.

Et Dieudonné de poursuivre, comme se parlant à

lui-même, en mettant de nouvelles bûches dans le foyer :

— Mon frère n'est resté que cinq ans dans la forêt avec moi... Les années les plus dures, pourtant !... Un jour, si je la retrouve, je vous montrerai une petite photo de lui à cette époque... Il est d'abord allé à Brazza... Puis il a fallu quelqu'un en Europe pour s'occuper de la partie financière de l'entreprise et il s'est installé à Paris...

Il avait l'air d'ajouter :

— Voilà ce qu'il est devenu !

Enhardi, Michel murmura très vite :

— Ce que je ne comprends pas, c'est qu'un petit fonctionnaire puisse agir à l'encontre de gens comme le procureur général et le ministre... Je connais le fils Arondel...

— Vous connaissez ?

— Le fils Arondel, oui... Les Arondel sont de Valenciennes... Il y a cinq ans, j'ai habité la même rue qu'eux... Le père ne revient pour six mois qu'une fois tous les trois ans... Je l'ai souvent rencontré... Son fils est un de mes camarades... Il fait sa médecine...

Il faillit ajouter étourdiment, mais il se retint à temps :

« Il a même essayé de me chiper ma fiancée. »

Maudet pensait qu'ils allaient continuer à parler de l'Afrique, d'Arondel, des affaires dont il venait d'être question. Au sujet des Arondel, Ferchaux se contenta de murmurer :

— Il doit faire très fils de famille.

Puis, sans attendre de réponse :

— Et vous ?

Comme s'il eût deviné que Michel, dans ce milieu-là, faisait figure de parent pauvre, qu'il n'était, lui, que le fils d'un petit commerçant malchanceux, obligé de gagner sa vie au lieu de poursuivre ses études.

C'était bien là sa pensée, puisqu'il continuait :

— Ma mère, à moi, faisait des ménages... Elle avait été mariée très jeune et son mari l'avait quittée après deux ans de mariage... On n'a jamais plus entendu parler de lui... Il a dû s'expatrier... Ce n'est d'ailleurs pas mon père...

Il n'avait pas un regard pour les papiers épars sur la table. Il n'était plus question de travailler. Jamais encore l'atmosphère de la pièce, dans sa nudité et sa vulgarité, n'avait été si chaude et Michel souhaitait ardemment que cet entretien se prolongeât longtemps.

— Mon père, autant que je puisse savoir, devait être un juge de paix, un certain M. Brun... Je me souviens peu de lui... Un petit homme grassouillet, très soigné, très rose, avec un crâne nu et luisant, qui marchait à pas menus...

Ce que je revois le mieux, c'est sa rue, de jolies maisons neuves, un trottoir large, des herbes qui croissaient entre les pavés de la chaussée...

Ma mère, qui avait déjà quarante ans et qui n'avait pas beaucoup de charmes physiques — elle était maigre et plate — travaillait chez lui tous les matins...

Elle ne m'a jamais rien dit... Nous habitions une seule chambre dans un quartier populeux... De temps en temps, elle m'emmenait voir le juge... <u>Mon frère est né</u>... Je devais avoir six ans quand M. Brun est mort d'apoplexie... Ma mère était fort agitée... Elle croyait que nous serions riches désormais, car il lui avait toujours promis de ne pas l'oublier sur son testament... On s'est aperçu alors qu'il n'en avait pas fait, que sa fortune allait à des cousins ou à des neveux... Nous avons changé de quartier... Plus tard, ma mère est entrée dans une blanchisserie, parce qu'elle était fatiguée et que cela lui faisait moins à courir...

Ils se regardaient tous les deux. Michel était impressionné par ce récit, davantage encore par le fait que Ferchaux lui avait parlé de la sorte. Il eût voulu le remercier. Il avait envie de lui dire :

— Je n'ai peut-être pas été aussi malheureux, mais j'ai souffert, moi aussi, de la médiocrité qui régnait autour de moi... Je me suis juré que, plus tard...

A quoi bon ? Ferchaux le savait. Sous l'enthousiasme de Maudet naissait un autre sentiment moins avouable, qu'il s'empressait d'ailleurs de repousser. Le grand homme, en somme, ce n'était que cela, le fils naturel d'un juge de paix apoplectique et d'une femme en journées sur le retour ?

— J'ai eu, là-bas, dans l'Oubangui, pour mes bureaux, pour mes comptoirs, des centaines de jeunes gens... La plupart, après un mois, m'écrivaient déjà ou venaient me trouver pour réclamer une augmentation...

Pourquoi ne les payait-il pas ? C'était un avare ! C'était un vicieux ! Pouvait-il deviner que son secrétaire luttait contre de pareilles pensées ?

— Mon frère ne va plus dormir... Et pourtant, là-bas, il avait du cran... Ma jambe.

Il avançait un peu son pilon, le caressait.

— C'était la quatrième année... A cette époque-là, nous cherchions le caoutchouc dans les coins les plus reculés de la forêt... Je n'ai jamais su par quoi j'ai été blessé... Par une épine ?... Par un animal ?... Toujours est-il que la gangrène s'est mise dans le pied, puis dans la jambe... Il aurait fallu des semaines de pirogue pour atteindre un centre où trouver un médecin... Une nuit, j'ai dit à mon frère :

« — Écoute, Émile, je sens que, si tu ne me la coupes pas, je vais y rester... »

Il ferma les yeux un instant. Est-ce que cet homme que l'on disait si fort et qui le croyait avait vraiment besoin de l'admiration d'un gamin ? Était-il sentimental au point de s'attendrir sur une image de son frère ?

— Il lui a fallu du cran, je vous assure... Je me demande si, à sa place, j'aurais pu...

Et pourtant, dix ans après, à Paris, il divorçait d'avec sa première femme, qui était couturière, pour épouser la fille d'un préfet !

— J'en ai connu un, un de mes premiers employés...

Il s'interrompit, se précipita vers la fenêtre derrière laquelle Arsène mettait le moteur en marche. Il ouvrit.

— Qu'est-ce que vous faites ?

131

— Je vais à Ver chercher le linge qu'on a donné à laver.

— Pourquoi ne l'avez-vous pas pris tout à l'heure en revenant de Caen ?

— J'étais pressé... Jouette avait besoin du gigot...

— Toujours la même chose !... Toujours de l'essence brûlée pour rien...

Il referma la fenêtre avec humeur, retourna se chauffer près du feu, regarda autour de lui comme quelqu'un qui a perdu le fil de ses idées. Cette fenêtre ouverte, la voix d'Arsène, la bouffée d'air froid et humide qui avait envahi la pièce, tout cela avait dissipé l'atmosphère que Michel regrettait déjà.

— Finissons-en avec ces papiers... Classez-les... Questionnez-moi quand vous ne comprenez pas...

Il ne fumait pas, ne buvait pas. Il pouvait rester des heures à ne rien faire. Maudet s'assit devant un tas de lettres qu'il était obligé de lire en entier pour savoir dans quel dossier les ranger. Parfois il retrouvait l'écriture d'un de ses prédécesseurs, tombait sur une ébauche de classement, et il se demandait s'il en serait de même avec lui, si, dans quelques semaines, un autre Maudet, pêché Dieu sait où, raccolé quelque part à Paris ou ailleurs, viendrait comme un chien maigre s'asseoir dans cette maison, entendrait les confidences de Ferchaux qui, en définitive, ne parlait peut-être que pour lui-même et ne se confiait de la sorte au premier venu que par mépris pour ses semblables ?

Une demi-heure plus tard, tandis qu'on n'entendait dans la pièce que le bruissement des papiers,

Dieudonné Ferchaux sortit sans rien dire, monta au premier où son pilon résonna pendant quelques minutes sur le plancher et enfin s'étendit sur son lit de camp. Il dormait quand il en avait envie, de jour ou de nuit, quitte à jouer aux cartes ou à dicter des lettres à deux heures du matin.

VI

Il devait avoir douze ans en ce temps-là et on approchait de Noël ; il se souvenait encore des rues avec leur aspect, leur animation, leur odeur des quelques jours d'avant Noël quand on monte les crèches dans l'ombre des églises et que des sapins passent sur des charrettes. Il faisait noir quand, à quatre heures, il était sorti de l'école. Que s'était-il passé au juste, il l'avait oublié ; toujours est-il qu'en rentrant à la maison il avait exaspéré sa mère ; dressé sur ses ergots, il l'avait si bien poussée à bout qu'à la fin il avait pris peur et qu'il s'était enfui le long du corridor. A peine avait-il eu le temps d'ouvrir la porte d'entrée et de bondir dans la rue qu'une pantoufle, lancée par une main plus rageuse qu'adroite, était tombée à ses pieds.

Ce soir-là, en errant dans son quartier, il avait ressenti pour la première fois un malaise si particulier qu'il s'en souvenait encore. Il regardait les boutiques pourtant familières, les taches d'ombre et de lumière, les becs de gaz, les silhouettes des passants et tout cela formait un monde qui n'avait pas sa solidité habituelle ; c'était lui, sans doute, avec sa fièvre, son goût de sanglots dans la gorge, sa peur mêlée de honte, qui n'était pas de plain-pied dans la réalité.

Il retrouvait une sensation du même genre en refermant sans bruit la petite porte encastrée dans le portail monumental de la rue des Chanoinesses. Il avait l'impression de se voir déambuler, tache claire, à cause de son imperméable jaune, dans l'obscurité de cette rue qui ne lui était rien. Il aurait pu se demander :

« Qu'est-ce que tu fais là ? »

Il sortait d'une maison pour ainsi dire inconnue sur la pointe des pieds, furtif, peureux, la mine humble et anxieuse, il regardait machinalement la fenêtre mal éclairée d'en face, puis il se précipitait vers la rue Saint-Jean, avide de se plonger dans le bruit et le mouvement.

Il épiait les passants, les vitrines banales et rassurantes, avec des stylos disposés en éventail, un chou-fleur fané, une fausse hure en bois peint et verni entourée de saucissons factices dans leur papier d'argent ; il voyait les commerçants qui, dans l'aquarium de leurs boutiques, faisaient les gestes de tous les jours ; et alors, il lui arrivait de se demander si c'était lui ou eux qui étaient en dehors du réel et si la rue des Chanoinesses ne participait pas de ces cauchemars dont on rougit au réveil.

Ceux qu'il coudoyait se doutaient-ils qu'un peu plus tôt il était assis, retenant presque son souffle, dans la chambre du premier étage, une chambre qui ne ressemblait à rien d'habituel, à aucune chambre décrite dans les livres, ou projetée sur l'écran des cinémas ?

Depuis trois jours qu'on entretenait un immense feu dans l'âtre comme on chauffe un four de boulanger, la température était insupportable et, dès qu'on entrouvrait une porte, dès qu'il percevait un filet d'air moins brûlant, Ferchaux se dressait sur sa couche, hargneux et menaçant.

Il avait arraché et lancé dans un coin le matelas pourtant mince et dur de son lit de camp. Il dormait sur la toile tendue. La nuit précédente, il s'était couché sur le plancher nu, le téléphone et un gros revolver d'ordonnance à portée de sa main, des papiers, des journaux, des médicaments épars autour de lui. A quelques mètres, le long d'un mur, se profilaient des meubles polis, aux lignes douces, d'une autre époque, un pastel souriait dans son cadre, une marquise en perruque du temps de la Régence qui avait sans doute vécu dans cette même chambre.

Maudet avait attendu longtemps, immobile, craignant de réveiller son patron par le moindre mouvement, par un de ces remous d'air imperceptibles à d'autres et qui le faisaient bondir. Il avait tenté enfin l'aventure, gagné la porte sur la pointe des pieds, marché, le long des couloirs obscurs, vers une fente lumineuse qui annonçait le domaine de la vieille Jouette. Elle était là, toute seule, à se préparer une tisane. Arsène devait être sorti, ou dans sa chambre.

— Il faut que je sorte un moment prendre l'air...

Elle le regardait comme quelqu'un qu'on réveille et qui reste à moitié plongé dans son rêve.

— Si on avait absolument besoin de moi... On pourrait téléphoner à la Brasserie Chandivert... J'y passerai sans doute un moment...

Il s'enfuyait — comme on fuit un danger — comme si la vieille était capable de le retenir, dégringolait l'escalier, traversait la cour froide : il était dehors ; il était dans la vie. Des gens qui ne connaissaient pas Ferchaux, qui menaient leur existence quotidienne, le frôlaient ; il surprenait des bribes de leurs phrases et il était gêné de n'être pas pareil à eux, il se faufilait à la façon de ceux qui quittent un mauvais lieu et qui ont hâte d'effacer toutes traces d'un plaisir honteux.

La vie, c'était ici : des trottoirs, les carrés ou les rectangles des vitrines, le tram qui passait en sonnaillant, l'agent de police planté au milieu du carrefour... La vie, c'était la vaste et brillante brasserie Chandivert qu'il apercevait et dans la chaleur de laquelle il allait s'engouffrer...

Il avait tort, rue des Chanoinesses, de se laisser impressionner. Il ressemblait à ces femmes qui, près d'un mort, perdent toute coquetterie, toute raison, s'arrachent les cheveux, grimacent, font mine de déchirer leurs vêtements et qui, quelques heures plus tard, se laissent entraîner vers une table bien servie.
— Il ne faut pas se laisser aller à rien ! — et, avant de manger, reniflent en se repoudrant le visage.

Il se débattait. Dieudonné Ferchaux... Eh bien, quoi ? D'abord, cet homme ne lui était rien. Maudet était entré chez lui par hasard. Pourquoi l'autre le regardait-il sans cesse comme pour l'hypnotiser ? Il ne se résignait pas à payer le prix d'un secrétaire, mais il ne laissait pas un instant de libre à Michel, était plus jaloux de lui que d'une maîtresse, il l'aurait empêché, s'il l'avait pu, de penser en dehors de lui.

N'était-ce pas Arsène, avec son bon sens choquant, son cynisme canaille, qui avait raison en prétendant que le patron était fou ? Si les millions n'avaient pas été réels... Mais ils l'étaient. Ils existaient. Émile Ferchaux en était la preuve, et toutes les lettres, tous les coups de téléphone qu'on recevait, les banquiers, les hommes d'affaires, les hommes de loi qui obéissaient au bonhomme de la rue des Chanoinesses.

A-t-on le droit de se recroqueviller dans sa tanière comme Ferchaux le faisait et de se coucher dans un coin plus ou moins malpropre comme une bête malade ?

Il y avait trois jours, maintenant, qu'on avait quitté La Guillerie. C'était encore Arsène qui avait eu raison et Michel en voulait au chauffeur dont il détestait les yeux ironiques.

— Vous verrez qu'avant vingt-quatre heures nous serons à Caen.

Michel s'était surpris à questionner avec la naïveté respectueuse d'un gamin qui interroge un grand :

— A quoi voyez-vous ça ?
— Il va piquer sa crise...

En effet, une nuit, on avait entendu Ferchaux s'agiter. Il n'avait appelé personne et il était descendu chercher de l'eau fraîche. Le matin, à huit heures, il était encore dans sa chambre où il frappait le plancher de sa canne ou de son pilon.

— Dites à Arsène de préparer la voiture et aidez-le à y mettre tous les papiers.

Il était fébrile, ses yeux luisaient. De la quinine traînait près d'un verre sale. Michel ne savait pas encore que c'était une crise de paludisme qui commençait. Cependant, il sentait que Ferchaux, si terriblement sûr de lui d'habitude, avait peur. Peur de mourir, sans doute, de crever dans cette maison étrangère ? Il fuyait vers une autre maison, vers une ville qui lui étaient aussi étrangères que cette grande baraque dans la dune. Qui sait s'il n'obéissait pas tout simplement au besoin de se rapprocher des lumières et de la foule ?

Jouette était montée près de lui. Ils avaient parlé assez longtemps tous les deux. Ils s'étaient disputés. La vieille devait insister pour appeler le médecin.

Vaincue, grognant entre ses dents, elle aidait ensuite Arsène et Michel à emballer et à fourrer dans l'auto tout ce qu'on emportait d'une maison à l'autre. Les lèvres de Ferchaux commençaient à se couvrir d'une buée. Il ne se plaignait pas. Il n'avait pas prononcé un mot sur son état de santé.

Maudet n'avait pas eu le temps de prévenir Lina. Il souhaita d'abord qu'elle vît passer la voiture où il y avait des bagages jusque sur le toit et qu'elle comprît. Il réfléchit ensuite que cela ne lui servirait de rien, car elle ne pouvait pas le rejoindre à Caen avant d'avoir payé ses quelques jours de pension à l'auberge et elle n'avait pas d'argent. Était-ce le moment d'en demander ?

Rue des Chanoinesses, dans le vieil hôtel particulier qui gardait sa dignité, on recréait le désordre.

— Appelez-moi Morel à l'appareil.

Ferchaux, qui se bourrait de quinine, ne se couchait pas encore, téléphonait à Paris, se faisait lire les derniers journaux qui parlaient de lui avec une insistance accrue.

Quand on y pensait dans le cadre rassurant d'une rue éclairée, cela paraissait insensé et pourtant, pendant des heures, Michel avait rôdé autour de son patron en se demandant si, oui ou non, il oserait lui demander une avance sur son traitement ! Il l'avait fait, à un moment qu'il croyait favorable, alors que Ferchaux était seul. Celui-ci était d'abord resté silencieux, comme s'il n'avait pas compris ou entendu la demande de son secrétaire.

Enfin, il avait soupiré avec mépris :

— De l'argent...

Et se réveillant, sardonique, soudain animé :

— Mais oui, vous en aurez, de l'argent, *monsieur* Maudet ! Passez-moi mon portefeuille qui est dans ce tiroir...

Or, Michel avait failli demander pardon, refuser cet argent, jurer, les larmes aux yeux, qu'il n'était pas là par intérêt, que sa femme... Il ne l'avait pas fait. Il avait accepté, rouge de honte, l'avance de son mois. Il avait envoyé un mandat télégraphique à Lina en lui donnant rendez-vous à l'hôtel qu'ils avaient habité une nuit en face de la gare.

Deux fois, il était allé l'y voir, en coup de vent. La seconde fois, elle lui avait annoncé qu'elle avait loué une chambre au mois près de la brasserie Chandivert. Il allait la rejoindre. Elle était là. Il l'apercevait déjà dans l'immense vaisseau lumineux de la brasserie, il s'enfonçait dans l'atmosphère chaude et bruyante qui surexcitait aussitôt ses nerfs, ses narines palpitaient, il se redressait, se faufilait entre les tables.

— Il y a une heure que je t'attends.

Elle était toute seule devant un café crème et sans doute des hommes avaient-ils dû s'y méprendre ; il en repéra un, tout de suite, assis juste en face d'elle, qui se mettait à essuyer son lorgnon d'un air gêné.

— Que se passe-t-il encore ? questionnait-elle.

— Des tas de choses... Je t'expliquerai... D'abord, la crise continue, mais il refuse de voir le médecin... A propos de médecin, je te raconterai une histoire tout à l'heure... Il prétend qu'il a l'habitude de se soigner seul, que les crises durent invariablement trois jours et que c'est la fin...

Il parlait sans conviction, cependant que son regard faisait le tour de la grande salle, que ses oreilles s'emplissaient de la musique de l'orchestre, du choc des verres et des soucoupes. Il y avait un cinéma à côté de la brasserie et l'entracte commençait, la foule affluait, cherchait à se caser, hélait les garçons avec impatience ; les demis mousseux couvraient les tables, des femmes maniaient des miroirs minuscules pour se refaire une beauté.

A quel point la scène de l'après-midi, vue d'ici, paraissait plus sordide ! Il la racontait à sa femme, tout en se rendant compte qu'elle ne pouvait se faire qu'une idée fausse des réalités de la rue des Chanoinesses. Découragé d'avance, il ne cherchait même pas les mots qui eussent fait tableau.

— Arsène a pris sur lui d'aller chercher un médecin... Je crois d'ailleurs qu'Arsène... Mais je t'en parlerai plus tard... Vers quatre heures, alors qu'on venait d'allumer l'électricité, on a entendu les pas de deux personnes dans l'escalier... Ferchaux téléphonait à Paris... Le secrétaire de maître Aubin, son avocat, était en train de lui lire un article virulent qui vient de paraître dans un journal d'échos... J'avais le second écouteur à la main, car j'avais reçu l'ordre de prendre des notes.

« — Continuez, disait de temps en temps Ferchaux.

« La voix, à l'autre bout du fil, récitait :

« — ... *nous demandons une fois de plus au Garde des Sceaux s'il y a deux catégories de citoyens, ceux qui peuvent se permettre d'enfreindre les lois et de tuer leurs semblables et ceux...*

« On frappa à la porte. Ferchaux fixa celle-ci sans rien dire. On vit Arsène qui poussait l'huis, introduisait un petit homme à barbiche et à lunettes à monture d'or...

« — *et ceux,* continuait la voix, *qu'on fourre en prison pour un oui ou pour un non, parfois pour avoir couché sous les ponts. Ou bien Dieudonné Ferchaux sera arrêté dans le plus bref délai comme il doit l'être, ou bien le peuple français saura, à la veille des élections, que certains de ses dirigeants, pour des raisons trop faciles à comprendre...* »

Maudet interrompit son récit, lança au garçon penché sur lui :

— Un demi !

Il fixait les musiciens, devenait rose de bien-être. Il se sentait dans son élément. Il était sûr de lui. Sa main, machinalement, caressait la main tiède de Lina assise à son côté.

Il se voyait et la voyait dans une glace lointaine. Ils formaient un couple, comme ceux qui lui faisaient tant envie jadis dans les cafés de Valenciennes. On sentait, à la pose de Lina, à son abandon, au regard qu'elle posait sur lui, qu'elle était sienne. Ils n'étaient plus dans leur ville. Ils n'avaient plus de famille. Tous les fils étaient coupés. C'était lui, Maudet, lui seul, par sa seule force, qui devait se frayer un chemin pour deux.

Il revoyait le visage de Ferchaux, toujours à l'écoute, tourné vers le petit homme et sur Arsène qui se tenait derrière lui ; Ferchaux avait-il déjà deviné ? C'était probable. On aurait presque pu suivre ses pensées dans ses petits yeux durs.

— Arsène !

— Monsieur ?

— Qu'est-ce que c'est ?

— Un médecin, monsieur... Le docteur Pinelli que je me suis permis...

Un geste de la main, un claquement sec des doigts. Cela voulait dire : « Filez ! » Le docteur hésitait. Arsène le poussait, l'empêchait de reculer.

— Arsène !

— Excusez-moi, monsieur, mais il est nécessaire...

Alors la main de Ferchaux se mit à trembler. On sentit naître le spasme. Il était déjà trop tard pour l'arrêter. En quelques secondes, ce fut le paroxysme. Les yeux cherchèrent un objet. On put croire que ce serait le téléphone, mais celui-ci était attaché par un fil et ce fut une grosse théière à fleurs roses que Dieudonné Ferchaux saisit, lança à travers la pièce dans la direction du petit médecin.

Aussitôt il se levait, rejetait la couverture qui entourait ses jambes, s'avançant de son pas irrégulier, martelant le sol de son pilon.

— Voulez-vous foutre le camp ?... Hein ?... Voulez-vous foutre le camp de chez moi plus vite que ça ?...

Qui sait ? Le petit docteur était peut-être maintenant chez Chandivert, à jouer au bridge dans le coin des gens sérieux, au fond de la salle ? Peut-être au cinéma avec sa femme ? Quel souvenir gardait-il de ses hésitations, de ses efforts pour se faire entendre, de sa fuite soudaine et du coup de poing à la nuque qui l'avait envoyé rouler tête première dans l'escalier ?

Et l'autre, le secrétaire de l'avocat, à Paris, devant son téléphone soudain muet ? Ferchaux reprenait l'écouteur dans lequel on entendait une voix lamentable qui répétait :

— Allô !... Allô !... Allô, mademoiselle, puisque je vous dis qu'on a coupé...

— Mais non, idiot, on n'a pas coupé... Continuez...

La sueur ruisselait de son front. Il porta un instant la main à son cœur, puis, sans lâcher le micro, il saisit, dans une petite boîte de carton, une pilule enrobée de poudre jaune.

— ... *Nous pouvons affirmer qu'on retrouvera les traces de l'argent et que tous ceux, si haut placés qu'ils soient, qui ont été payés pour devenir les valets de Ferchaux, se verront cloués au pilori...*

— Merci.

Il raccrocha sans un mot, comme si cela ne l'eût pas intéressé.

— Maudet, allez voir où est Arsène. Amenez-le-moi.

Le chauffeur était dans la cuisine, en conversation animée avec Jouette qui préparait son dîner.

— Bon... Compris... Je viens... J'ai l'habitude...

Il se présenta, faraud, balançant les épaules.

— Voulez-vous me dire, Arsène, qui est ce docteur ?

— C'est un docteur.

— Répondez.

— Il habite rue du Chaudron, si c'est ce que vous voulez savoir.

— Où avez-vous trouvé son adresse ?

— En passant... Je me disais : il est temps que Monsieur voie un docteur... Alors...

— Notez son nom, Maudet : Pinelli, rue du Chaudron. Vous pouvez disposer, Arsène.

Sa voix était coupante, glacée.

Tout cela, vu de la brasserie Chandivert, n'était que pittoresque. Là-bas, rue des Chanoinesses, Michel avait la gorge serrée, les mains moites.

La porte refermée, Ferchaux se parlait à lui-même :

— Ce n'est certainement pas si simple que ça.

Michel, lui, était certain que ce n'était pas si simple. Arsène, dès leurs premières rencontres, avait risqué d'étranges allusions. Chaque fois qu'ils étaient seuls, il répétait cyniquement :

— Comment va le fou ?

La veille encore, comme il lisait, près du fourneau de la cuisine, en fumant sa cigarette, un article de journal où il était déjà question d'arrestation, mais en termes encore vagues, il avait haussé les épaules.

— On le mettra à l'abri avant ça. Il sera plus à sa place dans un asile d'aliénés que dans une prison.

Michel aurait voulu retrouver sa conviction intacte pour dire à Lina :

— Je suis sûr qu'Arsène est un sale individu qui trahit le patron. La preuve, c'est la lettre que je lui ai vu glisser dans la main du chauffeur de M. Émile. Qu'avait-il besoin de lui écrire, puisqu'ils ont passé plus de deux heures ensemble ! C'était une lettre pour M. Émile, son vrai maître. Plutôt un rapport qu'une lettre ! Un rapport sur les faits et gestes de Dieudonné Ferchaux, tu comprends ?

— Oui... disait-elle du bout des lèvres, en écoutant l'orchestre qui jouait le *Comte de Luxembourg*.

— C'est pour cela qu'ils ont amené un médecin... pour témoigner le moment venu...

Michel Maudet était loin de soupçonner qu'à cette heure Ferchaux était seul dans la maison de la rue des Chanoinesses. Peu après son départ, la vieille Jouette avait entendu des pas furtifs dans l'escalier de service. Elle avait compris que c'était Arsène qui essayait de quitter la maison sans être vu.

Elle avait serré un fichu autour de sa poitrine. Elle avait pris machinalement son porte-monnaie dans le tiroir, comme elle avait l'habitude de le faire quand elle allait en courses. Dans la rue, elle avait suivi la silhouette du chauffeur et bientôt elle l'avait vu entrer dans une maison inconnue. La porte s'était refermée sur lui. On ne voyait de lumière qu'au premier étage. La vieille s'était avancée, avait dû se hisser sur la pointe des pieds pour lire sur la plaque de cuivre :

DOCTEUR PINELLI
ancien interne des hôpitaux de Paris.

Aussi vite que ses jambes pouvaient la porter, elle s'était précipitée vers la rue des Chanoinesses.

Lina disait, dans le vacarme qui marquait la fin de l'entracte, tandis que la sonnerie du cinéma vidait à moitié la brasserie et que les garçons s'affairaient, les mains pleines de billets :

— Qu'est-ce que tu crois que tu y gagneras ?

— Je ne sais pas encore, mais je suis sûr que j'ai raison de rester. D'ailleurs, ce ne serait pas chic de le lâcher alors que tout le monde se met contre lui.

— Surtout qu'il se préoccupe de toi, hein ? Il te donne huit cents francs par mois, comme à une cuisinière, et tu n'as pas une heure de libre, il faut que tu te sauves sur la pointe des pieds pour venir me retrouver...

— Il n'est pas comme tu crois.

Il valait mieux ne pas aborder ce sujet avec Lina. Elle ne comprenait pas. Elle ne pouvait pas comprendre. Lui-même eût été incapable de définir les relations qui existaient entre lui et Ferchaux. Une fois déjà, il avait dû dire à sa femme, non sans rougir :

— Ce n'est pas ce que tu crois.

Et, cette fois-là, il faisait allusion à autre chose, à un vice dont elle faisait mine de soupçonner M. Dieudonné.

Dans la maison, il y avait un être qui lui était dévoué corps et âme : c'était la vieille Jouette, qui se serait raccrochée à lui pour le servir, pour tenter de le protéger, même s'il eût décuplé ses rebuffades, même s'il l'eût jetée à la porte. Or, Ferchaux n'avait aucune tendresse pour elle, la regardait avec des yeux indifférents. Elle était auprès de lui comme un chat ou un chien qu'on caresse ou qu'on repousse. Jouette aurait pu, si elle l'avait voulu, aller au cinéma chaque soir, se promener la moitié de la journée, pourvu que les repas soient prêts à l'heure. Et encore ! Ferchaux aurait volontiers préparé ses repas lui-même !

Il en était autrement de Maudet, qu'il surveillait du

matin au soir, dont il cherchait à surprendre les réactions. Il lui avait dit, entre autres choses :

— Vous êtes impatient, n'est-ce pas ?

Et il n'y avait pas à se tromper sur le sens qu'il donnait à ce mot. Impatient de vivre, de jouir pleinement, avidement, de tout ce que la vie peut donner. Mais surtout, peut-être, impatient de dominer, d'être un maître...

— Je suis encore jeune, avait-il répondu. J'ai le temps.

Ferchaux étudiait ses dents pointues, ses doigts nerveux, ses narines qui se pinçaient souvent. Il y avait chez lui de l'admiration, et aussi un autre sentiment qui ressemblait à de l'envie.

N'était-ce pas son propre portrait, son portrait à vingt ans, qu'il contemplait en Maudet ?

— Avouez que s'il fallait commettre une petite saloperie pour arriver plus vite...

Pourquoi Michel n'osait-il pas lui mentir et répondait-il en offrant un visage sincère :

— Peut-être...

— Seulement, *après*, vous deviendrez probablement comme mon frère... Oui, je crois que c'est ce que vous ferez... Il en existe davantage de cette espèce-là...

En commandant de nouvelles consommations, Michel racontait à Lina :

— Il éprouve le besoin de m'avouer des choses que d'autres garderaient soigneusement pour eux... Quelquefois j'en suis gêné... Il déteste les petits jeunes gens sans envergure, les fils à papa, les timides, les lâches... Il ne les déteste pas : il les hait !... Il m'a raconté, entre autres... La plus grande partie de son temps, là-bas, dans l'Oubangui, se passait à aller d'un poste à l'autre... J'ai vu des photos... Ce sont de petites constructions au milieu d'une clairière : un magasin, un hangar, une chambre, une pièce qui sert de salon et de salle à manger... Un blanc, tout seul, y vit parfois un an et plus sans voir un autre Européen... Certains font venir leur femme...

« Dans un de ces postes, Ferchaux trouve un jour un petit salon sorti d'une villa de banlieue, avec piano, bobèches, napperons brodés, photos dans des cadres, divan et coussin de soie bouton-d'or sur lequel tranche un chat noir en laine découpée...

« Je le vois d'ici entrant là-dedans, reniflant, allant et venant à grands coups de pilon...

L'employé lui fait des courbettes à n'en plus finir... Sa femme, qui est ou se croit jolie, va se mettre en grande toilette... On entoure le patron de sourires et de petits soins...

« Lui, vois-tu, les a jugés du premier coup d'œil... Il sait ce qu'ils valent... Le mari qui pousse sa femme à se montrer séduisante... Elle qui se penche vers le patron pour l'aguicher en lui faisant voir la naissance de ses seins...

« Le repas fini, on insiste pour qu'il couche dans la maison au lieu de rejoindre sa pétrolette comme il en a l'habitude.

« — Mais si ! répète-t-on. Nous vous donnerons

151

notre chambre. Pour une fois, vous dormirez dans un vrai lit.

« — Et vous ?

« — Nous nous arrangerons... Nous nous installerons sur la véranda...

« Il marche vers la porte de la chambre. Puisqu'ils y tiennent, il est d'accord. Seulement, au moment de disparaître, il se retourne vers la jeune femme.

« — Venez ! prononce-t-il le plus naturellement du monde.

« Le mari et la femme se regardent. Elle ne sait que faire. Tous deux se demandent si Ferchaux plaisante.

« — Eh bien ? Qu'est-ce que vous attendez pour venir baiser ?

— C'est un dégoûtant, ton Ferchaux ! s'écria Lina. J'espère qu'elle n'y est pas allée et que le mari...

— Ce n'est pas un dégoûtant du tout. Je suis persuadé qu'il aurait préféré une de ses négresses habituelles.

— Tu ne vas pas me dire que cette femme...

— Mais si, mon petit ! Mais si ! Le lendemain, au lieu de promettre au mari l'avancement que celui-ci espérait, Ferchaux a effectué son inspection en cherchant la petite bête. Il m'a dit avec un sourire que tu connaîtras peut-être un jour qu'il leur avait collé une retenue de je ne sais combien de centaines de francs sur leur traitement pour mauvaise tenue des livres et des magasins.

— Tu oses avouer que tu l'approuves ?

— Je...

Il n'acheva pas sa phrase. La porte venait de

s'ouvrir. Un homme, en épais pardessus noir, un cache-nez autour du menton, un chapeau démodé sur la tête, se tenait debout à l'entrée de la brasserie et, sans souci des gens qui l'examinaient, cherchait quelqu'un des yeux.

Le premier mouvement de Michel fut de se tasser sur la banquette, comme s'il espérait ne pas être vu. Mais bientôt Lina, qui ne s'était aperçue de rien, se demanda pourquoi il se levait en deux temps, avec hésitation, se glissait de l'autre côté des tables, s'avançait vers l'inconnu.

Ils restaient debout tous les deux. Ferchaux n'était qu'un homme maigre, déjà vieux, plus mal habillé que les autres consommateurs, tenant une canne à la main. Michel lui parlait avec animation, se tournait à moitié vers l'endroit où se trouvait Lina et son interlocuteur se mettait à étudier celle-ci attentivement.

Maudet oserait-il prétendre que ce n'était qu'une compagne de rencontre ? Lina en était persuadée. Elle attendait, le front dur. A cause de l'histoire qu'il venait de lui raconter, elle éprouvait le besoin de donner à son visage une expression méprisante.

De quoi discutaient-ils donc ? Qu'allaient-ils décider ? Pourquoi Ferchaux était-il si avare de paroles tandis que Michel parlait avec une volubilité croissante ?

Enfin, l'homme à la jambe de bois s'avançait à travers le café, se dirigeait vers Lina, s'arrêtait, retirait son chapeau, découvrant des perles de sueur à ses tempes.

— Bonsoir, madame.
Michel croyait devoir présenter :
— M. Dieudonné Ferchaux...
— Vous permettez ?

Il s'asseyait, déclenchait à travers le vêtement le mécanisme qui lui permettait de plier sa jambe.

— Je suis venu chercher votre mari, car il est indispensable que nous partions cette nuit pour un certain temps. Vous étiez à Ver aussi, n'est-ce pas ?

— Oui, monsieur. Il n'y a pas cinq mois que nous sommes mariés et...

Elle était prête à lui dire qu'elle ne quitterait pas Michel, qu'elle ne permettrait pas que celui-ci...

— Je me demande si cela vous ennuierait de venir avec nous.

Les yeux de Maudet, brillants de joie et d'orgueil, disaient à Lina :

« Tu vois ! Ce n'est pas du tout l'homme que tu croyais. Désormais, tu nous accompagneras. »

Et elle, dépitée de ne pouvoir extérioriser sa mauvaise humeur, de répondre avec toute la politesse qu'on lui avait apprise :

— Je ne dis pas non. Je vous remercie.

Son air buté n'en affirmait pas moins qu'elle restait sur ses positions.

VII

Ce qui tira Michel d'un sommeil sombre, grouillant d'une vie angoissée, ce fut, il s'en rendit très vite compte, le bruit d'un poêle qu'on allume. Comme dans son enfance, cela se passait au-dessous de sa tête. Quelqu'un traînait des savates, non sur un plancher, mais sur du carreau, ce qui sentait la femme lasse, mal réveillée ; des coups de tisonnier pour faire passer les dernières cendres de la veille à travers la grille, puis le papier qu'on froisse, les morceaux de bois qu'on empile... Il aurait juré qu'il voyait la fumée gicler à travers les fissures du poêle, que l'odeur si caractéristique en arrivait jusqu'à lui. Pendant ce temps-là — toutes les femmes ne font-elles pas de même ? — celle-ci moulait le café et ne s'interrompait que pour verser bruyamment le charbon sur le feu qui commençait à ronfler.

Où était-il ? Il n'émergeait pas d'un seul coup du sommeil, il sentait une cuisse chaude, celle de Lina, contre la sienne, il écoutait, entendait battre son propre cœur sans parvenir à percevoir la respiration de sa femme. Il balbutia :

— Tu dors ?

Et il ne se rendit pas compte de ce que la réponse avait de cocasse.

— Non. Et toi ?

Les mêmes bruits avaient dû les tirer du sommeil et sans doute maintenant tous les deux décollaient-ils enfin leurs paupières, fixant, au plafond de leur chambre, un pinceau de lumière blême qui naissait et s'enfuyait à une cadence régulière.

Ils prenaient conscience que Ferchaux était très près d'eux, couché dans un lit contre le même mur, de l'autre côté de celui-ci. Qui sait s'il n'avait pas été réveillé, lui aussi, par les allées et venues de madame Snoek ?

— Tu as dormi ? souffla Lina, si bas que Michel devina plutôt qu'il comprit.

— Mal.

— Moi, je me demande si j'ai dormi.

Les bruits du port tout proche s'étaient enchevêtrés à leurs cauchemars. Un navire qui levait l'ancre en pleine nuit avait lancé des coups de sirène déchirants, comme une immense plainte arrachée par une douleur surhumaine. Puis, beaucoup plus près d'eux, contre le quai, pendant près d'une heure, on avait essayé de mettre en marche un gros moteur Diesel. On percevait une aspiration. On restait en suspens, dans l'attente d'un halètement régulier, mais le son s'arrêtait comme dans une gorge qui s'étrangle, des hommes juraient, devaient tripoter des manivelles glacées, tourner des manettes, à la lueur d'un mauvais fanal, tandis que s'enflait la rumeur de la marée.

— Tu crois qu'on restera ici ?
— Il l'a dit.

Pendant les silences, ils ne savaient rien des pensées l'un de l'autre. Est-ce que Lina, elle aussi, avait les yeux ouverts ? Essayait-elle de se rendormir ? Il devait être très tôt, peut-être quatre heures, cinq heures du matin au plus, s'ils en jugeaient par leur fatigue et, si le port ne s'était pas endormi de la nuit, la ville, derrière les maisons du quai, était encore morte.

Ils étaient à Dunkerque depuis la veille à trois heures de l'après-midi. Il y avait deux jours qu'ils avaient quitté Caen, en pleine nuit, et Michel aurait eu de la peine à se souvenir, dans l'ordre, de tout ce qu'ils avaient fait depuis.

Des événements de Caen, il gardait un souvenir si précis que c'était comme une gravure au burin, une de ces gravures du siècle dernier qui illustraient les romans de son enfance. Le plus étonnant, c'était Ferchaux, dans l'atmosphère brillante et chaude de la brasserie Chandivert ; et les airs connus que l'orchestre jouait, après avoir accroché le numéro d'ordre du morceau à un support devant l'estrade, avaient l'air d'accompagner une scène de cinéma.

Maudet craignait surtout un jugement trop précipité de Lina sur Dieudonné Ferchaux. Il lui semblait que cette ambiance banale n'était pas à l'avantage de celui-ci. Il voyait les yeux veloutés de sa femme fixés curieusement sur lui, il aurait voulu l'aider à comprendre, lui expliquer ce qu'il y avait d'extraordinaire, d'exaltant dans leur compagnon.

Or, Lina, qu'il avait craint de voir rebelle, peut-être agressive, se montra assez vite docile.

— Excusez-moi, madame, de m'entretenir avec votre mari... Il faut que nous partions, Maudet... Dans quelques heures, il sera trop tard... Arsène est chez le docteur Pinelli... J'ai téléphoné à Paris et maître Aubin croit que le mandat d'arrêt a été signé dans le courant de la journée... La police est peut-être à cette heure autour de la maison...

Il avait encore aux pommettes des roseurs de fièvre, ses yeux restaient brillants, la peau des tempes fines et tendue ; mais il était calme, parlait d'une voix aussi ordinaire que les dizaines de consommateurs qui emplissaient le café.

— Vous ne craignez pas de me suivre ?

Michel répondit avec force, voulant y mettre tout l'élan possible :

— Mais non, monsieur.

— Et vous, madame ?

— Je suis prête à aller avec Michel n'importe où. Je l'ai bien suivi ici et là-bas.

« Là-bas », c'était Ver, la maison de la dune dont elle ne pouvait parler sans rancune.

Ferchaux soupirait comme pour lui-même :

— Oui... Cela vaudra peut-être mieux que nous soyons trois... Écoutez, Michel...

C'était la première fois qu'il l'appelait par son prénom.

158

— Il est plus prudent que je ne retourne pas à la maison...

N'était-ce pas extraordinaire que maintenant, dans leur chambre de Dunkerque, Lina soufflât, à cet instant précis, dans l'obscurité, dans le silence, comme si ses pensées eussent cheminé exactement au même train que celles de son mari :

— Tu crois qu'il a peur ?

— Je ne le pense pas. Il veut se défendre jusqu'au bout.

Certes, depuis cet entretien de Caen, à la brasserie Chandivert, Ferchaux ne s'était jamais départi de son calme. Sa conduite n'en avait pas moins eu quelque chose de désordonné.

— Je me demande si...

Elle n'avait pas besoin de continuer : Lina se demandait si, comme Arsène l'avait prétendu, leur compagnon n'était pas un peu fou.

D'abord, ils avaient quitté la brasserie et ils avaient discuté en déambulant dans les rues, comme des conspirateurs qui craignaient l'espion mêlé à la foule.

— Écoutez, Maudet... Vous rentrerez rue des Chanoinesses... Vous essayerez de savoir si Arsène est rentré... S'il est rentré, il sera sans doute dans sa chambre... J'ai pris soin de mettre la clef à l'extérieur de la porte.. Il vous sera facile de l'enfermer... Ma vieille Jouette voudra savoir si vous m'avez vu, où vous allez, ce que vous faites... Ce sera peut-être plus malaisé, mais il faudra l'enfermer, elle aussi... Vous prendrez vos affaires... Gardez cependant de la place dans votre valise... Voici une clef... C'est celle du secrétaire qui est dans ma chambre, entre les deux fenêtres... Dans le tiroir de gauche, vous trouverez cinq millions environ, tant en billets français qu'en banknotes anglaises et américaines... Il y a également un petit sac en peau de chamois qui contient quelques diamants bruts et un gros rubis... Nous allons vous attendre, votre femme et moi, dans ce café du coin de la rue... Dès que vous aurez terminé, vous entrerez boire un verre au comptoir, sans nous adresser la parole, et nous sortirons avant vous... J'aurai eu le temps de retenir un taxi... Je me méfie des gares...

Était-il possible que la débandade vînt si brusquement, comme l'attaque d'une maladie qui a couvé longtemps ? Déjà, dans les regards qu'ils échangeaient, Michel et Lina se demandaient l'un à l'autre :

« Est-ce qu'il a peur ? »

Si oui, ce n'était pas la panique telle que celle qui se serait emparée d'un Maudet courant les mêmes risques. Il restait lucide, de plus en plus froid, la voix coupante.

Eux vivaient en dehors du réel, se laissaient impressionner, commençaient à regarder avec méfiance les silhouettes des passants.

— Il faut que je passe dans ma chambre chercher mes affaires, objecta Lina.

Et Ferchaux :

— Je vous attendrai dans la rue.

Michel se souvenait de cet incident, car il avait rougi dans l'ombre. Est-ce que Lina ne servait pas d'otage, afin d'empêcher le jeune homme de partir avec les millions ? Il lui en voulut. Puis il se persuada que, si Ferchaux ne quittait pas Lina, c'était par peur de la solitude. Anxieux de la scène qu'il devait jouer avec Arsène, Maudet quittait ses compagnons, marchait vite, ouvrait la petite porte dans le vantail de la rue des Chanoinesses, se rassurait en n'apercevant pas de lumière au second étage.

Jouette se penchait sur l'escalier, reconnaissait sa silhouette.

— Vous avez vu Dieudonné ?

Devait-il répondre oui ? Devait-il répondre non ? S'il disait non, elle le prendrait pour un voleur en le voyant ou en l'entendant fouiller dans les tiroirs.

— Il m'a chargé d'une mission...
— Il ne viendra pas ?
— Demain matin...

Méfiante, inquiète comme une chatte un jour de déménagement, elle le suivait à la piste. Où allait-il se débarrasser d'elle ?

— Vous n'auriez pas quelque chose de chaud à boire ?

— J'ai laissé éteindre le feu mais, si c'est indispensable, je peux faire bouillir de l'eau sur le réchaud.

— Faites-le, voulez-vous ?

Il sentit qu'elle hésitait, le regardait en dessous.

— Où l'avez-vous rencontré ? Pourquoi n'est-il pas revenu avec vous ?

— Il est venu me rejoindre chez Chandivert.

— Qu'est-ce qu'il fait là-bas tout seul ? Je parie que...

Elle dut entrevoir la vérité, fut sûrement sur le point de ne pas pénétrer dans la cuisine. Elle fit cependant quelques pas et Michel, tremblant des pieds à la tête, referma brusquement la porte, chercha la clef et tourna deux tours.

Il eut, ce soir-là, des sensations de voleur. Il ne cessait d'entendre les coups que la vieille frappait contre la porte. Il s'attendait à ce que, d'un moment à l'autre, elle ouvrît la fenêtre et appelât au secours. A la fin, elle tripota la serrure avec une ferraille quelconque. La serrure n'allait-elle pas céder ?

Il ouvrait la valise, y jetait pêle-mêle du linge sale, puis les enveloppes jaunes du secrétaire, qui contenaient les billets de banque et que fermaient de simples élastiques. Jamais il n'avait vu une telle somme réunie. Arsène pouvait rentrer. Il pouvait aussi, en ville, rencontrer Ferchaux et Lina.

Michel descendit les marches quatre à quatre, oubliant d'éteindre la lumière. Il ne s'en aperçut qu'une fois dans la cour et n'eut pas le courage de remonter. Il bondit sur le trottoir et... Voilà sans doute comment les voleurs se font prendre ! La valise, mal fermée, s'ouvrit, linge et enveloppes se répandirent sur les pavés. Par bonheur, il ne venait personne. Il se pencha, ramassa vivement sa fortune, faillit oublier le petit sac de peau de chamois qui paraissait contenir un chapelet et, comme il se redressait, il vit la voisine d'en face derrière ses rideaux. En camisole, les cheveux sur des bigoudis, elle le regardait. Il y avait une faible lumière derrière elle. Est-ce que, d'où elle était, elle avait pu reconnaître quelques billets jaillis d'une enveloppe déchirée ? Il la salua gauchement, partit, se trouva enfin rue Saint-Jean et se mit à la recherche du café-bar où il avait rendez-vous.

Il savait que Lina lui en voudrait, mais il ne put s'empêcher de commander :

— Un calvados.

Il les voyait dans la glace, elle et Ferchaux, assis à un guéridon.

— Un grand ! ajouta-t-il, comme le patron lui servait un verre minuscule.

Il en but deux. Il se regardait. Il y avait quelque chose de catégorique — qui lui plaisait — dans sa physionomie animée et pourtant pâle.

Pour montrer à Ferchaux qu'il savait ruser, lui aussi, il questionna :

— A quelle heure y a-t-il un train pour Paris ?

— Vous avez le temps. Il ne passe qu'à minuit dix.

Il était onze heures et quelques minutes. Il paya, sortit, retrouva ses compagnons et, au premier coin de rue, ils s'installèrent tous les trois dans un taxi qui attendait. Le chauffeur devait déjà être au courant, car il partit sans attendre et se dirigea vers une des sorties de la ville.

Ferchaux et Lina étaient assis sur la banquette, Michel, en face d'eux, sur le strapontin. Il regretta de n'être pas monté sur le siège, où il eût pu jouir pleinement de ce voyage dans la nuit.

— Arsène n'était pas rentré. J'ai enfermé madame Jouette dans la cuisine.

— Pauvre Jouette !

Lina questionna, pas intimidée du tout :
— Pourquoi ne l'avez-vous pas emmenée ?
— Elle est trop facilement reconnaissable.

Michel, lui, n'osait pas demander où on allait de la sorte. Peut-être Ferchaux, qu'il ne distinguait pas dans l'obscurité, sommeillait-il ? On traversa Rouen. Le chauffeur s'arrêta un peu en dehors de la ville pour faire son plein d'essence. Sous prétexte d'un petit besoin, Michel sortit de l'auto et, au moment d'y remonter, demanda à son patron la permission de rester sur le siège.

Un peu plus loin, le chauffeur questionna, pour rompre le silence :
— C'est votre beau-père ?

Ses pensées, à ce moment-là, étaient chaotiques. Pourquoi la phrase du chauffeur lui rappela-t-elle l'histoire qu'il avait racontée à Lina le soir même, celle de Ferchaux couchant cyniquement, par méchanceté, avec la femme d'un de ses employés ? Mal à l'aise, il eut envie de se retourner ; mais il ne verrait rien à l'intérieur ; il avait tort ; c'était idiot ; la situation n'était pas du tout la même. Si Ferchaux, dans l'Oubangui, avait agi de la sorte, c'était par mépris pour un homme faible et lâche qu'il sentait prêt à tout pour s'assurer des avantages.

Il faillit, pour se changer les idées, demander au chauffeur où on allait, pensa à temps que cette question paraîtrait peu naturelle.

A deux heures du matin, ils arrivaient à Amiens, où on les débarquait en face de la gare dont les salles d'attente étaient encore ouvertes. Ils y entrèrent, furent enveloppés d'une chaleur animale qui sentait mauvais. Ferchaux se tut jusqu'à ce que le chauffeur se fût éloigné.

— On attend encore un train, dit-il alors. J'ai remarqué deux autos devant la gare. Ce sont probablement des taxis. Vous allez sortir, annoncer à l'un d'eux que vous attendez votre femme et votre beau-père par le train, que vous devez rentrer cette nuit à Abbeville avec eux...

De temps en temps, il posait sur sa langue un comprimé de quinine. Une fois, il demanda à Lina, de la voix d'un homme ordinaire qui s'adresse à une jeune femme :

— Vous n'êtes pas trop fatiguée ?

Elle dit que non, mais elle n'en était pas moins endormie sur la banquette graisseuse quand son mari revint. Lina pouvait dormir n'importe où ; elle avait alors des roseurs enfantines.

A quoi pensait Ferchaux pendant ces heures vides ? On vint ouvrir la porte qui donnait accès aux quais. Des hommes émergeaient de leur tas de couvertures ou de hardes comme des ressuscités. Un fracas envahit le hall, tout le monde se bouscula, Ferchaux, Lina et Michel se dirigèrent vers la sortie et trouvèrent sur le trottoir le nouveau chauffeur qui les attendait.

Maudet s'installa sur le siège sans hésiter. Il aurait eu l'air, autrement, vis-à-vis de lui-même, de donner corps à l'idée stupide qui lui était passée par la tête dans la voiture précédente.

Où étaient-ils allés encore ? Ils gardaient aux lèvres

un goût de train, d'essence brûlée, d'alcool que Michel, surtout, ingurgitait à chaque occasion — pour se tenir éveillé, disait-il à Lina à qui il en faisait boire aussi. Seul Ferchaux se contentait de grands verres d'eau minérale.

A Abbeville, ils prirent le train, séparément, Maudet et sa femme en seconde classe, Ferchaux en troisième. C'est lui qui l'avait voulu ainsi. Il leur avait donné rendez-vous dans un café de Lille, leur avait conseillé de dormir quelques heures en arrivant.

Lina était trop harassée pour discuter. Elle subissait la situation sans mauvaise humeur, sans récrimination, ne disait pas de mal de Ferchaux.

— Tu crois que toutes ces précautions sont nécessaires ? se contenta-t-elle de questionner en bâillant.

— Je ne sais pas. On ne nous suit pas pour le moment. Mais il est probable, si on veut vraiment l'arrêter, qu'on recherche sa trace et qu'on questionnera les chauffeurs, les employés de gare et d'hôtels.

— Je ne comprends pas ce qu'Arsène est allé faire chez le docteur.

— Je pense, vois-tu, que, si Ferchaux est arrêté, son frère essayera de le faire passer pour fou.

— Il ferait ça ? Son propre frère ?

Elle s'endormit, la lèvre gonflée, la tête balancée de gauche à droite et de droite à gauche. Il faisait jour quand ils arrivèrent à Lille. Ils n'avaient rendez-vous qu'à midi et ils allèrent s'étendre dans le premier hôtel venu. Ils n'avaient plus de bagages, car Ferchaux s'était chargé de la valise. On les prit pour des amoureux et on s'étonna de les voir demander une chambre à cette heure livide, quand le marché voisin battait son plein.

Michel voulut à toute force faire l'amour. C'était sans doute le regard équivoque de la bonne et sa façon d'ouvrir le lit qui lui avaient donné cette idée. Leurs paupières picotaient, leurs membres étaient sensibles comme des blessures qui se cicatrisent.

Ils faillirent, en arrivant au rendez-vous, ne pas reconnaître Ferchaux. Sous la table, Michel avait aperçu deux pieds chaussés de souliers neufs, des brodequins noirs à lacets, soigneusement cirés. L'homme portait un costume de confection en laine bleu marine ; sur sa tête, il avait une de ces casquettes à galon noir comme en adoptent presque tous ceux qui vivent de la mer, matelots et retraités, armateurs et petit peuple des ports.

Il se leva avec une certaine précipitation pour saluer Lina et cette politesse à l'égard d'une femme était assez inattendue de sa part. Sur le guéridon, près d'un verre d'eau minérale, traînait un journal déjà taché.

— Vous n'avez pas lu ?

Il désigna un titre, en caractères de médiocre importance.

« *L'Affaire Ferchaux* »

« *M. Duranruel, procureur général, a signé hier un mandat d'arrêt contre Dieudonné Ferchaux, l'assassin des trois nègres de l'Oubangui, mesure que nous avons depuis longtemps laissé prévoir à nos lecteurs.*

« *Le mandat a aussitôt été transmis télégraphiquement au Parquet de Caen où Dieudonné a élu domicile depuis son arrivée en France.*

« *Cette nouvelle a causé quelques remous à la Bourse et les titres des diverses sociétés coloniales contrôlées par les frères Ferchaux ont été sérieusement ébranlés.* »

D'un mouvement du menton, il désigna sa jambe.
— Vous n'avez pas remarqué ?
— Si.
— On cherchera un homme avec un pilon. Je suis allé m'acheté une jambe en caoutchouc. Elle ne me va pas tout à fait. J'ai de la peine à marcher. Mais c'est plus prudent.

Il était enchanté de son complet neuf et surtout de sa casquette, car il se regardait volontiers dans la glace. Il avait l'air ainsi, non d'un armateur, mais plutôt d'un vieil employé d'armateur, ou encore d'un petit fonctionnaire qui habite le bord de la mer et se donne des allures de capitaine au long cours.

— Nous prenons le train à deux heures. Il est temps que nous allions déjeuner.

Il choisit un restaurant modeste où les nappes étaient en papier gaufré et où la plupart des habitués avaient leur serviette roulée dans un casier.

— Ils croiront que je me suis réfugié en Belgique.

Michel, lui aussi, avait pensé que c'était vers la Belgique qu'ils se dirigeaient mais, après avoir pris de nouveaux trains, s'être arrêtés dans des gares, séparés puis réunis, après avoir passé une nouvelle nuit blanche, peuplée de noms de stations entrevus à travers les vitres sales des compartiments, c'était à Dunkerque, en fin de compte, qu'ils s'étaient définitivement arrêtés.

Depuis leur départ de Caen, Ferchaux ne s'était pas couché et pourtant sa fièvre était tombée, le tremblement de ses doigts avait cessé, son front ne suait plus. Il était pâle, avec des méplats gris qui soulignaient la maigreur des traits. La barbe avait poussé, grisâtre, et, au lieu de le durcir ou de lui donner un aspect misérable, elle rendait son visage plus banal.

— Je vais encore vous charger d'une mission, Maudet. Cette fois, vous pouvez y aller avec votre femme. Je ne veux pas descendre à l'hôtel, car tous les hôtels seront visités par la police. Il faudrait que vous trouviez, dans la même maison si possible, deux chambres à louer. Des chambres modestes de préférence, du côté du port.

Lina et Michel, en s'éloignant, avaient eu la même idée.

— Il va peut-être en profiter pour s'en aller seul ?

Ils n'avaient pas fait dix mètres que, comme s'il eût deviné leur pensée, Ferchaux les rappelait et tendait sa valise à Maudet.

— Il vaut mieux que vous vous présentiez avec des bagages.

— Mais...

Michel était gêné. Ferchaux, en agissant ainsi, se mettait entre leurs mains. Les connaissait-il déjà si bien ? Des larmes lui en vinrent aux yeux et, chemin faisant, il disait à Lina :

— Tu vois quel homme c'est !... Je te jure que, quand tu le connaîtras, tu seras comme moi...

Elle ne protesta pas, ce qui était déjà extraordinaire. Ils marchèrent longtemps, cherchant des écriteaux aux fenêtres des maisons basses qui formaient un quartier grouillant au bout du port. De temps en temps, Michel entrait dans un estaminet, en profitait pour avaler un verre d'alcool tout en se renseignant.

Cette course harassante, qui semblait ne pas devoir finir, avait enfin trouvé son aboutissement et ils étaient là au plus profond d'un lit à l'odeur indéfinissable — Lina prétendait que c'était l'odeur du varech dont le matelas était bourré — à attendre le jour ou le sommeil.

Les bruits s'orchestraient peu à peu, des wagons se mettaient en branle et s'entrechoquaient non loin de la maison, des usines appelaient leurs ouvriers à coups de sifflet ou de sirène et une grue enfin, juste devant la fenêtre, commençait à fonctionner.

— Tu ne dors pas ?
— Non.
— Tu crois qu'on restera longtemps ici ?
— Je ne sais pas. Je pense que oui.
— Qu'est-ce qu'il espère ?

Cela aussi, Michel l'ignorait, mais il le devinait confusément. Il commençait à partager certaines réactions de cet homme extraordinaire avec qui il vivait depuis plusieurs semaines et dont, au début, les moindres faits et gestes l'avaient choqué. Mais il aurait été incapable de faire part de ses impressions à Lina, car c'était trop complexe, trop vague encore.

Par exemple, à la base du mépris de Ferchaux pour tant de gens et de choses, il devinait l'ennui. Non l'ennui tel que lui, Maudet, aurait pu en ressentir. Un ennui immense, glacé, l'ennui d'un homme qui a tout vu, tout connu, qui est revenu de tout et qui connaît enfin l'infini de la solitude humaine. Cet ennui-là aurait été le même dans un palace parisien que dans la maison des dunes ou dans le vieil hôtel aristocratique de la rue des Chanoinesses, et sans doute Ferchaux le connaissait-il déjà dans sa pétrolette qui sillonnait inlassablement les rivières de l'Oubangui.

Tout l'effort qu'un homme peut fournir, il l'avait fourni. Il n'était pas possible d'aller plus loin. Un vaste pays lui appartenait, dont il était le vrai maître, et peut-être était-ce lui, pour se distraire, qui avait entamé cette lutte sournoise et comme enfantine avec l'administrateur Arondel.

Peut-être même — mais Michel se sentait à l'extrême pointe de la vraisemblance — avait-il ébranlé presque sciemment, par ennui, par jeu, par défi, sa propre puissance.

Cela n'avait-il pas été un soulagement pour lui d'être obligé de tenir tête, à nouveau, à un adversaire, et de s'embarquer, après tant d'années, pour une France qu'il ne connaissait plus, où il n'était nulle part chez lui, où le premier abri, une maison dans la dune, lui était bon ?

Lutter ! Mais non pas se faire prendre dans une trappe comme une bête de la forêt, non pas se laisser

171

enfermer entre les quatre murs d'une prison ou d'une maison de santé !

Le danger pressant l'avait fouetté au point que, accablé par une crise de paludisme, il se levait, courait les routes et les voies deux jours et deux nuits durant sans manifester de fatigue.

Est-ce qu'il dormait, derrière le mur qui les séparait ?

Ces deux jours et ces deux nuits, les nuits surtout, avaient créé entre eux une intimité nouvelle dont Lina prenait tout naturellement sa part.

Le couple s'était inscrit chez la veuve Snoek sous le nom de M. et Madame Manier. Plus exactement, ils ne s'étaient pas inscrits, on ne leur avait tendu aucun registre, ils n'avaient fait que donner ce nom qu'on avait admis. Michel avait expliqué que le père de sa femme, M. Dentu, ancien marin, était neurasthénique et que le médecin lui avait recommandé l'air de la mer.

La maison n'était pas une auberge, ni tout à fait une pension de famille. Très basse, avec un toit pointu, elle était une des dernières du quai. On descendait une marche et on pénétrait dans une pièce très propre, qui avait plutôt l'air d'une salle à manger que d'un estaminet, avec sa table ronde que recouvrait une toile cirée à fleurs, le portrait de feu Snoek au mur, ses médailles épinglées au cadre. Car M. Snoek, de son vivant, était patron de remorqueur et avait accompli une bonne douzaine de sauvetages.

Une porte vitrée à petits carreaux séparait cette pièce de la cuisine. Des hommes entraient parfois, des marins ou des mariniers, qui tous avaient le même aspect bourgeois. C'étaient des gens d'un certain âge, surtout des Flamands et des Hollandais, qui ne cherchaient ni le désordre, ni la beuverie ; le plus souvent, s'ils étaient seuls, ils s'asseyaient dans la cuisine et dégustaient lentement un petit verre en bavardant avec madame Snoek qui continuait son ménage.

Les chambres étaient petites, d'une propreté méticuleuse. Il y en avait trois et la troisième était occupée par un pilote récemment nommé qui attendait de trouver un logement pour faire venir de Boulogne sa femme et ses enfants.

Les vitres tournaient au gris, puis quelques rayons lumineux, d'une belle teinte orangée, perçaient les nuages. Michel se décidait enfin à sauter du lit et se dirigeait vers la table de bois blanc, frottée au sable, sur laquelle il y avait une cuvette de faïence et un broc d'eau glacée.

Comme à un signal, Ferchaux, dans la chambre voisine, se levait à son tour et commençait à aller et venir.

Ils ne savaient encore rien, ni l'un ni l'autre, de cette vie nouvelle qui les attendait. Ils savaient seulement qu'elle préludait par un calme reposant ; même l'animation du port avait quelque chose de paisible dans sa puissance, et déjà l'atmosphère de la maison les cernait de sa quiétude sirupeuse.

— Tu me monteras mon café et un croissant, Michel ?

Il se rasait, se débarbouillait, s'habillait, pressé

d'être hors de la chambre, d'aller à la découverte, en bas d'abord, puis sur ces quais qui l'attiraient.

Au moment de descendre, il embrassa sa femme et lui souffla à l'oreille :

— Qui sait si un jour ou l'autre nous ne partirons pas à bord d'un de ces navires ?

— Ce sont des bateaux de passagers ?

— Des cargos. Ce serait encore plus passionnant.

Pourquoi un de ces cargos ne les emmènerait-il pas tous les trois ? Car leur sort était désormais lié. Michel ne pensait plus à l'avenir qu'en fonction de Ferchaux.

Il s'était à peine engagé dans l'escalier sombre qui sentait l'encaustique qu'une porte s'ouvrait, qu'un pas de boiteux retentissait derrière lui sur les marches.

Ils se rejoignirent tous les deux dans la cuisine où aboutissait l'escalier. Ferchaux ne s'était pas rasé et déjà cette barbe courte et grise paraissait familière. Ce qui était le plus nouveau, c'était sa voix, presque enjouée, qui disait :

— Bonjour, madame Snoek. J'ai été réveillé par la bonne odeur de votre café.

— Si vous voulez passer à côté, je vais vous servir votre petit déjeuner. Je ne vous ai pas encore demandé ce que vous avez l'habitude de manger le matin.

Il y avait sur le feu une poêle qui avait servi à frire du poisson dont l'odeur persistait dans l'air bleuâtre.

— Ma foi, s'il vous reste un maquereau ou deux...

174

— Je vois que vous mangez comme les gens de par ici. Et la jeune dame ?

— Si vous le permettez, intervint Michel, je lui monterai une tasse de café au lait et une tartine.

Il n'avait pas osé réclamer des croissants et il s'en félicita, car madame Snoek découpa des tranches épaisses dans du gros pain, s'apprêta à les beurrer du bout d'un long et large couteau à découper.

— Combien de tartines ?

— Une seule suffira. Aujourd'hui, ma femme est un peu fatiguée.

Quand ils s'assirent face à face dans la pièce de devant, sous le portrait du défunt patron de remorqueur, il y avait dans l'air une pétillante poussière de soleil qu'ils voyaient pour la première fois depuis de longs jours. L'air devait être vif, car parfois un des ouvriers de la grue se battait les flancs pour se réchauffer.

Maudet ne perdait une miette ni du repas, ni du spectacle, ni des odeurs qui faisaient palpiter ses narines, et il se troubla en voyant Ferchaux qui l'observait.

Qu'est-ce que Ferchaux pensait de lui ? Il ne pouvait pas ne pas sentir cette impatience de vivre, cette avidité qui le poussait en avant. N'en éprouvait-il pas, lui qui avait plus de soixante ans, une certaine jalousie ?

— Vous avez le courage de voyager aujourd'hui encore ?

— Pourquoi ? On s'en va ?

— Mais non. Chut!... J'ai une mission à vous confier. Nous en parlerons tout à l'heure.

Michel alla porter le petit déjeuner à Lina.

— Je crois que je vais partir, lui annonça-t-il.

— Tout seul ?

— Je ne sais pas encore.

Il crut qu'elle allait protester, qu'elle avait un peu peur de Ferchaux, mais il n'en fut rien. Elle était quiète. Ce qu'elle avait craint, c'était d'être si vite arrachée au repos enfin conquis.

— Il faut que je me lève ?

— Pas tout de suite. Je ne crois pas. Nous allons sortir, ton père et moi, pour bavarder.

— C'est vrai ! J'oubliais que je dois l'appeler papa !

Quelques minutes plus tard, Michel et Ferchaux marchaient à petits pas sur les larges dalles de l'extrême bord du quai, parmi les câbles tendus et les bittes d'amarrage.

— Voyez-vous, Michel...

Il s'interrompit :

— Il faudra que je m'habitue à vous appeler ainsi et à appeler votre femme Lina, puisque je passe ici pour son père. Voyez-vous, dis-je, il est indispensable que nous entrions en contact avec maître Aubin. Il est dangereux de lui téléphoner d'ici. Maître Aubin lui-même ne doit pas savoir où nous sommes. Il serait préférable que vous alliez en Belgique, à Bruges ou à Gand, et que vous vous mettiez en communication avec Paris. Cela aura l'avantage de rassurer mon frère, qui sera persuadé que j'ai franchi la frontière.

Parfois, tout en parlant, il faisait une grimace. C'était sa nouvelle jambe, à laquelle il n'était pas encore habitué, qui lui faisait mal.

Une fenêtre venait de s'ouvrir au premier étage de la maison de madame Snoek et Lina respirait un moment l'air du dehors; elle le trouvait sans doute trop froid, car elle se renfermait aussitôt et on ne voyait plus qu'un peu de blanc qui allait et venait derrière les rideaux.

VIII

— Qu'est-ce que tu crois que je suis ?

Il se penchait vers la petite lampe à abat-jour rose posée sur la table afin d'éclairer son visage qu'un sourire extraordinaire, un sourire comme un Ferchaux aurait dû en avoir, rendait plus vibrant et plus énigmatique.

Il y avait déjà longtemps — bien avant son entrée au « Merry Grill » — que le décalage s'était produit, que les réalités s'étaient haussées d'un cran, que ses sensations avaient acquis cette acuité lancinante et voluptueuse d'une dent malade que l'on tripote du bout de la langue.

C'était bien que la femme ait cette chevelure d'un acajou somptueux, ces yeux noisette, c'était surtout étonnant que lui soit venue l'idée quasi géniale de meurtrir ses paupières d'un trait de rimmel vert. Les prunelles pétillaient de curiosité tendre, les longs cils se croisaient à demi, frôlés par la fumée qui montait de la cigarette.

— Qu'est-ce que tu crois que je suis ?

Et, le front soudain sérieux, elle répondait :

— Attends. Ne me souffle pas...

Une lumière mauve régnait dans le cabaret saturé d'un parfum complexe qu'aspiraient les narines avides de Maudet.

— Tu me donnes trois fois ?... Voilà... Tu pourrais être étudiant... Je te vois assez bien étudiant en droit...

Voulait-elle le flatter ? Certes, il aurait pu continuer ses études. Ses parents auraient payé. Il n'en avait pas eu le courage et il en gardait une sourde rancune à tous les étudiants.

— Ce n'est pas cela.

Elle jouait le jeu, feignait de prendre pour du vrai luxe le complet clair qu'il s'était acheté l'après-midi dans une maison de confection de la place de Brouckère.

— Tu es Français, n'est-ce pas ? Ne dis rien... Cette fois, je devine... Tu es Français du Nord, de Lille ou de Roubaix, car tu as un peu l'accent... Je parie que tu es dans les laines...

Il vida sa coupe de champagne et prit un air encore plus mystérieux.

— Plus important que ça, mon petit... Mais tu ne trouveras pas, va !... Regarde vers l'entrée...

— Eh bien ?...

Il y avait une épaisse tenture de velours bleu sombre près de laquelle se tenait un chasseur en uniforme.

— Le type qui est assis à côté de la portière... Je suis sûr que tu ne l'as jamais vu ici...

— C'est vrai...

Elle s'inquiétait, craignait de comprendre. Pendant quelques instants, elle oublia de mettre dans son regard le tendre enjouement qui donnait à ses prunelles la douceur du miel. S'il l'eût regardée à ce moment, il l'eût vue soudain comme démaquillée, telle que le petit jour devait la surprendre dans son lit quand elle était sans témoin.

Jusqu'à sa voix, dont l'accent bruxellois faisait une musique, qui devenait plus nette, plus précise.

— Tu veux dire qu'il est de la police ?
— Peut-être...
— Ce n'est pas une réponse.
— Mettons qu'il est peut-être de la police et qu'il n'en est peut-être pas... En tout cas, il me suit, m'observe et essaie d'entendre ce que je dis...
— Une bouteille, Arthur, lança-t-elle négligemment au garçon qui rôdait autour d'eux.

Il ne protesta pas. Il voulait vivre son heure, conscient qu'il était de la payer cher, dédaigneux des marchandages et des petits calculs.

— Tu as peur que je sois un malfaiteur ?... Avoue !...

Ce n'était pas à un malfaiteur qu'elle pensait, pas plus que tout à l'heure elle n'avait pensé à un étudiant, mais bien à un employé de banque ou de commerce qui aurait puisé dans la caisse. Tout de suite, elle avait remarqué qu'il avait acheté le costume le jour même, et c'était exactement le costume qu'un petit employé ayant enfin de l'argent en poche, se serait offert.

Il ne le savait pas. Dans le miroir d'en face, il se voyait élégant, désinvolte.

— Tu ne cherches pas... Vois-tu, il n'y a pas que les malfaiteurs pour avoir les honneurs de la police... Demain ou après, tu pourrais bien voir mon portrait dans les journaux...

Tant pis ! C'était toujours embêtant, surtout si elle devait aller déposer au tribunal où les avocats se montrent féroces avec les témoins de son espèce, mais elle en avait vu d'autres.

— Tu auras ton portrait dans le journal ?
— Peut-être...
— Tu n'es pourtant pas dans la politique ?
— Presque... Tu brûles...

Comment lui dire ce qu'il était, ce qu'il se sentait ce soir-là ? Les millions, les centaines de millions de Ferchaux, n'était-ce pas un peu lui qui les maniait ? Cette affaire, qui soudain passionnait la foule après avoir remué les milieux bancaires et coloniaux, n'en était-il pas un des éléments actifs ?

— Il y a des hommes, vois-tu, qu'on ne reconnaît pas des autres dans la rue, auxquels on ne prête pas attention, et qui ont plus de pouvoir que des députés ou des ministres...

Elle savait qu'elle n'avait plus qu'à attendre, qu'il y viendrait tout seul, déviderait son chapelet, et elle se mit à croquer des amandes grillées en regardant vaguement la salle autour d'elle, l'orchestre dont le premier violon l'observait.

Maudet suivit son regard.

— Qu'est-ce qu'il a à te fixer ainsi ?

182

Et elle, haussant les épaules, joua à son tour son bout de rôle.

— C'est tous les soirs comme ça... Il est amoureux... Il est jaloux... Je ne lui adresse même pas la parole... N'empêche que je sens qu'un jour ou l'autre il est capable d'un mauvais coup...

Le musicien portait un smoking râpé, des cheveux huileux ; il avait le teint couleur papier de ceux qui ne dorment pas la nuit et qui doivent encore travailler une partie de la journée. Il était pauvre, besogneux. Il devait avoir une femme malade, des enfants. Il regardait l'entraîneuse parce qu'il lui fallait bien fixer un point de l'espace mais, comme les projecteurs étaient braqués sur l'orchestre, il ne la voyait probablement pas.

Quel dédain dans le coup d'œil de Maudet à cet être infirme !

— Ne le regarde plus.

— C'est pour lui montrer qu'il ne m'intéresse pas. Il serait capable de croire que j'ai peur de lui...

Michel buvait beaucoup. Il lui fallait boire toujours davantage, maintenant, pour ne pas laisser retomber sa fièvre. Dès la frontière, du côté de Furnes, il avait pris deux verres de genièvre dans un estaminet.

Il était chargé d'une mission importante. Au moment du départ, Ferchaux lui avait remis deux mille francs d'abord, puis, à regret, un troisième billet de mille.

— Au cas où il y aurait de l'imprévu...

Il restait avare jusque dans sa retraite de Dunkerque et il avait soupiré en voyant Michel serrer les billets dans son portefeuille.

— Vous pourrez voyager en seconde classe, mais il est inutile de descendre dans un grand hôtel... D'ailleurs, les grands hôtels sont les plus surveillés...

Maudet n'en était pas moins descendu au « Palace », en face de la gare du Nord. Il savait déjà que cela décidait du reste, acceptait d'avance toutes les complications futures. Au bar, dans un vrai bar américain au comptoir d'acajou et aux fauteuils de cuir fauve où des financiers internationaux fumaient des cigares de luxe, il avait bu un whisky, avec l'air détaché d'un homme qui ne boit jamais autre chose.

C'est de Bruxelles, en fin de compte, qu'il avait été décidé qu'il donnerait trois coups de téléphone, à maître Morel, à Caen, d'abord, ensuite à maître Aubin, à Paris, et en dernier lieu à Émile Ferchaux.

On lui avait recommandé de téléphoner de cabines publiques différentes, mais un gros homme au crâne rasé qui, du fond de son fauteuil où il lisait un journal étranger, demandait Rome au bout du fil, en décida autrement.

— Dites-moi, barman, vous m'appellerez le 18-14 à Caen...

— Bien, monsieur.

Un journal belge traînait, qu'il ouvrit ; quelques minutes plus tard, il parcourait sans raison les petites annonces tandis qu'on lui servait un second whisky et son regard tombait sur les lignes suivantes :

« *Avis important — Émile à Dieudonné — Prière*

vous mettre urgence rapport av. Bleustein, place de Brouckère, Bruxelles. »

— Barman ! Vous supprimerez la communication que j'ai demandée. Qu'est-ce que je vous dois ?

— Quarante francs, monsieur.

Ainsi, Émile Ferchaux avait pensé tout de suite que son frère se rendait en Belgique, puisque c'était dans *Le Soir* de Bruxelles qu'il avait fait insérer cette annonce. Michel ne pouvait plus demander de nouvelles instructions. Il lui fallait agir selon ses propres inspirations. Il était déjà très animé. La bousculade de la place de Brouckère augmenta encore l'idée qu'il se faisait de sa propre importance. Il y avait, entre autres, une immense vitrine bourrée de bagages de luxe, en peau de porc, en cuir souple, qui lui donna une envie folle de rapides de nuit et de transatlantiques. Tout à côté, des mannequins portaient des complets de confection et il tomba en arrêt devant un complet gris clair, en grosse laine chinée, qui semblait s'harmoniser particulièrement avec ce rêve de voyages.

Deux maisons plus loin, c'était l'adresse indiquée. « Bleustein, agent de change. » Une boutique étroite, à la vitrine protégée par un treillage métallique, pleine de billets étrangers et de pièces d'or. Il entra.

— Je voudrais voir M. Bleustein.

— M. Max ou M. Alex ?

— Je ne sais pas. Celui qui est indiqué par cette annonce.

On parut étonné. L'employé sembla dire :

— Déjà !

Il se précipita dans une petite cage aux vitres dépolies, puis l'y fit entrer.

— M. Bleustein ?

— M. Max Bleustein. Vous venez de la part de M. Dieudonné ?

Max Bleustein était encore jeune, mince, extrêmement élégant aux yeux de Michel, une perle plantée dans sa cravate, les cheveux noirs gominés. On remarquait surtout ses mains soignées, qu'il mettait en valeur en jouant négligemment avec sa cigarette.

— Je suppose que vous avez une lettre de M. Dieudonné ?

— Je n'ai pas de lettre, mais je suis son secrétaire particulier.

Ce fut une curieuse conversation, entrecoupée de coups de téléphone que Bleustein recevait sans cesse, auxquels il répondait avec nonchalance.

— Mais oui, mon cher... Non, pas avec Odette... C'est cela... A neuf heures... Tenue de soirée ?...

Michel sentait qu'on essayait de lui tirer les vers du nez. Avec une politesse exagérée, en feignant de le traiter en personnage important, on n'en doutait pas moins de son titre.

— Vous comprenez combien c'est délicat... Nous ne sommes dans cette affaire que des intermédiaires... Notre client, M. Émile, a mis en nous toute sa confiance... Il vous suffirait d'aller demander à M. Dieudonné une pièce quelconque... Je suppose qu'il est à Bruxelles ?...

Maudet tint bon. Les nerfs tendus, il résista et,

après un quart d'heure, on l'entraînait dehors, les deux hommes se faufilaient dans les groupes qui entouraient la Bourse, atteignaient, rue Royale, un immeuble plein de bureaux. Max Bleustein manœuvrait un ascenseur, poussait une porte et on se trouvait en présence d'Alex Bleustein, l'aîné sans doute, à peine moins élégant que le cadet.

Ils s'entretinrent un moment à voix basse, après s'en être excusés.

— D'après ce que mon frère me dit, vous êtes le secrétaire particulier de M. Dieudonné. Bien entendu, vous savez qui est M. Dieudonné ?

— Dieudonné Ferchaux.

Ils échangèrent un coup d'œil. Michel tremblait d'impatience.

— Malheureusement, dans une affaire aussi délicate, qui met en jeu de tels intérêts... Il serait plus simple que M. Ferchaux vienne nous voir lui-même, ou, tout au moins, qu'il donne un rendez-vous n'importe où à l'un de nous, voire qu'il vous remette une lettre de sa main...

Maudet n'avait pas cédé et il n'en était pas peu fier. Il n'avait pas prononcé une parole permettant de supposer que Ferchaux n'était pas en Belgique. C'était lui qui avait proposé en fin de compte :

— Pourquoi ne téléphoneriez-vous pas à M. Émile pour lui demander des instructions ?

Ils l'avaient fait. Émile Ferchaux était à Paris et on avait fini par l'avoir au bout du fil. La conversation entre lui et l'aîné des Bleustein avait duré assez longtemps, le plus jeune des deux frères s'était éclipsé en s'excusant.

— Mes affaires, vous comprenez...

— Voulez-vous approcher, monsieur Maudet ?... M. Ferchaux me dit qu'il va vous parler personnellement...

— Allô !... C'est vous que j'ai rencontré à La Guillerie il y a quelque temps, n'est-ce pas ?... J'ai donc certaines raisons de croire que vous êtes au courant de l'affaire qui nous occupe... Allô... Vous êtes toujours là ?... Je voudrais que vous disiez à mon frère, de ma part, que je sais, de source sûre, vous entendez, de source sûre, que l'extradition sera réclamée... Vous pouvez ajouter qu'il n'a qu'à s'en prendre à lui, car ses dernières manœuvres ont eu l'effet contraire de celui qu'il en attendait... Je lui conseille donc de s'embarquer pour l'Amérique du Sud... Ajoutez que j'ai viré là-bas de très fortes sommes... Il sait où... Il y a une heure encore, j'ai eu un entretien avec Aubin... Celui-ci est de mon avis... Les journaux de ce soir, qui viennent de paraître, sont encore plus durs que ceux d'hier... Allô !... Vous avez compris ?... Voulez-vous avoir l'obligeance de répéter ?...

Maudet répéta, ajouta :

— J'allais d'ailleurs vous téléphoner car j'ai, moi aussi, un message à vous communiquer. M. Dieudonné vous fait dire qu'avant trois jours, quoi qu'il arrive, les documents Mercator paraîtront dans la presse.

Un juron, là-bas, dans l'hôtel particulier de l'avenue Hoche.

— Allô... Ne quittez pas... Demandez à mon frère, dites-lui qu'il est indispensable qu'il me téléphone lui-même... A n'importe quelle heure du jour ou de la nuit... Allô !... Il ne faut à aucun prix que les papiers dont vous parlez...

— Je pense que M. Ferchaux ne vous téléphonera pas...

De la friture.

— Allô ! On a coupé ? Vous êtes toujours là ?... Dites-lui...

Mais, cette fois, on coupait définitivement. Michel regardait Bleustein l'aîné avec une nouvelle désinvolture.

— Voilà... Je vous remercie...

— Où pourrais-je vous toucher, au cas où je recevrais d'autres instructions ? Je suppose que vous pouvez me donner tout au moins une adresse poste restante ?

— Je n'y suis pas autorisé.

Longtemps, Maudet avait douté de Ferchaux. Certes, les documents qui lui passaient sous les yeux, l'empressement des hommes d'affaires et des avocats affirmaient l'importance de l'homme de l'Oubangui, mais cette importance n'avait pas encore ce nouvel aspect presque palpable. La presse, le Parlement, le public, s'en occupaient désormais. Maudet lui-même, jeté dans la bagarre, jouait un rôle.

Dans la rue, il pensa qu'il serait peut-être suivi et il ne tarda pas à repérer un passant qui, lui semblait-il, s'attachait à ses pas. Cela lui fit monter à la tête une bouffée de joie orgueilleuse et il pénétra aussitôt dans la grande brasserie de la place de Brouckère, s'installa devant un porto, réclama la communication avec Caen, puis avec Paris.

Maître Morel, qui devait lui donner des nouvelles, s'encombrait de périphrases inutiles.

— Dites à la personne que vous savez que, le lendemain de son départ, des visiteurs se sont présentés chez elle... Ils ont paru dépités... Ils sont revenus l'après-midi et ont visité toute la maison puis, le soir, ils sont allés en auto jusqu'à la villa du bord de la mer... Vous dites ?... Le chauffeur ?... Je croyais qu'il était parti avec vous... Le matin, déjà, il n'était plus dans la maison... La vieille dame ?... Oui... Eh bien ?... La vieille dame est toujours là... De fort méchante humeur, par exemple... Elle est restée longtemps en tête à tête avec ces messieurs...

Sans doute Arsène était-il rentré peu après le départ de Michel. Il avait délivré la vieille Jouette et, comprenant ce qui s'était passé, il était parti à son tour. Avant de rejoindre Émile Ferchaux il devait lui avoir téléphoné pour le mettre au courant et lui demander des instructions.

Au tour de maître Aubin ! Il n'était pas chez lui, mais au Palais. Michel dicta le message à un secrétaire, en le lui faisant répéter deux fois. Fallait-il transmettre ce message malgré le coup de téléphone de M. Émile ? Michel prenait sur lui de le faire.

« *Prendre chez maître Curtius l'enveloppe B et la remettre à la personne dont le nom est sur cette enveloppe avec prière de faire immédiatement le nécessaire. »*

La nuit tombait. Il était à peine cinq heures de l'après-midi. Maudet aurait sans doute trouvé un train pour le ramener à la frontière. Mais allait-il rater l'occasion de passer la nuit à Bruxelles ? Il trouverait toujours le moyen de s'expliquer. Il inventerait une histoire. Il aurait pu, par exemple, ne pas rencontrer tout de suite M. Bleustein, n'obtenir de celui-ci qu'un rendez-vous dans la soirée...

Il oublia de chercher son suiveur des yeux. Il était sur le point de faire une bêtise, il le savait, mais il savait aussi qu'il ne résisterait pas à son désir et il se précipita dans le magasin de confection.

— Si le complet gris n'est pas à ma taille, je n'insiste pas.

Ainsi, le sort déciderait ! Il décida que le complet gris serait exactement à sa taille, à part trois boutons à avancer d'un centimètre, ce qu'on fit séance tenante pendant qu'il passait à la caisse.

Il sortit vêtu du nouveau costume après avoir donné son adresse du « Palace » pour la livraison du vieux.

Il avait envie d'une femme. Il se mit à chercher dans les rues, dans les cafés, dans les bars, mais toutes lui paraissaient trop vulgaires. L'occasion était si rare qu'il voulait éviter une désillusion.

Il dîna dans une brasserie, but une bouteille de vin entière. Et enfin il pénétra au « Merry Grill » dont la musique sourde lui était parvenue par bouffées alors qu'il passait sur le trottoir.

Maintenant, il vivait son heure. Il était un peu Ferchaux, mais il était plus que lui, parce que Ferchaux ne savait pas vivre, parce qu'il était incapable de ce bond que Michel venait de faire, de ce rythme soudain accéléré et sans doute aussi de cette acuité de l'intelligence dont il jouissait pleinement.

L'ivresse, au lieu de le troubler, le grandissait à ses yeux ; il avait la sensation de réaliser enfin la vie telle qu'il la concevait. Ces musiques, c'était pour lui qu'elles jouaient et il avait une pitié condescendante pour ces pauvres diables en smoking qui tapaient sur le piano, raclaient des cordes de violon ou soufflaient dans des saxophones. L'un d'eux croyait nécessaire de faire le pitre pour amuser la galerie et c'était un homme de quarante ans au moins, qui avait une alliance au doigt et qui était sans doute père de famille.

Ces femmes, parmi lesquelles il n'avait qu'à choisir... Ce maître d'hôtel qui glissait en grimaçant sur ses pieds malades... Et ces petits jeunes gens de bonne famille qui croyaient faire la noce, s'imaginaient jouer un rôle important sur terre parce qu'ils succéderaient un jour à leur papa !

Il les dominait tous ! Il possédait toute la terre ! Il l'étreignait, là, dans une de ses mains que la lumière mauve faisait paraître plus blanches et plus nerveuses.

Tiens ! L'homme qui l'avait suivi à sa sortie de chez Bleustein l'aîné était toujours là ! Maudet n'avait-il pas eu tort de téléphoner à Caen et à Paris alors qu'il était surveillé, et n'avait-on pas écouté ses conversations ?

Allons donc ! Il était très fort ! Plus fort que Ferchaux le croyait. Ferchaux était peut-être très bien, là-bas, dans la forêt congolaise. Il avait eu du cran, de l'obstination, surtout de l'obstination. Voilà le mot ! C'était un patient, un de ces hommes qui peuvent se vouer toute leur vie, jour après jour, à la même tâche ! Mais il ne savait pas vivre, ni jouir de sa fortune. C'était un avare. Il manquait d'imagination ! Il vivait dans des bicoques miteuses et sa seule distraction était, le soir, de jouer aux cartes avec son secrétaire et avec son chauffeur !

La compagne de Maudet portait une robe de soie noire très souple, très lisse, à travers laquelle il caressait la chair d'une main négligente.

— J'attends toujours que tu me dises ce que tu es et pourquoi la police te suit...

— Je n'ai pas parlé de police...

— Ce sont tes parents qui te font surveiller ?

Pour toute réponse, il montra son alliance.

— Tu es marié ?

— Depuis six mois.

— Et tu trompes déjà ta femme ?... Elle est bien ?...

— Très bien.

— Tu l'aimes ?

— Mais oui... Seulement...

Il était tard. Sa fièvre pouvait tomber d'un moment à l'autre et il voulait aller jusqu'au bout de son programme avant de retrouver, dans la lumière crue du matin, tous les problèmes mesquins, humiliants, que cette soirée allait poser.

— Viens...
— Pas encore... Il n'est que deux heures...
— Eh bien ?
— M. Lucien ne me laissera pas partir...
— Qui est-ce ?
— Le directeur... Le petit gros en smoking qui regarde justement par ici... Nous n'avons pas le droit de sortir avant trois heures...
— Et si je le lui demandais ?
— Tu ne réussiras pas... Moi, je ne sais pas, car je vis avec maman et je ne sors jamais avec un homme... Léa a essayé et, tout ce qu'elle a réussi, c'est à se faire coller une amende... Arthur, un peu de raisin...

Il dut plusieurs fois lutter contre sa fatigue. Parfois il anticipait sur le lendemain, pensait à son retour à Dunkerque et à ce qu'il dirait.

— Il est trois heures moins dix... Partons...

A trois heures, il fallut encore attendre que quatre clients qui menaient grand bruit dans un coin eussent l'idée de s'en aller.

Dehors, il tombait une pluie fine. Ils marchèrent bras dessus bras dessous.

— A quel hôtel es-tu descendu ?
— Au « Palace ».

Il eut l'impression que le concierge la reconnaissait, préféra ne pas y penser. Le paquet contenant son vieux costume et portant le nom de la maison de confection était posé sur la table. Il le fit disparaître.

— Cela ne t'ennuie pas que j'en profite pour prendre un bain ?

Il faillit s'endormir pendant qu'elle restait enfermée dans la salle de bains. Il s'était promis des joies inouïes. Ce fut beaucoup moins bon qu'avec Lina. Le soutien-gorge l'avait trompé. Elle avait des petits seins mous, un corps trop pâle. Elle n'était même pas gentille. Elle tombait de sommeil et elle le laissait voir.

Il s'était fait réveiller à sept heures du matin, car il devait prendre le train à huit heures et quelques minutes. Il s'habilla dans une sorte de demi-cauchemar. Il avait très mal à la tête. Il se coupa en se rasant. Il s'était promis de prendre un bain, lui aussi, pour se remettre d'aplomb, mais l'eau coula presque froide.

— Tu t'en vas déjà ?

Les vêtements de la femme étaient en tas par terre, des cheveux émergeaient des draps, un œil ouvert, sans gaieté, sans indulgence.

— Qu'est-ce que tu vas me donner ?

Il hésita, mit cent francs sur la cheminée, puis, craignant de passer pour un pingre ou pour un pauvre, il ajouta un second billet. Au point où il en était !

— Tu reviendras ?

— Peut-être... C'est possible...

Il ne parla plus de son portrait dans les journaux, ni de la police officielle ou privée qui le suivait. A la porte, un homme avait l'air de l'épier. Ce n'était pas celui de la veille. Il était plus que probable que les

Bleustein voulussent savoir où il allait rejoindre Ferchaux.

Malgré son mal de tête et son dégoût, il fit consciencieusement ce qu'il fallait pour dépister son suiveur. Il prit d'abord un taxi pour la gare du Midi et là il demanda un billet pour Mons. Il traversa un train à l'arrêt, courut à travers les voies vers la sortie, sauta dans un tramway en marche, le quitta deux rues plus loin, juste au moment où passait un taxi en maraude.

A huit heures sept, il prenait son train à la gare du Nord et, à neuf heures et demie, il était à Gand, qui lui apparut tout rose dans le soleil du matin.

Il avait longtemps hésité sur le complet qu'il mettrait pour rentrer. Il avait opté enfin pour son vieux costume, par crainte du regard de Ferchaux s'il arrivait ainsi transformé.

Il pouvait prétendre qu'il avait perdu deux mille francs... C'était trop banal, trop misérable. Dire qu'il avait absolument besoin d'un complet convenable, que c'était indispensable à sa mission... Ou encore qu'il était sorti avec Bleustein, que celui-ci l'avait entraîné dans les boîtes de nuit, qu'il avait cru bien faire en le suivant pour lui tirer les vers du nez?...

Un autre train le conduisait vers Bruges, mais il ne songeait pas à regarder le paysage. Il avait toujours soif. Le train ne s'arrêtait nulle part assez longtemps pour lui permettre de courir à la buvette.

Il avait eu tort de ne pas prendre de bain, malgré l'eau froide. Il se souvenait que sa compagne de la nuit — elle s'appelait Adrienne — était très parfumée. Il lui semblait qu'il était encore imprégné de son odeur.

Non ! il ne dirait rien de tout cela. Il aurait rencontré un ami, un ami d'enfance... Voyons... Cet ami-là avait fait des bêtises, s'était réfugié en Belgique, où il se trouvait sans un sou... Michel l'avait reconnu, errant devant les cafés de la place de Brouckère, traînant la jambe, regardant avec convoitise les piles de sandwichs...

Il s'échauffait, redevenait lui-même :

— Je lui ai prêté deux mille francs, qui lui permettront de se faire une situation... Je sais bien que cet argent ne m'appartenait pas, mais je vous le rendrai, vous n'aurez qu'à me retenir cent francs par mois sur mon traitement...

Restait le paquet. Il le laisserait à la consigne de la gare, irait le reprendre dans quelques jours, trouverait alors une histoire pour expliquer l'existence du costume.

Ferchaux lui devait bien cela ! N'était-ce pas scandaleux de payer si misérablement quelqu'un qui lui rendait les services que Maudet lui rendait ? En aurait-il trouvé beaucoup pour le suivre, alors qu'il n'était plus qu'un hors-la-loi ?

Du coup, Michel lui en voulait. Si Ferchaux avait eu vraiment de l'envergure, il n'en serait pas où il était. Est-ce que son frère, lui, ne paradait pas encore à Paris ? Pourquoi donc parler d'Émile sur ce ton dédaigneux ? Pis que dédaigneux ! Ferchaux n'était jamais dédaigneux. Il prenait un air triste, de cette tristesse qu'on imagine à un dieu contemplant l'agitation des hommes...

Il franchit la frontière sans encombre, gagna Lille d'abord, puis Dieppe, puis enfin Boulogne. Il était sûr de n'avoir pas été suivi. Il avait rempli sa mission et au-delà, puisqu'il avait eu l'idée de lire *Le Soir* et d'aller chez Bleustein.

— J'ai tout de suite pensé que votre frère, vous croyant en Belgique, aurait eu l'idée de mettre une annonce... J'ai acheté tous les journaux. J'ai cherché...

Il se réchauffait à nouveau. Il but, en déjeunant, une demi-bouteille de vin qui fit disparaître comme par miracle les traces de son ivresse de la veille. Il commença à rêver de l'Amérique du Sud dont Émile Ferchaux avait parlé.

Enfin, dans le début de l'après-midi, il arriva à Dunkerque, se précipita vers la consigne où il laissa son complet neuf et se dirigea à pied vers les quais. Tout en marchant de plus en plus vite, il répétait son prochain discours, accompagnant les mots des jeux de physionomie appropriés. Il avait un peu honte. Mais n'était-ce pas justement sa force de faire tout ce qui était nécessaire à sa fortune, même si c'était un peu répugnant ? Ferchaux avait-il hésité à tuer les trois nègres ? Et maintenant, n'était-ce pas au chantage qu'il se livrait pour se tirer d'affaires ? Qu'était-ce donc, le dossier Mercator ?

La ville lui paraissait d'un calme mortel, les trottoirs déserts, d'une longueur démesurée. Il descendit enfin une marche et se trouva dans la salle à manger de la veuve Snoek qui était occupée à coudre près de la fenêtre. Il faillit dire :

« Est-ce que M. Ferchaux... »

Il se retint à temps.

— Ma femme est là-haut ? prononça-t-il.

— Il y a déjà un bon moment qu'elle est sortie avec son père.

Pourquoi devint-il sombre, méfiant, à croire qu'il était jaloux ? Se souvenait-il du couple de la forêt équatoriale et de la femme que Ferchaux avait prise au nez du mari ? Il s'était trop remonté en route et, comme il ne rencontrait que le vide, sa fièvre tombait à plat.

— Vous ne savez pas où ils sont allés ?

— Ils sont partis vers la gauche. Depuis deux jours, je ne les vois guère dans la maison qu'au moment des repas.

Il ne monta pas dans sa chambre, ressortit comme il était entré, n'eut pas un regard pour le port, longea les maisons, à la recherche de Ferchaux et de Lina.

Il n'eut pas à aller loin. Inconsciemment, son regard plongeait à travers les vitrines et, à deux cents mètres à peine de chez madame Snoek, derrière les glaces d'un petit café, il aperçut Dieudonné Ferchaux de dos, et, devant lui, de l'autre côté du guéridon, Lina qui, en riant, hésitait entre les cartes qu'elle tenait à la main.

Lina n'avait jamais su jouer aux cartes. A deux ou trois reprises, elle avait refusé d'apprendre la belote.

Le petit café était calme, presque désert. Le patron, accoudé à son comptoir, un torchon à la main, parlait à mi-voix à un vieux marin et à un boucher en costume de travail. Le dos de Ferchaux, vêtu de gros bleu, paraissait plus large. Michel aurait juré que son visage était détendu, qu'il souriait, lui aussi, des maladresses et des embarras de sa partenaire. Était-il assez rageur quand il jouait avec Michel et qu'il perdait ?

Maudet sentit que son visage exprimait tant de contrariété hargneuse qu'il fut quelques instants à se composer une expression plus normale avant de pousser la porte du café.

— C'est toi ? dit Lina du même ton qu'elle eût prononcé : Déjà !

Et, toute joyeuse :

— J'ai appris à jouer à la belote !

Ferchaux regardait son secrétaire, puis son jeu, et, comme Michel ouvrait la bouche :

— Tout à l'heure... Nous parlerons de cela dehors... Jouez, Lina... Surtout, essayez de ne pas jouer du carreau...

Il disait bien Michel ! Il était obligé, puisqu'il passait pour le père de la jeune femme, de l'appeler par son prénom ! Madame Snoek s'était d'ailleurs étonnée de les entendre tous trois se vouvoyer. Même avant le départ de Maudet, Ferchaux avait plusieurs fois dit Lina. Pourquoi, maintenant, cela faisait-il un autre effet ?

— Un calvados, patron ! commanda-t-il.

Et, comme il savait que sa femme allait lui lancer

un regard de reproche, il fixa durement le petit verre de liqueur verdâtre devant elle, près du tapis rouge et des jetons.

IX

Il faillit se taire. Il sentait que cela vaudrait mieux. Mais il était trop gonflé de rancunes imprécises. En outre, c'était sa mauvaise heure. Ses parents le savaient bien qui, le matin, ne faisaient pas attention à ce qu'il disait. C'était plus fort que lui. Il était mal à l'aise. Il était vague. Il était mou. Il se voyait dans la glace d'un vilain gris et ce qu'il voyait ne l'enchantait pas : ce visage maigre, tirant sur le jaune, marqué de boutons d'acné, ce regard chargé de pensées mauvaises comme le ciel l'était ce matin de nuages, ce costume enfin, ce fameux costume dont il s'était promis tant de joie et qui, maintenant qu'il avait plu une seule fois dessus, paraissait pauvre et étriqué.

Il faisait à peine clair. Une lampe électrique était allumée au-dessus de la glace de la toilette, dans un coin de la chambre, bien que les rideaux fussent ouverts, ce qui donnait deux éclairages, l'aube pluvieuse d'un côté, l'ampoule de l'autre.

A la vérité, Michel cherchait encore ce qu'il allait dire, à quoi il allait s'en prendre.

Lina sortait du lit ses cuisses grasses et blanches. Sa chemise relevée à hauteur du ventre, ses cheveux sombres tombant sur sa nuque, elle restait là, tiède et dodue, à bâiller, puis machinalement, à frotter ses seins de ses deux mains.

— Tu te lèves ?
— Il est huit heures et demie.

Il faillit répondre, hésita un instant, mais c'était trop direct, cela correspondait trop avec les causes profondes de sa mauvaise humeur.

Pourquoi maintenant, elle qui aimait paresser au lit, se levait-elle de si bon matin ? Il en avait été ainsi dès le lendemain du retour de Michel. Elle était descendue avec lui pour prendre son petit déjeuner sur la toile cirée de la table ronde, sous le portrait de feu le capitaine Snoek. Maudet avait deviné qu'il en avait été ainsi la veille et l'avant-veille.

Il faisait froid dans la chambre, un froid humide. Dehors, c'était une grande marée, une marée de 115. Car ils savaient maintenant au jour le jour le coefficient de la marée. Ils en entendaient assez parler en bas. Le vent venait du large, un peu au nord ; il avait balayé, avant d'arriver, les vastes plages de Belgique et il était comme jauni, chargé de sable et d'embruns. Les cargos mouillés étaient plus noirs.

— Viens voir, Lina.
— Éteins l'électricité, alors. Je ne peux pas me montrer toute nue à la fenêtre.
— Tu n'es pas toute nue. Tu es en chemise.

Faute d'un peignoir, elle mit sur son dos son

manteau de ville et cela choqua Michel, il trouva qu'elle faisait pauvre, grogna avec plus d'humeur :

— Regarde.

Dehors aussi, les lampes restaient allumées malgré le jour. C'étaient de fortes lampes à arc qui se balançaient au-dessus des quais, des wagons et des chantiers.

— Qu'est-ce que je dois regarder ?

— Près du quatrième bateau, celui qui a un nom peint en rouge, qu'on ne peut pas lire d'ici.

Elle reconnut Ferchaux, debout près d'une bitte d'amarrage, en compagnie d'un homme qui devait être le capitaine du navire.

— Eh bien ?

— C'est la troisième fois qu'il s'en va le matin sans bruit, avant que nous soyons levés.

Pourquoi s'en inquiétait-il, alors qu'il savait que Ferchaux se levait de très bonne heure, parfois en pleine nuit ? Ne le faisait-il pas déjà à Caen et à La Guillerie ?

Chaque fois, il l'avait entendu se lever et s'habiller. Il avait même failli sortir du lit pour le suivre. Quand Ferchaux revenait pour prendre son petit déjeuner, il ne faisait aucune allusion à cette promenade trop matinale.

— Veux-tu que je te dise ce qu'il complote ? Il est en train de négocier son passage à bord d'un bateau. Une nuit ou l'autre, lorsqu'il jugera que cela sent mauvais, il filera sans un mot et nous ne trouverons plus personne au réveil.

— Je suis persuadée qu'il ne fera pas ça.

— Tu crois peut-être qu'il s'inquiète de nous ?
— Je ne sais pas.
— Alors ? Que veux-tu dire ?

Condescendante, pour éviter la scène, comme la mère de Maudet le faisait autrefois, elle se dirigea vers la toilette en murmurant :

— Mais rien, Michel, je ne veux rien dire.
— Tu te prétends sûre qu'il ne partira pas sans nous.
— Je ne sais pas pourquoi j'ai dit ça. C'est une impression.
— Dans ce cas, pourquoi se cache-t-il ?
— Il ne se cache pas, puisque nous le voyons de nos fenêtres.
— Tu te figures peut-être que cet homme-là est capable d'un sentiment quelconque, d'affection, d'amitié, ne fût-ce que de reconnaissance ? Il a besoin de moi, oui ! Il a besoin de nous. Dès le moment où nous ne lui serons plus utiles...

Elle versait les eaux sales de son mari dans le seau d'émail, remplissait la cuvette, laissait glisser les bretelles de sa chemise qu'elle maintenait sous les seins. Il avait allumé une première cigarette, cherchant toujours sa querelle sans trouver un terrain qui lui plût. Il marchait. Ses pas faisaient résonner le plancher de la vieille maison. Puis il se campait derrière les fenêtres et regardait dehors, grognait, se mettait à nouveau en marche.

— Tu vas encore te faire adresser des observations par madame Snoek. Elle a horreur qu'on fasse du bruit.

— Je suis chez moi, oui ? Est-ce que j'ai le droit de remuer ?

— Pourquoi ne descends-tu pas prendre l'air ?

Elle savait qu'après une tasse de café et une bolée d'air sa mauvaise humeur se dissiperait. Mais il s'y raccrochait.

— Quand je pense qu'on va passer toute la journée à jouer à la belote ! Le plus beau, c'est que tu t'y sois mise ! Dix fois j'ai proposé de t'apprendre le jeu...

— Michel !

— Quoi ?

— Tu ne vas pourtant pas être jaloux ?

Il ricana bruyamment.

— Comment as-tu dit ? Jaloux, moi, de ce vieux maniaque ? Non, mon pauvre petit, je ne suis pas jaloux. Seulement...

Seulement, il l'était. Pas d'une jalousie amoureuse, comme Lina le pensait. Les femmes sont incapables d'imaginer une autre jalousie que celle-là. Il ne voyait pas du tout sa femme dans les bras de Ferchaux et peut-être même cette image l'eût-elle moins choqué. C'était plus compliqué et plus grave. Depuis qu'ils vivaient tous les trois dans une intimité de chaque instant, Michel avait, cent fois par jour, l'occasion de sourciller. A présent encore, pour commencer la journée : pourquoi Lina, levée trop tôt, faisait-elle rapidement sa toilette afin de descendre au lieu de traîner dans la chambre comme elle en avait toujours eu l'habitude ?

Elle n'était pas amoureuse du vieux, bien sûr. Elle

voulait lui être agréable. Pour lui faire plaisir aussi, elle avait appris à jouer aux cartes.

A un des rares instants où ils parvenaient à être seuls, la veille, car le ménage n'avait plus un instant de tête-à-tête, hormis la nuit, Michel avait affirmé :

— Je suis sûr qu'il a peur !

Sentant qu'elle ne le croyait pas, il s'était entêté :

— Quand on ne le connaît pas, quand on essaie de se faire une idée de lui par les journaux, on se trompe, on imagine un type extraordinaire...

Ils étaient allés acheter de menues choses ; ils s'étaient arrêtés devant le morne étalage d'une mercerie ; et là, il en gardait un souvenir précis, Lina avait dit avec une douce fermeté :

— Il est pourtant extraordinaire.
— Tu trouves ?

— Pour mener la vie qu'il a menée là-bas... En plein jour, sous les arbres dont les branches se rejoignent au-dessus des rivières, il fait presque noir... On vit dans une chaleur moite, entouré de nuages d'insectes... Les endroits pour mettre pied à terre sont rares, plus malsains encore, infectés de crocodiles et de mouches tsé-tsé...

— Il t'a raconté tout ça ?

— Attends. Je vais acheter mon ruban et je reviens. Ce n'est pas la peine que tu entres puisque tu as horreur des magasins.

Il avait attendu, aiguisant sa rancune. Si elle espérait qu'à sa sortie il penserait à autre chose, elle se trompait.

— Qu'est-ce qu'il t'a encore raconté ?

— Sa vie au Congo... Les nègres qui, cent fois, ont essayé de l'empoisonner... Les blancs qui...

— Quand est-ce qu'il t'en a parlé ?

— A diverses reprises.

— C'est curieux ! Il faut croire qu'il a envie de t'épater, car nous avons passé des journées et des journées ensemble sans qu'il m'en souffle un mot. Ou alors, il me croit trop bête pour comprendre !

— Ce n'est pas cela.

— Qu'est-ce qui le retient, à ton avis ?

— Toi.

— Je ne comprends pas.

— Moi, je crois comprendre. Devant toi, il est un peu gêné. Il n'ose pas parler le premier. Il a peur que tu te moques de lui, ou simplement que tu penses qu'il cherche à se faire valoir.

— Vraiment ?

— Je t'assure, Michel.

— Il te l'a avoué, peut-être ?

— Non, mais il me pose des tas de questions sur toi. Je suis sûre qu'il t'aime beaucoup. Il t'observe sans cesse.

— Pour m'amoindrir !

Encore un sale souvenir : à son retour de Bruxelles, Ferchaux ne lui avait pas réclamé de comptes ; c'était Michel, agressif, qui en avait parlé le premier.

— A propos de l'argent que vous m'avez confié...

Or, dès cet instant, il avait senti que Ferchaux s'attendait à quelque chose de peu régulier ; il avait vu un nuage passer sur son front tandis que, résigné, il attendait la suite.

M. dit où l'argent est allé

— J'avais déjà dépensé beaucoup d'argent pour les coups de téléphone... J'ai d'ailleurs inscrit mes dépenses dans un carnet... J'ai rencontré un ami qui se trouvait dans une situation tragique... C'était pour lui une question de vie ou de mort...

Pourquoi Ferchaux ne bronchait-il pas, pourquoi ne souriait-il même pas avec incrédulité, puisqu'il était fatalement incrédule ?

— Je lui ai prêté deux mille francs... Il me les rendra... En tout cas, je vous les rendrai... Vous n'aurez qu'à les retenir sur mon traitement...

Ferchaux n'aurait-il pas pu répondre qu'il considérait ces deux mille francs comme une prime pour la façon dont Maudet s'était acquitté de sa mission ? Il le laissait s'énerver, parler d'abondance ; il reprenait la monnaie qu'il comptait avant de la remettre dans sa poche...

— Je t'assure, Michel, que tu as de lui une idée fausse !

C'était elle qui le défendait ! C'était elle qui s'efforçait à présent de lui communiquer le culte de Ferchaux ! N'était-ce pas comique ? Elle qui, sans le connaître, en avait dit tant de mal ! Elle qui, quand il lui parlait avec enthousiasme de son nouveau patron, trouvait toujours les mots qu'il fallait pour le doucher et réduire le colosse à des proportions de nain !

Et quand ils étaient ensemble tous les trois... Évidemment, cela pouvait passer pour de la politesse, pour de la galanterie... Mais Ferchaux n'était ni poli, ni galant... Qu'il serve Lina la première à table, passe encore... Pourquoi était-ce toujours à elle qu'il s'adressait quand il parlait ? Pourquoi, au contraire, si Michel, à qui cela arrivait souvent, discourait d'abondance, Ferchaux et Lina échangeaient-ils un regard qui laissait supposer qu'ils le jugeaient tous les deux de la même manière ?

Depuis deux jours, les journaux de Paris s'occupaient beaucoup de l'Homme de l'Oubangui. On publiait sur son passé, sur sa vie, sur ses entreprises, des articles de plusieurs colonnes. On avait reproduit des photographies de sa pétrolette, des huttes dans lesquelles, disait-on, il avait, un peu partout dans les divers districts, des femmes et des enfants indigènes.

Les uns l'attaquaient farouchement :

« *Un scandale financier* »
« *Plus de six cents millions volés à la petite épargne.* »

On le recherchait. Toutes les polices étaient alertées. Son portrait avait paru dans les moindres feuilles de province.

« *Dieudonné Ferchaux entraînera-t-il de hauts personnages dans sa chute ?* »

L'homme grandissait aux yeux du gros public qui, la veille, connaissait à peine son nom. Il s'entourait déjà de légendes. Un hebdomadaire racontait par le menu l'histoire de la jambe coupée en pleine forêt par Émile.

Pourquoi Maudet en éprouvait-il de l'humeur ? Avant, il ne savait quels arguments inventer pour faire de Ferchaux, aux yeux de Lina, un personnage hors série.

A présent, dix fois, vingt fois par jour, il le rabaissait d'un mot, d'un ricanement.

Et il rageait encore plus quand, seul avec lui-même, il lui arrivait de penser :

« Je lui en veux parce que je l'ai volé ! »

Ce matin-là, il était à cran. Il avait la sensation très nette que la journée ne s'achèverait pas sans un éclat. Il pouvait encore l'éviter, se retenir. Il n'avait qu'à sortir, gagner la gare pour aller y chercher les journaux, comme c'était sa mission chaque matin. Cela lui donnerait le temps de dissiper l'influence d'une mauvaise nuit après un repas trop lourd.

Même cela ! Même les repas ! Ferchaux, qui pourtant n'était pas gourmand, se servait invariablement le morceau le plus gros, le meilleur, celui vers lequel louchait Michel.

C'était ridicule ? Est-ce que tout le monde n'est pas ridicule ? N'était-ce pas ridicule, de la part d'un homme comme Ferchaux, de jouer à la belote du matin au soir et de se passionner à la partie comme si son sort eût dépendu d'une tierce ou d'un carré de valets ?

— Je te dis qu'il se sert de nous et que, dès que nous ne lui serons plus utiles, il nous laissera tomber.

— D'abord, il ne veut pas partir. Ensuite, il m'a affirmé que, si cela devenait indispensable, il nous emmènerait.

— Parbleu ! Il n'ignore pas que j'ai envie de voyager et que la perspective de m'embarquer sur un de ces bateaux... Tiens ! Regarde-le !... Il serre la main du capitaine... Ils sont d'accord... Je serais curieux de savoir quand ce bateau lève l'ancre... J'irai me renseigner tout à l'heure... Pour autant qu'il m'en laisse la possibilité !...

— Ne t'enfièvre pas comme cela...

— Cela te flatte donc tellement de voir un vieux bonhomme aux petits soins pour toi ?... Cela te manquait à ce point que quelqu'un te fasse la cour ?

Elle rit à son tour, largement, franchement, découvrant ses dents magnifiques.

— Tu es sot, mon petit Michel. Je t'aime bien ainsi, mais tu es parfois sot, avoue-le !

Pourquoi son regard se posa-t-il, l'espace d'une seconde, sur le nouveau complet de son mari ? Voilà ce qu'il aurait fallu éviter à tout prix. Il rougit. Il n'avait pas encore pu se déshabituer de rougir comme un enfant pris en faute. C'était si flagrant que Lina se moquait souvent de lui. Il lui tourna le dos.

Elle ne l'avait pas cru, l'avant-veille. Il avait prévu qu'elle ne le croirait pas, mais c'était toujours le même phénomène qui se produisait : il voyait le danger, savait que tel geste, tel mot, entraînerait des complications pénibles, mais il était incapable de se retenir.

Ce complet neuf qui était à la consigne de la gare... Il n'avait pu s'empêcher de le retirer, en allant chercher les journaux... Il l'avait monté dans sa chambre, pour cacher l'emballage... Puis il avait annoncé que ses parents lui avaient envoyé un costume... Il l'avait endossé peu après...

— Tu as reçu une lettre ?
— Pas encore... Elle va sûrement arriver... Dans ma dernière lettre, je leur disais que j'étais mal habillé...

Un tel envoi ressemblait si peu aux parents de Maudet ! Lina n'avait rien dit. Ce jour-là, elle avait souvent regardé son mari à la dérobée avec une certaine inquiétude. Le soir, la lumière éteinte, elle avait murmuré :

— Tu es sûr que ce sont tes parents ?
— Qui serait-ce ? Je ne l'ai pourtant pas volé à un étalage ?

Comme c'était mesquin, misérable ! Il aurait voulu être un homme extraordinaire et il retombait sans cesse dans des histoires de ce genre, se plongeait avec une sorte de masochisme dans des complications inextricables et sans grandeur.

— Tu es prêt ? Nous descendons ?

Pressentant que cette journée commençait sous de vilains auspices, elle vint à lui, douce et caressante, l'embrassa avec plus de tendresse que d'habitude.

— Écoute, mon petit Michel... Fais-moi le plaisir d'être sage... Tu as eu une chance inespérée, c'est toi-même qui me l'as dit... Tout le monde, à présent, s'acharne contre cet homme... Crois-moi quand je te répète qu'il a pour toi une affection que tu ne soupçonnes pas... C'est si vrai qu'au début j'en étais un peu jalouse... Quand il te regarde...

— Il me regarde avec ironie, oui, comme on regarde un gamin morveux !

— Non, Michel ! ce n'est pas cela du tout. On

dirait plutôt que tu lui rappelles quelqu'un de cher. Et veux-tu savoir le fond de ma pensée ? Ce que tu lui rappelles, c'est lui, c'est sa jeunesse, c'est l'adolescent qu'il a été. Quelquefois, il tressaille à un mot, à un geste de toi. Il paraît surpris, inquiet... *pourquoi ?*

— Et il me donne généreusement huit cents francs pour vivre !

— Il n'en avait sans doute pas autant à ton âge.

— Jolie raison ! Tu l'approuves donc d'être avare comme un pou et de nous laisser sans un sou en poche ?

— Chacun a ses défauts. Il faut bien qu'il ait une passion, lui aussi.

— Il a choisi la plus répugnante.

— Si tu continues, comme je te connais, un jour ou l'autre tu ne pourras plus te contenir et tu feras des bêtises. Sois gentil, Michel. Fais-le pour moi.

Il lui sourit avec amertume et la suivit dans la salle à manger où Ferchaux venait de s'asseoir tandis que madame Snoek apportait des œufs au lard et du café. Comme Lina lui avait parlé ! Lui aurait-elle parlé de la sorte quelques semaines plus tôt ?

Autrefois, elle approuvait tout ce qu'il faisait, croyait ce qu'il disait, le suivait aveugle et docile, parce que, à la base de ses sentiments, il y avait de l'admiration.

Maintenant, elle le jugeait. Sans doute aussi comparait-elle les deux hommes ?

Madame Snoek elle-même... Eh ! oui, Michel était ridicule de s'occuper de tout cela. Était-ce sa faute ? S'il était venu seul dans cette maison, ou avec Lina, madame Snoek, il en était sûr, l'aurait entouré de petits soins. Il savait si bien comment s'y prendre avec les gens ! Toujours, il en avait fait ce qu'il avait voulu.

Or, madame Snoek ne jurait que par le vieux monsieur si gentil, comme elle disait, et qui avait l'air si doux !

Ça, c'était le bouquet ! Le plus fort, c'est que Ferchaux en arrivait à donner cette impression de douceur ! Sa barbe qui poussait presque blanche cachait l'asymétrie des traits, la minceur des lèvres, la saillie anormale du menton. On ne s'apercevait même plus qu'il avait le nez de travers.

Tel quel, dans son complet de cheviotte marine, avec sa casquette toujours sur la tête, sa démarche lente et calculée — à cause de la nouvelle jambe —, il avait vraiment l'air d'un retraité qui mène au ralenti une existence sans histoire.

Il parlait peu. Comme ce qu'il mangeait lui était indifférent, il ne réclamait jamais. Et, s'il manifestait parfois une certaine nervosité, c'était quand quelqu'un laissait par mégarde une porte entrouverte, car il restait frileux.

Ne lui arrivait-il pas d'aller chercher un seau de charbon à la cave ? N'était-ce pas lui, la plupart du temps, qui rechargeait le poêle et en réglait le tirage ?

— On sent que monsieur votre beau-père a eu des malheurs. Je dis toujours, voyez-vous, que les gens qui ont eu des malheurs sont meilleurs que les autres. Cela se voit tout de suite, à leurs yeux.

Un vieux requin, oui ! un crocodile, plutôt, qui se

laisse flotter au fil de l'eau tel un bois mort, comme il le racontait si bien à Lina pour l'éblouir.

— Tu ne manges pas ?
— Je n'ai pas faim.

Debout, il se contenta d'avaler une tasse de café au lait, puis il questionna :

— Je vais à la gare ?

Pourquoi n'emmènerait-il pas Lina ? Il n'avait même plus le droit d'emmener sa femme pour aller faire une commission ! Elle était là comme en famille, comme si Ferchaux eût été réellement son père !

Dehors, il s'arrêta dans un estaminet pour boire un verre d'alcool, ce qui lui arrivait de plus en plus souvent, surtout le matin, car cela le mettait tout de suite d'aplomb. Seulement, dès qu'il avait bu un verre, il éprouvait le besoin d'en boire d'autres et il était obligé d'user de ruses pour quitter ses compagnons et aller se faire servir à la sauvette dans un débit quelconque.

Il lut les journaux le premier, dans un grand café en face de la gare, où il prit un second alcool. La veille, déjà, on eût dû avoir des échos du fameux dossier Mercator. Ferchaux était assez inquiet en ne voyant rien dans les journaux et il avait dû penser — il n'en avait rien dit — que ses ennemis étaient parvenus à étouffer l'affaire.

Aujourd'hui, la bombe éclatait.

« Dieudonné Ferchaux attaque. »
« Un ancien président du Conseil
et de hautes personnalités

compromises. »
« Où sont les documents ? »

Les journaux reproduisaient tous, avec des commentaires différents, les informations lancées la veille au soir par un petit journal des Boulevards. Il y était question d'un ancien président du Conseil, dix ou douze fois ministre, encore vice-président d'un des groupes de la Chambre, qui, quelques années plus tôt, aurait touché des sommes importantes d'un gouvernement étranger en échange de la latitude, donnée à des financiers de ce pays, d'étendre leurs affaires au Gabon.

On ne publiait encore que les initiales. On citait des chiffres. On annonçait que les talons de chèques et les documents étaient en lieu sûr.

Le même leitmotiv revenait dans la plupart des feuilles :

« *Est-ce un nouveau Panama qui commence ?* »

Puis les quelques lignes devenues traditionnelles :

« *Tous les efforts de la police pour retrouver Dieudonné Ferchaux restent vains. On a certaines raisons de supposer que le fuyard serait en Belgique. Aux dernières nouvelles, on nous annonce qu'une piste sérieuse serait sur le point d'aboutir.* »

Enfin, dans un journal seulement, un journal politique qui n'avait pas très bonne réputation :

« *Qu'attend-on pour arrêter Émile Ferchaux ?* »

Michel paya sa consommation, fourra les journaux dans la poche de son imperméable et se dirigea vers les quais. Il ne tarda pas à apercevoir Ferchaux et Lina qui s'en venaient à sa rencontre à petits pas et l'histoire que Ferchaux racontait devait être drôle, car sa compagne riait aux éclats. Or, dès qu'elle aperçut son mari, elle cessa brusquement de rire. Était-ce au souvenir de la scène du matin ? Craignait-elle de le mettre hors de lui ?

— On commence à publier le dossier Mercator, annonça-t-il sèchement.

D'habitude, Ferchaux montait dans sa chambre pour lire les journaux, afin de ne pas attirer l'attention ; ensuite il allait les jeter quelque part dans le bassin ou dans un égout.

Cette fois, alors que les nouvelles étaient plus importantes que jamais, il se contenta, tout en continuant la promenade commencée, de poser quelques questions. Les noms étaient-ils cités ? Que disait tel journal ? Était-il question de son frère ? *Le Temps* en parlait-il, et sous quel titre ?

Il écoutait les réponses sans un tressaillement, les mains dans les poches, passait le bout des dents sur sa barbe à laquelle il n'était pas encore accoutumé.

— Je pense que, demain ou après-demain, il faudra que vous retourniez à Bruxelles.

Il accompagnait cette phrase d'un regard aigu que Michel traduisit ainsi :

« Faut-il vraiment l'envoyer à Bruxelles ? Ne va-t-il pas en profiter pour me trahir ? »

Maudet riposta :

— J'irai si vous m'en donnez l'ordre, mais je n'y tiens pas particulièrement.

Une main tirailla son bras : Lina l'incitait au calme.

Comment Ferchaux n'aurait-il pas pensé à une trahison possible ? Michel n'avait qu'à se rendre à Bruxelles ou à Paris, voir les frères Bleustein ou Émile, ou même s'adresser carrément au clan ennemi ou à la police. Combien ne payerait-on pas la prise de Dieudonné Ferchaux qui lui donnait huit cents francs par mois et qui pouvait le laisser en plan d'un moment à l'autre ?

Cette idée serait-elle venue à Maudet si l'autre ne l'avait regardé soupçonneusement ? Pas seulement aujourd'hui : souvent. A commencer par le jour où il était revenu de Bruxelles et où Ferchaux paraissait persuadé que Maudet ne lui avouait pas tout.

Lina n'y comprenait rien, mettait cela sur le compte d'une affection inquiète, voire d'une jalousie d'homme qui a vécu sa vie à l'égard d'un autre qui la commence.

— On parle aussi de votre frère, dont un journal demande l'arrestation.

Pour toute réponse, Ferchaux cita le nom du journal, prouvant ainsi qu'il était au courant et que c'était sciemment, sans doute, qu'il avait « mis son frère dans le bain ».

Que pouvaient-ils faire tous les trois, à dix heures du matin, dans une ville qui poursuivait sa vie maritime sans s'occuper d'eux ? Sur les quais, ils étaient bousculés par des hommes qui déchargeaient ou chargeaient des navires, ils respiraient la poussière du charbon que les bennes électriques déversaient à torrent, se heurtaient à des cordages, à des ferrailles dures et glacées.

Ils auraient pu sortir de la ville, s'avancer le long de la plage, dans le vent et les embruns, mais Ferchaux marchait avec peine et était vite transi par le froid. Les rues, le marché, les femmes en cheveux, les gens du nettoyage de la voirie, tout cela composait le cadre livide de leur promenade matinale.

La police cherchait Ferchaux partout et il allait à petits pas de boiteux le long des trottoirs, frôlant des paniers de légumes ou des étals de bouchers en compagnie de Michel et de Lina qui n'osaient pas interrompre son silence.

Fatalement, on en arrivait au même point, au bec-de-cane du petit café du coin. L'odeur en était déjà familière, et la sciure de bois répandue sur le plancher encore humide, et le patron qui astiquait son percolateur.

Ils allaient s'asseoir à leur table, toujours la même, réclamaient le tapis rouge et les cartes, les jetons, l'eau minérale de Ferchaux, le café arrosé que Michel avait choisi pour boire de l'alcool sans faire tiquer sa femme.

Lina jouait mal. A La Guillerie et à Caen, Ferchaux se montrait joueur grincheux et tatillon, s'impatientant si son partenaire manifestait la moindre hésitation avant d'abattre une carte.

— Atout trèfle...
— Non...

Lina contemplait son jeu d'un air assez stupide, sans savoir si elle devait prendre ou non.

— Eh bien ! réponds... faisait Michel.

— Je ne sais pas ce que je dois faire... Est-ce que je prends ?... Est-ce que je ne prends pas ?...

Or, Ferchaux ne disait rien, ne marquait aucune nervosité !

— Fais ce que tu voudras, mais fais quelque chose.

— Si tu me bouscules, Michel, je jouerai tout de travers.

— Crois-tu que ce soit gai d'attendre ta décision ?

En commençant, elle regardait son jeu avec des moues d'enfant gâtée. Maintenant, ses doigts tremblaient un peu, on eût dit qu'elle allait pleurer, sa lèvre inférieure, charnue et rouge, se gonflait davantage.

— Tu joues ?

Pourquoi, oui, pourquoi, leva-t-elle les yeux vers Ferchaux comme pour l'appeler à l'aide ? Celui-ci prononça simplement :

— Prenez votre temps, Lina. Nous n'avons rien d'autre à faire de toute la journée.

— C'est cela, prends ton temps ! Tu joueras quand même de travers.

Avait-il le droit, oui ou non, de traiter sa femme comme bon lui semblait ?

— Écoute, Michel...

Elle laissait voir ses cartes. Elle allait les laisser tomber sur la table.

— Ne vous laissez pas impressionner par votre

mari. Je vois que vous avez le neuf de trèfle et le valet. Vous devez prendre...

Les mains de Maudet frémirent. Il fut sur le point de lancer son jeu sur le tapis et de s'en aller. La tentation était forte et ce fut miracle s'il y résista.

Il ne dit rien. Il joua. Mais il les regardait tour à tour. L'orage tournait en rond, sans se décider à éclater. Lina gagna la partie.

— Vous voyez! Il suffit de ne pas vous affoler et d'éviter de regarder votre mari.

Elle sourit, reconnaissante. Ils jouèrent à nouveau et la mauvaise humeur de Michel, qui perdait, s'épaississait, surtout quand il oublia d'annoncer un carré de dames et que Ferchaux le lui fit remarquer.

On eût dit que Ferchaux voyait dans le jeu de Lina.

— Coupez. Maintenant, si vous avez l'as de carreau, jouez-le. Si vous ne l'avez pas, jouez une carte maîtresse. Votre mari n'a plus d'atouts.

Cela durait peut-être depuis une heure. Une fille de la poissonnerie, en jupe noire luisante et plissée, était entrée pour boire un café. Elle restait debout au comptoir, grande, cambrée, l'œil clair, la bouche entrouverte, et elle les regardait.

Tout en jouant, Michel la regardait aussi. Il crut que c'était à lui qu'elle s'intéressait. Il se fit plus insistant, sourit d'une certaine manière, mais elle lui tourna carrément le dos et se mit à parler bas au patron.

Il en était arrivé au point où la légère contrariété suffit. Ferchaux, par-dessus la table, ne prenait-il pas une carte dans le jeu de Lina — qu'il ne voyait cependant pas — pour la lui faire jouer ?

Michel se leva, jeta son jeu sur la table, comme il brûlait de le faire depuis le commencement de la partie.

— Si c'est pour vous mettre à deux contre moi...

Il se dirigea vers le portemanteau, prit son chapeau, jeta son imperméable sur son bras et sortit.

Est-ce qu'il avait voulu épater la fille ? Il y avait de cela et du reste ; il y avait de tout dans ses sentiments, du dépit, de l'impatience, la conscience humiliante de sa petitesse, le désir de se grandir à ses propres yeux...

Dehors, il se trouva désemparé, car il ne savait où aller. Comme il ne voulait pas laisser voir son hésitation, il marcha à grands pas et arriva devant la maison basse de madame Snoek. Son instinct dut l'avertir qu'il serait périlleux d'aller plus loin, que le retour pourrait devenir plus difficile.

Il entra, grimpa dans sa chambre, ferma la porte à clef et se jeta sur le lit.

Une heure plus tard seulement, alors qu'il commençait à s'inquiéter, il reconnut un pas irrégulier dans l'escalier et on frappa doucement à la porte.

C'était Ferchaux lui-même qui était monté, cependant que Lina restait en bas.

X

Dès qu'elle les avait vus descendre, Lina qui, par contenance, s'était mise à table, avait compris qu'il y avait quelque chose de cassé. Ce n'était pourtant pas le drame. Les deux hommes, au contraire, se montraient satisfaits l'un de l'autre. Pendant le repas, ils échangeaient des politesses, des regards hésitants d'amants après la brouille.

Michel était le plus gêné en apparence, mais c'était à cause de sa peau trop fine qui se marquait de plaques rouges à la moindre émotion. Il avait beau faire, il restait comme un enfant qui vient de sangloter éperdument et qui a du mal à se remettre, qui retrouve encore, en reniflant, le goût salé de ses larmes.

Ferchaux, de son côté, avait le regard plus lourd que d'habitude, et quand il lui arriva de sourire, parce que Lina essayait de les égayer, son sourire était voilé de nostalgie.

Ils étaient là, tous les trois, dans la petite salle à manger basse de plafond qui s'était en peu de temps imbibée de leur intimité. Le portrait de feu Snoeck, avec ses médailles, ne leur était plus étranger, les bibelots posés dans un ordre rigoureux sur le marbre noir de la cheminée n'étaient plus ridicules mais touchants, la machine à coudre, dans le coin de la fenêtre, vivait d'une vie sourde et bienveillante.

Comme presque chaque jour, quelqu'un mangeait dans la cuisine. Les clients de madame Snoeck se ressemblaient tous plus ou moins. Tous, ou presque tous, avaient aux environs de la cinquantaine, étaient épais de nuque, colorés de teint. Lina aurait juré qu'ils avaient tous les mêmes yeux bleus un peu naïfs. Ils étaient gênés quand, en poussant la porte vitrée, ils apercevaient les locataires dans la salle à manger. Ils passaient vite, en frôlant le mur et en saluant timidement. Madame Snoeck leur mettait un couvert sur la table de la cuisine et les servait entre deux allées et venues à la salle à manger.

Quant au pilote, qui couchait dans une des chambres du premier, on ne l'avait jamais vu. Ses heures variaient, il partait tantôt le soir, tantôt en pleine nuit, emportant un bidon d'émail bleu et de la nourriture enveloppée dans une toile cirée, mais ses heures ne correspondaient jamais à celles auxquelles les locataires étaient en bas, de sorte que, si le bidon bleu leur était familier, ils ignoraient le visage de leur voisin.

Ils mangèrent plus lentement que de coutume, comme pour se prouver l'un à l'autre et à eux-mêmes qu'ils étaient à leur aise, qu'il ne s'était rien passé, que la vie continuait.

Or, ce qui éclatait aux yeux, malgré la sérénité apparente, c'était que cette vie-là, telle qu'elle s'était établie d'elle-même, avec son étrange intimité, ses menus rites et déjà ses traditions, était finie.

Au plus fort de la marée, le vent était tombé pour faire place à un brouillard couleur sale qui tombait de plus en plus pesamment sur le port. Chacun, à travers les petits carreaux de la fenêtre et de la porte, voyait s'estomper progressivement les lignes des cargos noirs, et une bitte d'amarrage, au premier plan, devenait plus luisante à mesure qu'elle se laquait de ces milliers de gouttelettes d'eau.

Madame Snoek avait compris qu'il se passait quelque chose, bien que les deux hommes ne fussent pas restés longtemps là-haut. Elle les observait en passant les plats. Elle avait l'air de vouloir leur dire :

« Cela n'a pas d'importance, allez ! Cela arrive dans toutes les familles. Ces petites brouilles-là, ça passe vite et on s'aime mieux après ! »

Comme elle n'osait pas parler ainsi, elle se contenta de soupirer en regardant le couple :

— Ah ! ce n'est pas une ville bien gaie pour des jeunes gens, n'est-ce pas ? Surtout à cette saison-ci. L'été, il y a la plage, qui donne de l'animation.

Quand ils eurent fini de manger, qu'ils furent restés un certain temps immobiles devant leur couvert, Ferchaux crut nécessaire de se tourner tour à tour vers Lina et vers Michel.

— Je vais me coucher, annonça-t-il. Je pense que je resterai couché tout l'après-midi. Vous devriez en profiter pour aller au cinéma.

Ainsi, il pensait au cinéma ! Il savait que les cinémas existaient, qu'ils jouaient le jeudi en matinée et qu'on était jeudi, alors que Michel, lui, aurait été incapable de dire quel était le jour de la semaine.

Le plus curieux, c'est qu'ils obéirent. L'idée ne leur vint pas d'employer autrement leurs heures de liberté, ces heures qui auraient dû s'écouler pour la plus grande partie autour du tapis de belote dans leur petit café habituel.

Est-ce qu'ils ne le regrettaient pas déjà, ce petit café où le temps coulait avec la douce monotonie d'un fleuve gris ? Ils passèrent devant, bras dessus, bras dessous. Les gouttelettes de brouillard s'accrochaient à leurs vêtements, aux cheveux sombres et soyeux de Lina. Celle-ci, suspendue au bras de Michel, se tenait collée à lui, comme quand ils étaient fiancés et que, la nuit tombée, ils déambulaient sans fin dans les rues de Valenciennes.

— Qu'est-ce qu'il t'a dit ? finit-elle par questionner non sans appréhension.

— Rien. Il ne m'en veut pas. Il sait que c'est sa faute.

— Je pense, Michel, qu'il t'aime beaucoup, plus que tu crois, plus peut-être qu'il le croit lui-même. On sent que cet homme-là n'a jamais aimé personne et que maintenant...

Raconterait-il à sa femme ce qui s'était passé dans la chambre ? Et comment le raconter ? Il ne s'était rien passé de précis.

Au moment de se précipiter vers la porte pour ouvrir le verrou, Michel était tendu, agressif. Il avait commencé par une grossièreté, puisque, s'il avait bien tourné la clef et retiré le verrou, il ne s'était pas donné la peine de tirer à lui le battant, laissant Ferchaux sur le palier devant l'huis entrebâillé.

Or, de le voir ainsi, humble, en somme, hésitant à entrer, cela lui avait donné un remords et sa voix n'était pas aussi hargneuse qu'il l'avait pensé tandis qu'il prononçait :

— Qu'est-ce que vous voulez ?

— Je suis venu vous avertir qu'il est l'heure de se mettre à table.

Puis, après un temps, après réflexion :

— J'ai préféré que ce ne soit pas votre femme qui monte.

Afin d'éviter une scène entre eux, évidemment. Ferchaux savait que, si Lina était montée, toute l'agressivité de Michel se serait tournée contre elle et que, si elle avait eu le malheur de se montrer le moins du monde maladroite, la scène serait allée jusqu'à son paroxysme.

Les choses se passaient d'une façon bien étrange. Ferchaux, qui était le patron, avait dû se sentir offensé par le geste de Michel jetant grossièrement ses cartes sur la table et partant sans explication. C'était si vrai qu'au moment où il entendait ses pas dans l'escalier, Maudet avait eu peur, une peur imprécise et humiliante qui l'avait fait bondir de son lit et qui lui avait donné son air rageur et agressif.

Or, contrairement à toute attente, c'était Ferchaux, le Ferchaux de l'Oubangui, le Ferchaux des trois nègres, celui dont les journaux parlaient et qui tenait tête à une meute politique et financière, c'était lui qui, devant la porte, faisait figure de timide et de solliciteur.

Comme incapable de prononcer les mots qu'il était venu dire, il allait se résigner à descendre, tournait déjà le dos, faisait enfin deux pas dans la chambre.

— Vous savez, Maudet... J'ai vu le capitaine de l'*Arno*... Je ne crois pas que je me résoudrai à partir... C'est une habitude, chez moi, de toujours prévoir le pire... Je lui ai dit que nous serions trois, éventuellement, à nous embarquer à son bord...

Michel faisait des petits yeux encore méfiants.

— Voilà... Je n'avais pas pensé à vous en parler... Je ne sais même pas si vous avez envie de me suivre...

Maudet, soudain, avait dû se tourner vers la fenêtre pour cacher son désarroi, il avait envie de pleurer, bêtement, de demander pardon.

— A moins que vous ne vouliez plus de nous..., avait-il balbutié en s'efforçant d'éviter les sanglots.

Pourquoi, après tout, s'embarrassait-il encore de respect humain ? Ils étaient deux hommes dans la chambre. Ferchaux avait refermé la porte. Une courtepointe crème était étendue sur le lit, tranchant sur le rouge satiné de l'édredon.

— Écoutez, monsieur Ferchaux... J'ai besoin de savoir ce que vous pensez de moi...

Ses yeux brillaient, les larmes tremblaient au bord des cils et cependant il le faisait exprès de montrer son visage bien en face. Son mouvement de sincérité était profond, puissant, instinctif, bien qu'il sût que tout à l'heure il en aurait honte.

— Je pense...

A ce moment, Ferchaux lui paraissait vraiment grand, vraiment supérieur à tous les hommes qu'il avait rencontrés ou qu'il avait imaginés.

La simplicité de son costume, ce cadre banal sur lequel il se détachait le grandissaient au lieu de l'amoindrir. Et ces belotes dont Michel s'était moqué n'étaient-elles pas émouvantes, cette dernière petite passion d'un homme qui avait tout connu, tout vécu, tout tenté, entrait en lui au moment précis où toutes les puissances ennemies se déchaînaient contre lui ?

C'était cet homme-là qui hésitait à répondre au gamin forcené qui le défiait quelques instants plus tôt ; il cherchait ses mots, par crainte de blesser, de peiner, de décourager.

— Je pense, Michel, que vous êtes parfois tenté de faire une bêtise.

Ce n'était pas un reproche, c'était une constatation timide. Maudet appréciait le choix des mots, si simples et si lourds.

— Vous m'avez cru capable de vous trahir ?

— Je n'ai pas dit que vous en seriez capable. Le genre de vie que nous menons ici exaspère votre sensibilité. J'ai peut-être eu tort.

— Tort de quoi ?

Il ne voulait pas préciser. Michel n'en comprenait pas moins. Il avait eu tort de laisser un jeune homme qui n'y était pas préparé pénétrer dans un monde aussi étrange que le sien ; il avait eu tort, en regardant son secrétaire avec une bienveillance qui ne serait pas comprise, d'encourager au lieu de refréner les ambitions d'un gamin. Parfois ce regard ressemblait à celui dont on flatte un jeune fauve en se félicitant de lui voir montrer des dents déjà redoutables.

« — Tu iras loin, mon petit ! »

C'était cela, justement, que Michel voulait savoir : est-ce que Ferchaux, qui devait s'y connaître en hommes, le condamnait comme il l'avait entendu condamner d'un mot, d'une phrase, d'une simple moue tant de ses collaborateurs et même son frère Émile ? Avait-il confiance en lui ? Croyait-il en son avenir ?

Ferchaux hésitait, il le sentait. Pas seulement depuis la scène du matin, pas seulement non plus depuis le retour de Bruxelles et cette vilaine histoire d'argent qu'il avait devinée.

Cela datait du jour où Lina était entrée, par la force des choses, dans leur intimité. Ferchaux avait vu Maudet autrement ; au lieu de s'intéresser uniquement au jeune homme avide et impatient, il avait considéré le couple. C'était si vrai qu'il murmurait :

— Vous avez une gentille femme et ce serait mal de lui faire de la peine.

Michel, subitement pourpre, redressait la tête d'un mouvement si vif, ses yeux exprimèrent un tel défi que toutes les paroles étaient superflues.

Pourtant il ricanait :

— Vous ne me croyez pas assez fort ?

Assez fort pour sacrifier Lina le jour où ce serait utile, certes si ! Mais il ne s'agissait pas que de cela.

Échapper à la vie banale du couple, c'était élémentaire, c'était facile, à la portée du premier venu.

Ce que Maudet voulait savoir, ce qu'il quêtait dans les yeux de son compagnon, c'était une réponse à une question vague et terrible qu'il n'avait pas formulée, que tous les deux comprenaient, qui aurait pu se résumer d'un mot :

— Jusqu'où ?

Michel voulait tout ou rien. Il voulait tout. Qu'est-ce que Ferchaux allait lui dire ? Pourquoi hésitait-il ? Pourquoi manifestait-il une certaine gêne ?

— Avouez que vous ne me croyez pas assez fort !

Il l'avait dit indirectement. Que signifiait autrement la phrase au sujet de Lina :

« — Vous avez une gentille femme et ce serait mal de lui faire de la peine ! »

On le renvoyait dans le rang ! Il était furieux. Comme un jeune coq, il se dressait sur ses ergots, l'œil étincelant de défi.

— Voyez-vous, Maudet, la question que vous me posez est une question à laquelle nul n'a le droit de répondre... Un léopard n'hésite pas à s'élancer au-dessus d'une palissade, parce qu'il sait que son bond sera assez puissant pour le porter de l'autre côté... Qu'un chacal tente le même saut et il restera accroché à la pointe des pieux... Je l'ai vu... Ce n'est pas beau...

— Je ne resterai pas accroché, je vous assure !

— Je le pense aussi... Je vous ai offert de me suivre... Ne venez que si vous êtes sûr de vous...

C'était encore à une question de force qu'il faisait

allusion, mais plutôt de force morale. La promesse qu'il demandait, c'était celle de ne pas céder au désir de le trahir.

— Je suis sûr de moi !

C'était vrai à l'instant même ; ce ne l'était pas la veille et ce ne le serait peut-être pas le lendemain.

— Il est temps que nous descendions. Votre femme doit être inquiète.

Une sonnerie grelottait devant un cinéma précédé d'un long couloir humide. Michel et Lina ne regardèrent pas les affiches, prirent deux places de loge et assistèrent à tout le spectacle, serrés l'un contre l'autre.

Michel se sentait mou et vide ; ses lèvres, dans une moue, dessinaient le plus souvent un sourire un peu triste qui était, sans qu'il s'en doutât, le sourire de Ferchaux.

Avant de rentrer, dans la nuit qui était tombée, ils allèrent jusqu'à la gare pour acheter les journaux de Paris qui venaient d'arriver et ils entrèrent dans un café pour y jeter un coup d'œil. Près d'eux, des commerçants de la ville jouaient au billard avec des airs importants.

Un sous-titre, en première page :

« *Le secrétaire de Dieudonné Ferchaux a disparu en même temps que son patron.* »

Michel en reçut une bouffée de joie, d'orgueil. Ainsi, à l'instant précis où il se promettait d'être fidèle à Ferchaux jusqu'au bout, les journaux forgeaient entre eux un nouveau lien.

Il montra le passage à Lina et tous deux restèrent penchés, leurs têtes se touchant, sur le journal étalé près des apéritifs.

« *En même temps que Dieudonné Ferchaux, a disparu un jeune homme qui était depuis quelques semaines seulement son secrétaire. On n'a malheureusement sur lui que des renseignements assez vagues. Il se faisait appeler Michel Maudet, mais c'est sous un autre nom qu'en compagnie d'une femme — peut-être de rencontre ? — il s'est inscrit une nuit dans un hôtel de Caen.*

« *Son signalement est le suivant : vingt ans environ, maigre, les cheveux blonds, vêtu le plus souvent d'une gabardine usagée.*

« *Lorsqu'il s'est installé à La Guillerie, puis à Caen, en compagnie de Ferchaux, il prétendait venir de Paris.* »

Lina s'effrayait, regardait autour d'elle avec angoisse, croyant déjà voir les regards des consommateurs braqués sur eux. Michel, au contraire, les défiait, fouetté par sa soudaine importance.

« UN INTERROGATOIRE DE DIX-SEPT HEURES »

« *De Caen (par téléphone).* — *Un commissaire de la brigade mobile a, sur mandat du juge d'instruction Bardoux, chargé de l'affaire Ferchaux, interrogé lon-*

guement un *personnage dont le rôle semble avoir été de premier plan.*

« *Il s'agit d'un certain François Morel, ancien avoué, personnage assez louche, dont Dieudonné Ferchaux avait fait son conseiller intime. Les deux hommes se rencontraient fréquemment, soit à La Guillerie, soit dans la maison de la rue des Chanoinesses.*

« *Invité à s'expliquer sur ses relations avec l'Homme de l'Oubangui, François Morel a refusé de répondre et un interrogatoire, qui a duré près de dix-sept heures et pendant lequel le bureau de l'homme d'affaires a été fouillé minutieusement, n'a donné aucun résultat.*

« *Maître Aubin, l'avocat parisien de Dieudonné Ferchaux, a été interrogé, lui aussi, en particulier au sujet des documents que la presse publie en ce moment et dont la Justice recherche activement les originaux.*

« *Il semble qu'une action de grande envergure soit entreprise pour atteindre le cœur même du scandale qui prend des proportions de plus en plus inquiétantes et qui met chaque jour en cause de nouveaux personnages consulaires.* »

En « Dernière Heure », un entrefilet sous un gros titre hâtivement composé :

« *On nous annonce, au moment de mettre sous presse, que l'arrestation d'Émile Ferchaux, qui était associé à son frère dans toutes ses affaires financières et coloniales, aurait été décidée.* »

Ils ne pouvaient parler dans le café. Dehors, Michel ne se montra guère plus loquace.

— Tu crois qu'on pourrait te mettre en prison? insistait Lina en s'accrochant à son bras.

— Mais non! Peu importe...

Une idée venait soudain à sa femme.

— Et mes parents!... Tes parents et les miens qui vont lire cela!... Mon Dieu, Michel!... Mon père...

Il haussa les épaules. Comme on atteignait le port, il plongea son regard dans l'obscurité du bassin, du côté où l'*Arno* se balançait sur ses ancres.

La salle à manger n'était pas éclairée, car, quand il n'y avait personne, on économisait la lumière. Dans la cuisine, deux marins buvaient des petits verres en regardant madame Snoek astiquer ses cuivres.

— Mon... mon père n'est pas ici? questionna Lina.

— Je me demande si ce brave monsieur n'a pas pris froid. Cet après-midi, je l'entendais aller et venir dans sa chambre. Je suis montée et je l'ai trouvé en pardessus, son chapeau sur la tête. Il était gelé, le pauvre homme, et il n'osait pas me demander du feu. Nous sommes montés ensemble au grenier où je savais bien que j'avais encore un petit poêle. J'ai voulu appeler quelqu'un pour l'installer dans sa chambre, mais il n'a jamais voulu. Il l'a placé lui-même. Il est allé chercher un seau de charbon dans la cave et je lui ai porté un grog bien chaud.

— Tu montes, Michel?

Michel monta, frappa timidement. La chambre,

avec Ferchaux assis devant le poêle, lui rappela La Guillerie.

— Vous êtes allés tous les deux au cinéma ? Le film était bien ?

— Oui... Je ne sais pas...

Il était gêné. Ils auraient dû être, à cette heure, à jouer à la belote dans leur petit café. Ferchaux était resté seul. Il avait eu froid. Il n'avait pas essayé de travailler, car il n'y avait aucun papier autour de lui. Il n'avait pas allumé la lampe mais, par contre, le petit poêle de fonte était rouge comme une braise.

— Je vous ai apporté les journaux. La police a interrogé M. Morel pendant des heures.

— Morel ne dira rien.

Michel envia Morel, de qui Ferchaux était si sûr, si simplement sûr.

— Il est tellement plus malin qu'eux ! Tournez le commutateur, voulez-vous ?

Il parcourut les feuilles. Quand il arriva au passage où il était question de Michel, il murmura :

— Votre femme doit être très ennuyée.

— Pourquoi ?

— A cause de ses parents.

Puis :

— Ils ne le disent pas, mais on a dû perquisitionner rue des Chanoinesses et à La Guillerie, mettre les maisons sens dessus dessous. Vous verrez que, demain ou après, on publiera des photographies de ces maisons, qu'on racontera des tas d'histoires...

Le lendemain, en effet, un reportage sensationnel

devait paraître dans le plus lu des journaux du matin :

« *La vie sordide d'un milliardaire.* »
« *Dieudonné Ferchaux est-il fou ?* »

Les photographies y étaient, entre autres celle, livide comme un portrait anthropométrique, de la chambre de La Guillerie, avec sa cheminée cassée, son poêle entouré de cendres, des papiers épars, un lit de camp tiré près du feu.

Ferchaux devint plus attentif, laissa tomber le journal après avoir lu, en « Dernière Heure », l'entrefilet relatif à son frère.

— Vous croyez qu'il aura le temps de s'enfuir ?
— Il n'essayera probablement pas.

Sa voix était plus feutrée, son œil rêveur.

— Je sais bien que c'est sa faute, mais...

Il resta longtemps sans parler.

— Émile a cru...

On eût dit qu'il ne voulait pas, ou n'osait pas exprimer toute sa pensée.

— Il y a sa femme, sa fille, toute une situation mondaine !

Un geste qui paraissait dresser autour de quelqu'un une muraille d'obstacles infranchissables. Puis un soupir.

— Il doit être l'heure de dîner, n'est-ce pas ?
— Vous descendez ? Madame Snoek vous croyait souffrant.

Il descendait. Il était le même que les autres jours.

Il mangeait avec appétit, se servant, comme d'habitude, sans tenir compte que ses compagnons devaient manger aussi, vidant parfois tout le plat sans s'en rendre compte.

— Vous ne m'avez pas dit que je devrais peut-être partir en voyage ?

— Nous verrons demain. Je ne sais pas encore.

Il remonta chez lui aussitôt après le repas et refusa d'être accompagné par les Maudet.

— Ne vous montrez pas trop, leur recommanda-t-il.

Il était préoccupé ; madame Snoek trouvait qu'il avait vieilli. Michel se doutait que Ferchaux pensait à son frère.

— Nous nous promenons ? proposa-t-il.

Le bruit monotone de la sirène de brume l'attirait dehors.

— Je voudrais bien coudre un peu. Il y a du travail à ma robe. Mais, si tu tiens à sortir...

Il aurait préféré sortir seul. Elle le suivrait, il savait pourquoi. A cause de la scène stupide du matin, elle s'imaginait qu'il était nerveux, qu'il boirait, commettrait peut-être des imprudences.

Cela l'irrita de se sentir surveillé de la sorte.

— Montons, dans ce cas.

— Tu es fâché ?

— Non. Tu as besoin de coudre, n'est-ce pas ?

— Tu sais bien que ma robe...

— C'est entendu. Monte toujours. Madame Snoek va nous préparer deux grogs et je les monterai.

Le temps de fumer une cigarette, de se sentir un peu seul, un peu libre. Il alla dans la cuisine, engagea la conversation avec les deux marins qui étaient tous les deux originaires de Brest.

A neuf heures, il montait les deux grogs, se couchait, commençait à lire les journaux, ne tardait pas à s'endormir tandis que Lina, qui avait tiré une chaise sous la lampe, continuait à coudre.

Le lendemain, quand ils se levèrent, Ferchaux n'était pas sorti. On l'entendait, dans sa chambre, qui allumait son feu, et un peu de fumée passait sous la porte. Le brouillard était plus épais que la veille, d'un vilain jaune qui faisait penser à une maladie du ciel. Ce n'était pas le brouillard qui avait retenu Ferchaux dans la maison, Michel le savait. Il avait envie de le dire à sa femme qui ne le croirait pas, se moquerait peut-être de lui.

Ferchaux avait eu peur, en sortant seul de bonne heure, d'éveiller la méfiance de Maudet.

C'était ridicule, mais c'était ainsi. Tout comme Michel, pour la même raison, se promettait de ne plus parler du voyage à Bruxelles qui avait été projeté. N'aurait-il pas l'air d'avoir envie d'être seul là-bas pour trahir à son aise ?

Ce fut une des matinées les plus mornes, qui faisait penser à un deuil récent, quand la maison vide sent encore les cierges et les chrysanthèmes. L'humidité pénétrait dans les pièces et la toile cirée, sur la table de la salle à manger, paraissait gluante.

Ils mangèrent des harengs, comme le premier jour, mais ceux-ci paraissaient déjà moins savoureux.

Ferchaux remonta chez lui pendant que Michel allait chercher à la gare les journaux du matin. Ce n'étaient pas encore les éditions de Paris. Ils ne contenaient guère que les nouvelles de la veille.

Michel entra dans leur petit café pour boire un calvados et aussi pour s'entendre demander par le patron :

— Vous ne venez plus faire votre partie ? Le vieux monsieur n'est pas malade, au moins ?

— Un peu fatigué.

Il aurait aimé que la fille en tablier noir fût là. Il ne savait pas pourquoi, mais il souhaitait la revoir. Elle ne vint pas et il rentra ; Lina resta chez elle, à laver du linge et à repasser, puis à repriser des chaussettes de son mari, tandis que Michel tenait compagnie à Ferchaux. Un moment vint où il ne put s'empêcher de grommeler entre ses dents :

— J'ai été complètement idiot hier matin.

— Mais non.

— Je me demande ce que vous devez penser de moi.

Alors Ferchaux articula, avec une lenteur qui donnait une certaine solennité à ses paroles :

— Je souhaite que vous arriviez à ce que vous voulez.

C'était banal. Cela n'avait guère de sens. Mais une petite phrase, aussitôt après, donna à chaque mot sa valeur.

— Parce qu'autrement, ce sera terrible.
— Pour moi ?
— Pour vous et pour les autres.

Ce fut une des rares fois où il plongea longuement son regard dans celui du jeune homme. Et, à ce moment, ils se comprenaient bien. Ce serait terrible parce que Michel, contrarié par les événements ou par les hommes, ne serait plus qu'une vilaine bête déchaînée, d'autant plus déchaînée qu'elle souffrirait davantage.

— Les journaux ne parlent pas de Jouette.

C'était Michel qui avait dit cela, parce que le silence devenait déjà pénible, qu'il y a des choses sur lesquelles il ne faut pas insister. Toujours la même pudeur.

— Pauvre Jouette ! Je la vois d'ici, avec son cabriolet noir, ses grands souliers d'homme et son parapluie, cherchant, comme un vieux chien, à retrouver ma trace. Dire qu'un soir, il y a de cela plus de cinquante ans, si l'allumeur de réverbères n'était pas passé juste à ce moment, nous aurions sans doute fait l'amour tous les deux !

Il rit, d'un rire dur.

— Si j'avais fait l'amour avec Jouette...

L'aurait-il abandonnée ? Sa vie en aurait-elle été changée ? Il ne le dit pas et, pendant près d'une heure, Michel y pensa tout en écoutant les allées et venues de Lina dans la chambre voisine.

— Si tout se passe comme prévu, il y aura aujourd'hui une nouvelle charrette : une dizaine de nouveaux noms que les journaux publieront. Ils sont publiés à cette heure. Dans des tas de maisons, de bureaux, des gens tremblent, s'agitent...

— Vous croyez que cela décidera le gouvernement à arrêter les poursuites ?

Non. Au fond, Ferchaux ne le croyait pas. Mais comment aurait-il fait comprendre à Maudet les mobiles secrets de sa conduite ?

Émile, lui, avait composé. Il faisait partie de la société. Il s'y était faufilé, humblement d'abord, prenant ensuite une place de plus en plus en vue, adoptant les habitudes et le langage du monde.

— Si j'avais accepté de me faire passer pour fou, cela aurait tout arrangé !

Ainsi, Ferchaux savait ce que Michel avait soupçonné en écoutant parler Arsène et en assistant à son manège ! Il ne se faisait donc pas plus d'illusion sur son frère que sur les autres !

— Quand on pense que c'est un petit administrateur orgueilleux, gonflé de l'idée de son honnêteté, qui a déclenché tout le drame ! Des hommes seront déshonorés, des familles ruinées et dispersées. Il y aura peut-être des morts.

— Mais pourquoi...

Michel avait failli demander :

— Pourquoi vous obstinez-vous à les abattre ?

Pourquoi ? Parce qu'il était Ferchaux. Parce qu'il avait fait tout ce qu'il avait fait. Parce qu'il n'était pas un Émile et qu'il était forcé d'aller jusqu'au bout.

Madame Snoek le croyait toujours souffrant et voulait à toute force lui faire prendre une tisane dont elle tenait la recette de sa grand-mère. Elle avait préparé un déjeuner léger, avec du flan pour dessert. Elle était aux petits soins, en devenait irritante.

Ferchaux voulut aller prendre l'air, mais le brouillard était si froid qu'il ne tarda pas à rentrer. Il n'y avait plus qu'à attendre l'arrivée des éditions de Paris. Michel, une fois de plus, fit le chemin qui le conduisait à la gare, s'approcha du kiosque à journaux. Lina était allée lui acheter deux chemises, car les siennes étaient effrangées aux poignets.

Au moment de choisir les quotidiens, il reçut un choc, fut un bon moment sans savoir au juste ce qu'il faisait, tendant un billet, reprenant sa monnaie, fendant la foule vers la sortie.

« *Émile Ferchaux s'est suicidé cette nuit dans son hôtel de l'avenue Hoche.* »

Il marchait vite. Il courait. Puis il ralentissait le pas, craignant d'attirer l'attention des passants, arrivait essoufflé, les genoux tremblants, dans la petite maison de madame Snoek. Celle-ci ne dut rien y comprendre en le voyant se précipiter dans l'escalier, grimper les marches quatre à quatre pour s'immobiliser ensuite, anxieux, le cœur battant, sur le palier.

Quand la porte fut enfin ouverte, il balbutia :

— Votre frère...

Ferchaux ne tressaillit pas, ne saisit pas les feuilles que son secrétaire lui tendait.

— Comment ? interrogea-t-il.

Michel ne comprit pas le sens de cette question.

— Il s'est...

Et l'autre, avec impatience.

— Je sais ! Mais comment ?

Ainsi, Ferchaux savait, dès la veille, que son frère se tuerait plutôt que de se laisser arrêter. Mais *comment* s'était-il donné la mort ?

Michel n'avait lu que le titre. Tandis que son patron restait assis devant le feu, il déploya un journal, parcourut quelques lignes des yeux.

— Il s'est empoisonné, dit-il enfin.

Et Ferchaux, simplement, en fixant la fonte rouge du poêle :

— Je me doutais qu'il ferait ça.

XI

Ce fut la nuit du mouillé. Tout était mouillé, les dos et les visages, les seuils et les façades, les flaques d'ombre et les rayons de lumière qui n'apparaissaient, comme des yeux en pleurs, qu'à travers une couche d'eau mouvante. La pluie était longue et lourde, glaciale; les gouttes en forme de poire tombaient en dures diagonales sans qu'on eût le temps de s'en garer et le monde en devenait si hostile qu'on touchait avec répulsion les objets les plus familiers.

Pourtant, ce fut leur nuit, à l'un comme à l'autre; les vents, en changeant d'un quart au nord ou à l'ouest dans le ciel spongieux, ne faisaient sans doute rien de définitif, n'ajoutaient rien au drame, sinon son odeur, son goût d'eau salée, avec un peu de l'amertume du charbon qui pesait toujours sur la ville et qui, rabattu par la pluie, s'infiltrait dans les bronches et laissait dans la gorge un arrière-goût d'aliment pas digéré.

Il était quatre heures quand Maudet arriva à la

gare pour prendre les journaux. Il faisait noir depuis longtemps. Il pénétra dans la lumière gluante et, détail dont il se souvint, il resta un moment à fixer la bascule aux bagages sur laquelle se trouvait une énorme malle entourée de cordes, comme pour un numéro de prestidigitation. Il se demandait :

— Est-ce le jour de la bibliothèque intérieure ou du quai ?

Car, pour moins attirer l'attention, il achetait les journaux tantôt sur le quai de la gare, tantôt à l'intérieur de celle-ci.

C'était le jour du quai. Il prit un ticket au distributeur automatique et franchit la porte vitrée. La pluie dévalait avec une telle force que, malgré la verrière, elle envahissait la moitié des trottoirs. Un train arrivait. Son gros œil se rapprochait dans l'obscurité.

Michel choisissait ses journaux, toujours les mêmes, machinalement. Dans son dos, la foule commençait à pendre en grappes aux portières, des gens couraient, le heurtaient de leurs valises. En se retournant avec mauvaise humeur, il vit une vieille femme qui ressemblait tellement au portrait qu'en avait fait Ferchaux qu'il ne réalisa pas le danger tout de suite et que son premier réflexe fut de sourire.

Elle portait, sur ses cheveux tirés, un cabriolet noir que maintenait un large ruban noué sous le menton. Sur ses épaules, une capeline en gros tricot de laine noire. On ne pouvait pas ne pas remarquer ses grands pieds, ses souliers d'homme dont le bout avait tendance à se dresser, ni le parapluie dont elle ne se servait pas pour se protéger de l'eau du ciel, mais comme d'une arme, pour écarter les gens.

Quelques secondes de plus, et la vieille Jouette se serait trouvée nez à nez avec Maudet. Celui-ci eut conscience du danger, abandonna ses journaux, faute de temps pour chercher la monnaie dans sa poche, et se précipita vers la sortie.

Sa première idée, irréfléchie, fut que Jouette savait où ils étaient, qu'elle avait leur adresse, qu'elle allait se diriger tout de suite vers les quais. C'est pourquoi il ne pensa pas à se cacher près de la gare et à la suivre.

Il arriva, essoufflé, dans la maison de madame Snoek où, depuis le matin, une mare d'eau se formait sans cesse sous le seuil, qu'on épongeait chaque fois qu'elle atteignait le pied de la table. Lina était en bas, à repasser une chemise, car la patronne lui avait proposé de faire son repassage dans la salle à manger. Elle vit son mari qui traversait la pièce en courant, montait au premier et entrait sans frapper chez Ferchaux.

— Jouette arrive !

Ferchaux était debout, tendant les mains au feu. La lampe électrique, trop faible, donnait à peu près la même lumière sale que sur le quai de la gare, ce qui rendait les visages lividés et malsains. Ferchaux fronça les sourcils. Il y avait, dans la phrase de son secrétaire, quelque chose qu'il ne comprenait pas. Il répéta :

— Arrive ? Comment ça ?
— Je l'ai vue qui descendait du train.

— C'est différent.

Évidemment ! Il s'en rendait compte à présent. Il insista pourtant, comme s'il ne voulait pas se rassurer trop vite :

— Elle vous cherche. Elle va battre toute la ville, interroger les gens. Au fait, comment a-t-elle su que vous êtes à Dunkerque ?

Et Ferchaux, rêveur, une étincelle de joie dans les yeux :

— C'est vrai ! Elle y a pensé, elle !

— A quoi ?

— Que je viendrais sans doute ici. Je n'avais pas de raisons d'aller à tel endroit plutôt qu'à tel autre. Nulle part, sauf dans un quartier miteux de Bordeaux, je ne suis chez moi. Pourquoi me suis-je installé à Caen ? Parce qu'en allant voir mon frère à Deauville, j'avais traversé la ville en voiture, puis que, au bord de la mer, j'avais aperçu une maison plantée dans la dune, seule et vide, avec l'air de m'attendre. Pour Dunkerque, c'est plus compliqué. J'y suis venu, jadis, Jouette le sait. C'est ici que j'ai débarqué à mon premier retour d'Afrique, quand je commençais à réussir et que nous avions besoin de capitaux. Elle a fini par s'en souvenir.

— Peut-être la police la suit-elle en pensant que Jouette finira par la mener jusqu'à vous ?

— Oui. C'est une vieille bête.

Ce moment-là, l'intonation de Ferchaux en prononçant les mots « vieille bête », Michel devait s'en souvenir toute sa vie. L'homme n'était pas en colère. Il était particulièrement calme. Il disait, sans la moindre tendresse : « *C'est une vieille bête.* » Il le pensait. C'était tout ce que lui inspirait la vieille fille qui devait déjà s'être mise en chasse à travers la ville, sous des trombes d'eau.

— Vous avez les journaux ?

— J'ai eu tellement peur d'être reconnu que je suis parti sans les prendre.

— On pourrait envoyer Lina les chercher. Jouette ne la connaît pas.

— J'irai moi-même.

Il releva le col de son imperméable, enfonça son chapeau détrempé sur sa tête.

— Où vas-tu ? questionna sa femme, comme il traversait à nouveau la salle à manger.

— Je reviens tout de suite.

Pourquoi sentait-il, ce soir-là, que les événements prenaient une tournure définitive ? Il gagna la gare, par la rue principale, acheta les journaux, les fourra dans sa poche, n'osa pas entrer dans un café pour les lire et, sur le chemin du retour, il revit Jouette qui marchait en heurtant de son parapluie ouvert le flot des parapluies qui déferlait sur le trottoir. Il observa les gens derrière elle, repéra un homme qui ne se protégeait pas contre l'eau du ciel et qui suivait la vieille femme en se maintenant toujours à la même distance.

Cinq minutes plus tard, Maudet était devant Ferchaux, et Lina repassait toujours, en bas, dans un cercle de lumière tiède.

— Vous aviez raison. Qui est-ce qui a pensé que la

police la suivrait ? Peu importe. Il y a un homme derrière elle.

Il jeta sur la table les journaux mous comme des serviettes mouillées, avec des titres qui se délayaient. Son regard, sans intention, se posa sur Ferchaux, et il fut surpris de l'attitude de celui-ci. Jamais il n'avait vraiment cru que Dieudonné Ferchaux pût avoir peur. Sans doute, la lumière y était-elle pour quelque chose, mais son visage était vraiment pâle, défait.

— Dites-moi, Michel...

Eh bien ? Il écoutait. Qu'est-ce que son patron attendait pour parler ? Pourquoi prenait-il une expression sentimentale qui ne lui allait pas ?

— Je voudrais vous poser une question.

— J'écoute.

Ferchaux, lui, n'avait pas quitté le bain chaud de cette chambre. Son état d'esprit ne pouvait être le même que celui de Michel, qui venait du dehors.

— Si je suis forcé de partir, d'aller beaucoup plus loin, est-ce que vous me suivrez ?

— Je vous l'ai dit.

— Pourquoi ?

— Je ne sais pas. Parce que le hasard a fait que nous soyons liés.

— Et si ce n'était pas votre intérêt ?

A croire, ce qui était impossible, qu'il avait déjà lu les journaux qui étaient là, en pile, sur la table !

— Écoutez-moi bien. Il peut parfois paraître que votre intérêt est ailleurs. Moi, je vous dis ceci : c'est en me suivant que vous ferez votre fortune.

Jamais encore Michel n'avait été aussi froid. La

veille encore, il eût donné gros pour entendre Ferchaux parler de la sorte, pour le voir devant lui presque suppliant, allant jusqu'à l'appâter avec des promesses.

Or, ce Ferchaux-là perdait brusquement tout son prestige. Il le savait lui-même. Il en était humilié et cette humiliation, il l'offrait en quelque sorte à Michel.

Il avait peur. Peur d'être seul ?

— Vous savez bien que je vous suivrai.

— Et votre femme ?

Michel haussa les épaules.

— Si votre femme ne voulait pas ? insistait l'autre.

— Tant pis pour elle !

Il y avait dans l'air une sorte de sentimentalité qui lui déplaisait et il ouvrit les journaux, s'exclama :

— Tiens !

En première page du premier quotidien qu'il déployait, il découvrait sa propre photographie. C'était un portrait qui datait de trois ans environ, alors que ses traits d'adolescent n'avaient pas encore leur netteté d'à présent. Le visage était plus rond, avec encore une sorte de velouté qui, bien qu'il eût dix-sept ans à l'époque, faisait penser à un premier communiant.

— Ce que je me demande, par exemple... La police a dû aller chez moi. Il n'y a que mes parents et une de mes tantes, qui habite la campagne, à posséder cette photographie...

Cela le fouettait : il devenait à son tour un personnage important.

« ... *La police se montre toujours aussi discrète, mais nous croyons savoir qu'elle est sur une piste très sérieuse et que, dans peu de temps, elle aura découvert la retraite de Dieudonné Ferchaux et de son secrétaire...* »

Était-ce cet entrefilet qui rendait Ferchaux nerveux ? N'était-ce pas plutôt une autre information ?

« LA FOULE ASSAILLE LES BUREAUX DE LA COCOLOU, BOULEVARD HAUSSMANN.

« <u>*Une manifestation qui a pris,*</u> *d'heure en heure, plus d'ampleur, et qui a obligé les autorités à faire intervenir la garde mobile, s'est déroulée hier après-midi en face des bureaux de la Cocolou, la compagnie coloniale que dirigeaient les frères Ferchaux. Ce ne furent d'abord que des groupes de petits épargnants, actionnaires de la société, qui venaient se heurter à la porte fermée et qui s'aggloméraient peu à peu sur le trottoir. Vers cinq heures, des pierres furent lancées dans les vitres et, dès ce moment, la manifestation prit une tournure si violente que...* »

— Qu'est-ce que vous comptez faire ?

Michel le regardait froidement. Il jugeait. Il attendait une décision de cet homme au sort duquel il avait lié le sien.

— Je ne sais pas. L'*Arno* a levé l'ancre ce matin.

Il y avait trois jours qu'Émile Ferchaux était mort et, pas une fois, son frère n'avait fait allusion à lui.

D'abord, Michel avait cru que c'était par orgueil que Dieudonné Ferchaux se refusait à quitter la France. Il y avait une certaine grandeur dans cette volonté de s'obstiner à tout prix dans la lutte, de se terrer dans cette bicoque de Dunkerque et de donner encore des coups de boutoir qui faisaient trembler ses ennemis.

Et voilà que Maudet découvrait un nouvel aspect de son patron. Ferchaux avait peur ! C'était par peur qu'il vivait ainsi, camouflé en retraité inoffensif et bonasse, dans la maison de madame Snoek. Peur de quoi ? Il n'en savait rien. Il le pressentait, mais c'était encore vague. Est-ce qu'on pouvait dire, en parlant de l'Homme de l'Oubangui : peur de l'aventure ? Cela paraissait ridicule, et pourtant il y avait de ça. Peur aussi, sans doute, de la solitude ?

Il se raccrochait à des choses absurdes en apparence, à des parties de belote, à un décor devenu familier, à un poêle qu'il passait son temps à recharger et à tisonner.

Il se raccrochait surtout à Michel.

Il n'avait jamais éprouvé le besoin d'être aimé. Il avait tout fait, au contraire, pour provoquer la haine, qu'il n'était pas loin de considérer comme un hommage rendu au maître par des esclaves.

Mais c'était une nouvelle sorte de haine qui commençait à naître, qu'on sentait grandir à travers les articles des journaux. Le ton de ceux-ci avait changé. Au début, ils ne montaient l'affaire Ferchaux en épingle que dans l'espoir de passionner le public et ils s'étendaient surtout sur ses à-côtés pittoresques.

A présent, le public était en colère. La manifestation du boulevard Haussmann en était une preuve. Le suicide d'Émile Ferchaux, au lieu de calmer l'opinion publique, l'avait excitée. Un des deux était mort : on voulait l'autre ! On houspillait la police. Les dénonciations pleuvaient. De partout, on signalait de pauvres types qui avaient le malheur de ressembler vaguement à Ferchaux ou dont le comportement étonnait leurs voisins.

Était-ce de cela qu'il avait peur ? A six heures du soir, pourtant, au moment où les deux hommes allaient descendre pour le dîner, car madame Snoek les faisait manger de bonne heure, rien ne laissait encore prévoir la nuit agitée qui allait suivre.

Michel, comme d'habitude, alla baisser le store de toile écrue avant de se mettre à table. Ferchaux tournait le dos à la porte vitrée. Ce serait un bien étrange hasard que la vieille Jouette entrât dans cet estaminet perdu au bout du quai et que rien ne distinguait des maisons voisines !

Quant au portrait de Michel que les journaux avaient publié, il était si peu ressemblant qu'il ne constituait pas un danger sérieux. On ne l'avait pas montré à Lina, afin de ne pas l'alarmer. Pourtant, celle-ci regardait tour à tour les deux hommes avec inquiétude.

On leur servit une omelette et, alors qu'ils achevaient de la manger, la porte s'ouvrit ; un marin, comme il en venait tant, court et trapu, le teint coloré, entra et secoua sa casquette avant de pénétrer dans la cuisine. Était-ce un nouveau ? Était-ce un habitué ? Entre les deux pièces, il y avait un œil-de-bœuf. Après quelques instants, Maudet eut l'impression qu'on les observait à travers la vitre. Ce qui accrut sa méfiance, ce fut qu'on parlait flamand dans la cuisine. Madame Snoek avait l'air de protester, de dire :

— Ce n'est pas possible !

L'autre, au contraire, insistait. Michel fut tout à fait mal à l'aise quand la femme revint pour leur servir le fromage, car il fut évident qu'elle les examinait l'un après l'autre avec des yeux nouveaux.

Ferchaux s'en était aperçu aussi. Il ne broncha pas quand l'homme, qui s'en allait, passa derrière son dos et le regarda dans la glace qui se trouvait sur la cheminée, en dessous du portrait aux médailles.

Normalement, pour se conformer aux habitudes, ils auraient dû monter tous les trois, leur repas terminé. L'œil sombre, Ferchaux dit à Michel :

— Nous sortons un moment ?

Madame Snoek jaillit de sa cuisine en leur voyant mettre leur pardessus.

— Vous n'allez pas sortir par ce temps-là ? Un jeune homme, passe encore ! Mais vous, qui n'êtes déjà pas bien portant...

Lina ne comprenait pas, hésitait à s'habiller. Ferchaux, au moment de tourner le bouton de la porte, se ravisait et montait dans sa chambre.

— Qu'est-ce qu'il y a ? questionnait Lina à voix basse.

— Rien. Tais-toi.

— Je vais avec vous ?

Ferchaux redescendait déjà, une serviette de cuir à

la main. Et Lina interrogeait toujours son mari des yeux, prête à endosser son manteau.

A ce moment-là, Michel était pleinement conscient de l'importance de leurs moindres faits et gestes. Il fut sur le point de dire :

— Viens !

Ferchaux l'attendait. Il se contenta de murmurer :

— A tout à l'heure !

Il eut envie de l'embrasser. Elle avait peur. Elle regrettait de n'être pas prête, mais il était trop tard, ils étaient dehors, la porte était refermée et madame Snoek se jetait littéralement sur elle, commençait un long discours sur l'imprudence des vieillards, sur cette manie qu'avait Ferchaux de sortir aux moments les plus imprévus, par exemple à cinq heures du matin, alors qu'elle n'était pas encore levée.

Elle dit :

— Certaines fois, il me ferait croire qu'il a quelque chose à cacher !

Les yeux de Lina s'ouvrirent. Elle sentit le danger, que les deux hommes, mieux avertis qu'elle, avaient fui.

— Je vais leur dire de rentrer.

— Vous ne les trouverez plus, dans le noir.

Elle n'en décrocha pas moins son manteau, le jeta sur ses épaules, négligea de mettre un chapeau. Elle plongea dans la nuit qui la reçut par des rafales d'eau froide. Elle fonça vers les becs de gaz qui clignotaient de loin en loin, courant chaque fois qu'elle apercevait deux silhouettes qui pouvaient ressembler à ceux qu'elle cherchait.

Ses souliers étaient déjà pleins d'eau, elle avait froid, la pluie dégoulinait le long de sa nuque, de son nez. Elle allait toujours, reniflant l'eau salée, se perdait dans des ruelles qu'elle ne connaissait pas, collait à tout hasard le visage à la vitre de leur petit café où ils jouaient jadis à la belote. Puis elle revenait devant chez madame Snoek où, sans entrer, elle s'assurait qu'il n'y avait personne dans la salle à manger. Se souvenant de l'*Arno,* elle traversait les quais, atteignait l'endroit où le cargo était amarré la veille, mais il n'y avait plus qu'une grande place vide où ne se balançait qu'un minuscule canot. Elle appelait à mi-voix :

— Michel !

C'était impossible qu'il soit parti sans elle. Il y avait un malentendu. Ils allaient rentrer. Sans doute avaient-ils tous les deux quelque chose à faire dehors ?

Elle voyait de loin deux phares qui s'arrêtaient en face de la maison de madame Snoek. Une auto restait au bord du trottoir, cependant que trois hommes pénétraient rapidement dans la maison.

Que devait-elle faire ? Était-ce la police ? Comment prévenir Ferchaux et Michel ?

Elle courait, s'arrêtait, repartait.

— Michel !

Elle le suppliait, le grondait.

Il ne l'avait même pas embrassée ! Il avait hésité ! S'il avait hésité, c'était donc que...

— Non ! Ce n'est pas vrai, ce n'est pas possible.

Elle se jeta contre quelqu'un, contre un homme

très grand qui la souleva presque de terre pour la poser sur le trottoir en dehors de son chemin puis qui, ayant repris sa route, se retourna deux ou trois fois.

Un clocher sonnait les heures, elle ne savait pas lesquelles. Était-ce dans la ville qu'elle devait chercher, ou du côté des bateaux ? Elle allait tantôt dans un sens, tantôt dans l'autre, se reprochant le désordre de ses recherches.

Et si tout cela n'existait que dans son imagination ? Pourquoi une auto ne s'arrêterait-elle pas devant chez madame Snoek, amenant peut-être des marins en bordée ? Qui sait ? Ce n'était peut-être qu'un simple taxi ? Elle s'en approcha en décrivant un large demi-cercle. Au même moment l'auto démarrait, mais les trois hommes étaient restés à l'intérieur. Il lui sembla que le chauffeur se penchait pour la regarder passer.

Elle avait une peur atroce de faire une bêtise. Il lui semblait qu'elle était responsable du sort des deux hommes, que c'était de la décision qu'elle prendrait que leur sort dépendait. Si elle entrait dans la maison, on ne la laisserait peut-être pas sortir, et alors, comment les avertir ?

En passant vite, elle jeta un coup d'œil dans la salle à manger, par la porte vitrée. Tout était en place. Madame Snoek, comme d'habitude, débarrassait la table et passait un torchon à carreaux rouges sur la toile cirée.

Où étaient les trois hommes ? Elle était sûre qu'ils

n'étaient pas sortis. Buvaient-ils tout simplement un petit verre dans la cuisine, comme tous les habitués ?

Une voix fit, près d'elle :

— Rentrez !

Elle tressaillit. Elle n'avait vu personne. Un homme sortait de l'ombre ; on lui prenait le bras, doucement, on la poussait vers la porte. Elle descendait une marche. Un visage paraissait à l'œil-de-bœuf.

— Dans la cuisine !

Et l'homme de dire aux trois autres, qui ne ressemblaient pas aux clients ordinaires de madame Snoek :

— En voilà toujours une !

Il la laissa avec ses compagnons et repartit, alla sans doute se tapir à nouveau dans l'ombre, pour guetter Ferchaux et Michel.

— Entrez ! Asseyez-vous. N'ayez pas peur...

Le plus important des trois tirait de sa poche un portefeuille qui contenait une photographie de Lina.

— Asseyez-vous, madame Maudet.

— Vous croyez qu'il nous a reconnus ?
— J'en suis à peu près certain.
— C'est pour cela que vous avez emporté votre argent ?

Car la serviette ne pouvait rien contenir d'autre que les cinq millions et les diamants que Ferchaux avait apportés de Caen. Cela signifiait donc qu'on ne retournait pas chez madame Snoek, qu'on n'irait pas chercher Lina.

Michel était sombre, mais il acceptait cette idée. Il

l'avait acceptée d'avance. Il avait eu le choix. A certain moment, tandis qu'ils étaient tous les trois devant la porte, il lui suffisait de prononcer :

— Viens !

Ferchaux n'aurait pas protesté. Il avait même paru étonné qu'on laissât Lina dans la maison.

— Il faut que nous trouvions un bateau, le plus vite possible. Il y a un navire espagnol que j'ai observé cet après-midi de ma fenêtre et qui paraissait prêt à lever l'ancre. Vous êtes bien décidé, Michel ?

— Oui.

— Je savais que vous ne me trahiriez pas. Tout à l'heure, vous auriez pu le faire. Vous pouvez le faire encore. Tenez, je vous confie la mallette avec notre fortune.

Ils marchaient vite tous les deux. Quel besoin avait Ferchaux de parler, et surtout de parler avec cette exaltation qui lui était si peu habituelle ?

— Votre intérêt apparent était de vous mettre de l'autre côté. Je suis pourchassé. Je peux me faire prendre. Vous n'avez aucune garantie qu'un jour je ne me séparerai pas de vous sans rien vous donner. Pourtant, vous me suivez. Je savais que vous me suivriez. Voyez-vous, Michel, vous avez eu la chance unique de rencontrer un homme comme moi. Vous ne dites rien ?

— Vous avez raison.

Et Ferchaux rit :

— Allons ! Ne soyez pas de mauvaise humeur. Votre orgueil se cabre parce que je vous dis...

— Ce n'est pas ce bateau-ci ?

Michel désignait l'arrière d'un cargo à cheminée ceinturée de blanc et de rouge. Il questionnait, avec une netteté qui mettait fin aux couplets exaltés de Ferchaux :

— Vous montez à bord ? Nous montons tous les deux ?

Pourquoi ne pas monter ensemble ? Certes, à deux, maintenant que le portrait de Michel avait paru dans les journaux, ils étaient plus reconnaissables. Mais, au point où ils en étaient, le risque n'était guère plus grand.

Ce ne fut pas par prudence que Ferchaux monta seul à bord, ce fut pour laisser Michel seul avec la serviette qui contenait une fortune et avec la tentation de fuir de son côté.

Maudet le sentit et haussa les épaules. Il vit son patron se glisser le long de la passerelle étroite où il n'y avait qu'une corde détrempée pour se tenir. Il l'entendit appeler, à sept ou huit mètres de lui :

— Quelqu'un !

Puis son pas irrégulier qui résonnait sur le pont de fer, ses appels encore, des portes métalliques qu'il ouvrait et refermait, à la recherche d'un matelot introuvable.

Maudet ne bougea pas. Immobile, il recevait la pluie sur ses épaules, sur son front, et on eût dit que cette pluie le durcissait.

Si on lui avait demandé pourquoi il avait sacrifié Lina, il aurait été en peine de répondre, et pourtant il l'avait sacrifiée sciemment, il en avait souffert, il en souffrait encore. Sans cette souffrance, cela aurait été inutile.

Il fallait une cassure nette, douloureuse.

Maintenant, il était seul. Il avait une fortune à la main, mais il ne bougeait pas, il n'était pas tenté de s'en aller comme cela lui était si facile de le faire. La frontière belge était à quelques kilomètres qu'il pouvait franchir à pied. A Bruxelles, il retrouverait l'atmosphère vibrante du « Merry Grill », la fille aux seins un peu mous à qui il pourrait orgueilleusement remplir les mains de billets.

D'où il était, il ne pouvait voir la lumière de chez madame Snoek. L'eût-il pu, il ne se serait sans doute pas retourné. C'était déjà si loin !

Le temps passait. Deux hommes, maintenant, avaient surgi sur le pont, mais ils se confondaient avec les cabestans, les mâts, les canots de sauvetage suspendus à leurs palans. D'autres hommes travaillaient à l'avant du navire où ils déclenchaient de durs vacarmes métalliques.

Une voix, là-haut.

— Michel !

Il s'avança.

— Je vous présente le capitaine Marco. Il accepte de nous déposer à Ténériffe.

Le capitaine ne parlait que l'espagnol. Il les conduisit dans un carré où tout était de fer, les cloisons et les portes, où tout était gris et dur.

— Nous occuperons la cabine de son second, qui lui-même couchera dans ce carré. Comme il est de quart une partie de la nuit, cela ne le dérangera pas trop.

— Quand part-on ?
— Avec la marée, vers deux heures du matin.
— Qu'est-ce que vous lui avez dit ?

Ils pouvaient se rendre compte, par le visage impassible du capitaine, que celui-ci ne comprenait pas le français, et ils en profitaient.

— Cela lui est égal, du moment qu'il touche la forte somme.

L'autre était allé chercher une bouteille de vin épais. Il tirait d'un placard des verres sans pied, aussi larges du bas que du haut.

— Santé ! faisait-il en levant son verre.

Il régnait une odeur étrange, à la fois fade et épicée. Des bruits divers commençaient à animer le navire et bientôt l'Espagnol s'excusa auprès de Ferchaux, ouvrit la porte d'une cabine, et, quand les deux hommes y furent entrés, endossa un ciré et monta sur le pont.

Il y avait un complet de marin sur la couchette, des photos de femmes sur les cloisons, un rasoir sale et un blaireau encore savonneux devant un morceau de miroir piqué par les mouches et la rouille.

Ferchaux, debout près du hublot qui lui faisait une noire auréole dans laquelle les gouttes de pluie semaient des diamants, regardait intensément le jeune homme qu'il enfermait avec lui entre ces cloisons de fer. Puis son regard glissa vers la mallette que Maudet tenait toujours à la main.

Une lueur de triomphe passa dans ses yeux, qui

s'éteignit devant le sourire qui flottait sur les lèvres minces de Michel, un sourire que personne ne lui avait jamais vu.

Ce n'était plus le gamin crispé et violent des semaines précédentes. Un autre être naissait, fait d'une matière plus dure et plus froide. Le regard de Michel fuyait, glissait sur les objets, s'arrêtait sur un portrait de femme nue accroché juste à la tête de la couchette et sa lèvre supérieure se retroussait davantage, semblait promettre à quelqu'un la satisfaction de tous ses appétits.

— On nous installera une seconde couchette dès que nous serons en mer. Dans trois heures d'ici, tout danger aura disparu. Vous pourrez monter sur le pont, mais oui ! Et, accoudé à la rambarde mouillée, balancé par des houles de plus en plus fortes, regarder, à travers le rideau de pluie, les lumières clignotantes de la ville, les feux verts et rouges du port, le grand geste blême et inutile des phares de la côte...

DEUXIÈME PARTIE

LE VIEILLARD DE PANAMA

I

Cela avait commencé vers trois heures, assez curieusement, car un regard avait suffi. L'appartement, au deuxième étage au-dessus de chez Vuolto, la crémerie où certains prétendaient qu'on faisait la meilleure glace de Colon, formait angle, donnant à la fois sur une rue et sur le boulevard. La maison était neuve, brique et ciment. Ferchaux avait loué trois pièces où l'on ne mettait pour ainsi dire pas les pieds, car on vivait toute la journée et on dormait dans la véranda qui les entourait.

C'était l'heure où le soleil frappait en plein celle-ci côté boulevard. Les persiennes étaient baissées entre les montants de fer, mettant partout de fines raies d'ombre et de lumière, de sorte que les murs, d'un blanc de craie, paraissaient moins nus.

Ferchaux était étendu, la bouche entrouverte, les yeux clos, sur la toile tendue d'un transatlantique, et son pyjama entrouvert laissait voir une poitrine squelettique couverte de longs poils gris.

Michel Maudet tapotait sans conviction sur une

machine à écrire portative dont la lettre *e* se calait à chaque instant, rompant la cadence à intervalles presque réguliers, ce qui faisait penser au pas d'un boiteux, de Ferchaux par exemple.

Un étranger aurait pu croire que celui-ci dormait. Les mouches s'y trompaient, qui venaient de temps en temps se poser sur son visage. Michel, lui, le connaissait trop bien, depuis trois ans qu'ils vivaient ensemble du matin au soir et du soir au matin, jusqu'à la nausée.

Déjà on avait entendu la sirène d'un navire, très loin dans la baie. En vérité, le son était faible, se confondait avec la rumeur de la ville et surtout avec les bruits métalliques du port ; et tout le monde ne guettait pas cette sirène comme Maudet.

Ce qui n'avait pu échapper à Ferchaux, c'était le vacarme déclenché par la Ford de Dick Weller chaque fois qu'on la mettait en marche. Elle était garée dans la cour de la maison voisine, mais les murs étaient si sonores qu'on aurait pu croire qu'elle trépidait juste sous le plancher.

Ferchaux n'était pas plus bête que Michel. Il y avait assez longtemps qu'ils vivaient à l'entrée du canal de Panama pour traduire inconsciemment les bruits de cette sorte : un navire arrivait, qui avait déjà demandé le pilote, qui serait bientôt à quai puisque Dick Weller mettait déjà sa camionnette en marche pour se rendre sur le *pier*.

Dans quelques minutes, le grand bateau noir et blanc glisserait sans bruit sur l'eau soyeuse du bassin, avec toutes les têtes des passagers rangées comme un jeu de massacre au-dessus de la rambarde. Maudet s'y précipitait en pensée, devançant Dick Weller, bousculant policemen et douaniers, aspirant la poussière rougeâtre des quais, l'odeur des épices et du mazout, voyant tout, jouissant de tout, des grappes de nègres et d'Indiens lancés à l'assaut des cales, des marchands de souvenirs et des guides prenant possession du pont des premières, du passager grave, en casque colonial, s'essayant à photographier les pélicans, des jeunes demoiselles en blanc se suivant comme un pensionnat le long de l'échelle de coupée...

Déjà une trappe s'ouvrait dans le flanc du navire et Dick Weller, jovial et puissant, sautait à bord, mains tendues, plongeait dans les cuisines.

Normalement, la sieste de Ferchaux aurait dû être terminée depuis un bon quart d'heure. Ce n'était pas une sieste à proprement parler. Le vieillard prétendait qu'il ne dormait jamais. Il s'étendait sur son transat, les mains croisées sur le ventre, gardait les yeux ouverts ou les fermait. De temps en temps, il soulevait le buste pour cracher, pour grogner, pour avaler un des médicaments dont les tubes et les boîtes étaient posés sur une chaise à côté de lui.

Il savait que Michel attendait, qu'il tapait pour passer le temps, qu'il aurait tout le loisir, à un autre moment, de mettre au net, — pour la quantième fois ? — les premières pages du manuscrit.

Pourquoi ne bougeait-il pas et faisait-il semblant de dormir ? Simplement parce qu'il savait que le bateau attendu était un *Santa,* de la Grace Line. Il savait que c'était le *Santa Clara,* allant de New York au Chili, et que le commissaire du bord de ce navire était un jeune homme presque de l'âge de Michel, que tous deux avaient fait connaissance lors de précédentes escales et étaient devenus amis.

Cela suffisait. Combien de temps Ferchaux dictait-il d'habitude l'après-midi ? Deux heures environ. Si on peut appeler ça dicter : il se levait, s'asseyait, se campait le dos au mur, parlait tout seul, par bribes de phrases, venait se pencher sur la machine et relire les premières lignes. Était-il assez naïf, lui qui se croyait si malin, pour croire que l'immense travail qu'il avait entrepris servirait à quelque chose, qu'il y aurait un jour quelqu'un pour éditer son livre et des hommes pour le lire ?

Jour après jour, depuis un an, il écrivait ses Mémoires, s'acharnant à y faire tout entrer, depuis les incidents de sa jeunesse jusqu'aux moindres pensées philosophiques qui avaient pu lui venir dans la brousse, depuis les observations peut-être intéressantes sur la vie des animaux de la forêt ou sur les mœurs indigènes jusqu'aux détails de ses démêlés avec son ennemi Arondel.

Jamais il ne pensait en avoir assez dit. Un passage à peine terminé, il s'apercevait avec humeur qu'il avait omis les choses essentielles, se torturait littéralement pour arriver à tout ramasser, et c'était depuis qu'il avait entrepris cette tâche qu'il avait si peur de mourir.

Puisqu'il était plus de trois heures, pourquoi ne commençait-il pas à dicter ? Cette fois, il ne pouvait manquer d'entendre Dick Weller entrer dans la cour et ses commis s'affairer autour de la camionnette pour y charger les vivres frais destinés au navire : viande, lait, fromages, fruits, légumes et poissons. Normalement, le *Santa Clara* ne resterait pas plus de trois heures dans le port avant de pénétrer dans les écluses.

La vérité, c'est que Ferchaux le faisait exprès. Et soudain Maudet put en trouver la preuve dans ses yeux, car, à un moment où il ne se croyait pas observé, le vieux avait entrouvert les paupières, laissant filtrer un regard d'un gris froid, un regard à la fois dur et triomphant.

Le bonhomme jubilait ! Il était là, laid et sale, étendu dans les rais de lumière, maigre et malade, avec des tas de médicaments à sa portée, et sa seule préoccupation, peut-être depuis qu'il était couché et qu'il faisait semblant de dormir, était d'empêcher Michel de rencontrer son ami Bill Ligget.

Ce n'était pas une imagination de Maudet : c'était la vérité pure et simple, la vérité sordide.

Ferchaux en était arrivé à souffrir dès que son compagnon prenait un plaisir quelconque et il était capable de se mettre l'esprit à la torture pendant des heures pour empêcher sournoisement une sortie de Maudet.

L'espace d'une seconde, les regards des deux hommes se croisèrent. Celui de Michel était lourd de rancune et de mépris. Les paupières du vieux se rabattirent comme l'obturateur d'un appareil photographique, mais il ne bougea pas, il tint bon, s'obstina dans son sale petit stratagème.

Il était laid. Jamais il n'avait été aussi laid. A un certain moment de sa vie, au temps de Lina, lorsqu'il laissait pousser sa barbe, il était presque beau.

A présent, il se négligeait davantage encore que dans la maison des dunes. Il lui arrivait de passer des journée entières dans son pyjama douteux auquel il manquait toujours des boutons, et, si on avait demandé à Michel ce qu'il trouvait de plus laid au monde, il aurait répondu que c'était une poitrine de vieillard, maigre et livide, couverte de poils blancs.

Maigre, Ferchaux l'était devenu à un point excessif et sa mâchoire faisait saillie, sa jambe, quand il était debout, ne paraissait pas plus grosse dans le pantalon de toile que le pilon qu'il avait à nouveau adopté.

Ils auraient pu vivre à l'autre bout du canal, à Panama, où la vie était presque celle d'une capitale européenne et où, dans le quartier des légations, on trouvait à louer de confortables villas.

A Colon même, il existait un certain nombre d'immeubles modernes.

Ferchaux avait choisi l'extrême limite entre le quartier des blancs et le quartier nègre : tout à l'heure, quand le soleil aurait encore un peu obliqué et qu'on lèverait les persiennes, on aurait sous les yeux, de l'autre côté du boulevard, les maisons en bois grouillantes de populace de couleur.

Le faisait-il exprès ? Ils aurait pu avoir une domestique à peu près blanche, qui aurait tenu leur ménage et leur aurait fait la cuisine. Ils n'avaient qu'un nègre,

Élie, qui ne couchait même pas dans la maison et qu'on ne trouvait jamais quand on avait besoin de lui.

Il est vrai que Ferchaux ne mangeait plus. Il s'était mis en tête — car il refusait de consulter les médecins — qu'il avait un cancer à l'estomac et il se nourrissait exclusivement de lait, dont on trouvait des bouteilles un peu partout dans l'appartement.

Du moins cette manie permettait-elle à Michel de sortir deux fois par jour pour aller prendre ses repas dans un restaurant proche.

L'idée vint à Maudet de tenter une expérience. Il cessa de taper à la machine, rangea ses feuilles dans les cartons, se leva avec l'air décidé de quelqu'un qui sait où il va et se dirigea vers sa chambre.

Aussitôt, comme un automate, Ferchaux jaillit de son fauteuil-hamac.

— Où allez-vous ?

Il l'épiait donc !

— Nulle part. J'attends que vous me dictiez la suite.

— Quelle heure est-il ?

— Vous le savez bien : trois heures et demie.

— Il me semble que j'ai dormi.

— Non.

Cela leur arrivait à tout bout de champ de se regarder ainsi en ennemis, de se parler avec l'air de mordre, de se croire l'un et l'autre à deux doigts de la scène définitive. Puis, par habitude, Michel se mettait à son travail, Ferchaux se radoucissait, l'entourait timidement de prévenances et même de tendresses, n'hésitait pas à s'humilier devant son compagnon.

— Je crois qu'il est grand temps que je travaille, Michel.

— Pourquoi ?

Il savait ce que le vieux allait lui dire. C'était encore un truc : le coup de la pitié.

— Parce que je n'en ai plus pour longtemps. C'est le cœur, maintenant, qui flanche. Il y a des moments où il s'emballe, où cela fait soudain dans ma poitrine comme un réveil qui se déclenche au milieu de la nuit et qui vous fait sursauter dans votre lit.

Le crayon à la main, Maudet le contemplait avec une froideur totale. Non, il n'avait pas pitié. Au contraire, il était un peu dégoûté. Pendant des années et des années, Ferchaux avait vécu seul dans la brousse sans craindre la mort. Or, il lui venait maintenant des manies et des frousses de vieillard sénile. Était-il tout à fait sincère ? N'y avait-il pas, chez lui, le désir d'apitoyer Michel pour le retenir près de lui ?

— Vous dictez ?

— Où en étions-nous ?

— Au palétuvier...

— Hein ?

— Je dis : au palétuvier. Vous êtes amarré avec votre canot à un palétuvier et vous commencez des réflexions sur...

— J'aimerais que vous me parliez sur un autre ton, Michel.

— Je parle comme je peux.

— Vous ne croyez pas qu'il y a parfois dans votre attitude quelque chose d'assez vilain ? Vous usez et vous abusez de l'affection que j'ai pour vous.

— Affection qui consisterait, si vous le pouviez, à m'attacher au bout d'une chaîne dans un coin de la véranda.

— Pourquoi parlez-vous ainsi ?

— Parce que c'est la vérité et que vous le savez.

Ils connaissaient l'un comme l'autre, en effet, la véritable cause de cette scène. Et c'était si peu de chose ! Michel, d'un côté, brûlait d'envie de se précipiter vers le *Santa Clara*. La présence de son camarade Bill Ligget n'était au fond qu'une excuse. Tous les bateaux qui escalaient à Cristobal l'attiraient pareillement. Et, alors même que les bateaux n'eussent pas existé, autre chose l'eût attiré dehors, n'importe quoi, la vie qui coule dans n'importe quelle rue de n'importe quelle ville du monde.

Il lui aurait suffi d'être patient et de ronger son frein ; probablement Ferchaux se serait-il assez vite lassé de dicter et Michel aurait été dehors bien avant le départ du *Santa Clara*.

Tout cela, il le savait, mais il était incapable de résister à son humeur.

Le vieux, lui aussi, savait qu'il avait tort. Il avait honte de lui par surcroît, et pourtant, pendant deux heures, il dicta péniblement des pages qu'il faudrait déchirer le lendemain.

Il ne s'arrêta que parce qu'il était réellement épuisé ; et encore, dans le vain espoir de retenir

Michel, joua-t-il la comédie, portant la main à sa poitrine, avalant des pilules, balbutiant :

— Je suis livide, n'est-ce pas ?

— Vous êtes comme d'habitude.

— Prenez mon pouls, Michel.

— Eh bien ? Votre cœur bat comme le mien, un peu moins fort ce qui est normal.

— Je suis sûr que j'aurai une crise ce soir.

— Vous permettez quand même que j'aille manger, je suppose ?

Il passa dans sa chambre. Il n'y avait qu'un lit, une toilette, un portemanteau cloué au mur. Ni papier peint, ni rideaux.

Il se lava avec soin, se parfuma, colla ses cheveux et endossa un complet blanc tout frais, encore craquant d'amidon. Au moment où il se précipitait vers l'escalier, une voix appela :

— Michel !

Et il répondit comme un gamin, avec cependant l'espoir de ne pas être entendu :

— Zut !

Le hasard voulut que le *Santa Clara* dût attendre jusqu'à trois heures du matin son tour de pénétrer dans le canal. Les passagers en profitèrent pour rester à terre et ce soir-là tous les cabarets étaient bourrés, l'*Atlantic* avec ses lumières mauves, le *Moulin Rouge,* le *Tropic,* les moindres boîtes ; les rabatteurs, nègres ou mulâtres, ne savaient où donner de la tête ; les chauffeurs enlevaient les passants au ras des trottoirs et les deux grands bazars restèrent ouverts jusqu'à minuit.

A la vérité, Michel n'avait pas vu Bill Ligget qui, retenu par son service, sans doute, était resté à bord. Il avait bien eu l'intention d'aller lui rendre visite, mais il avait été retenu en chemin par d'autres sollicitations.

En fin de compte, il avait suivi une femme encore jeune, une rousse bien en chair, vêtue de blanc, qui sortait du *Bazar Parisien*.

A une heure du matin, il était attablé avec elle dans un coin, tout au fond de l'*Atlantic,* aussi loin que possible de l'orchestre et de la piste.

Elle était veuve. Elle était Américaine. Elle devait être riche, car elle portait de lourds bijoux. Il y avait déjà sous la table trois ou quatre bouteilles à champagne vides.

Renée était assise, à deux tables de Michel, entre un petit homme chauve qui riait tout le temps et un autre qui paraissait mélancolique. De temps en temps, elle et lui se souriaient légèrement, en gens qui se comprennent.

C'est Renée qui, du regard, désigna à Michel la porte qui faisait communiquer le cabaret avec le bar.

Ferchaux était là, près de la tenture rouge, en discussion avec le chasseur.

Ils se virent de loin. Le vieillard fit un petit geste d'appel et Michel tourna la tête vers son Américaine.

C'est ainsi, en somme, que tout commença. Mais le vrai commencement, ce qui déclencha tout le reste, ce fut le regard que Ferchaux avait laissé échapper de ses paupières mi-closes alors que, sur la véranda aux rais de lumière et d'ombre, Michel tapotait sans conviction sur sa machine portative en roulant des pensées amères.

Ferchaux avait eu beau refermer les yeux tout de suite et feindre de dormir, il était trop tard : ce regard-là, avec tout ce qu'il contenait, avait été enregistré pour toujours.

II

Une série de hasards, de coïncidences, avaient fait de cette journée-là une journée exceptionnelle, comme Colon n'en connaît que tous les quelques mois. Hasard, par exemple, que le *Santa Clara,* retardé par une forte houle dans la mer des Caraïbes, arrivât avec une heure de retard, quelques minutes à peine après qu'on eût donné sa place dans l'écluse à un gros pétrolier japonais. C'était maintenant matière à palabres entre l'état-major du bord et les autorités maritimes. L'arrivée du *Stella Polarys* compliquait encore la situation. C'était un navire de grand luxe, l'ancien yacht du roi de Norvège, qui accomplissait le tour du monde avec deux cents passagers richissimes. Si le *Santa Clara* était arrivé en retard à Cristobal, le *Stella Polarys* arrivait trop tôt, de sorte qu'au lieu de rester trois ou quatre heures au port, comme c'était la moyenne, chacun y était bloqué pour une bonne partie de la nuit.

Cela donnait, en ville, une fournée de passagers américains, plus la fournée cosmopolite du *Stella*

Polarys, auxquelles vint s'ajouter, sur le coup de six heures, la foule d'un « *W* » qui descendait le canal, venant de San Francisco à destination de la France.

Michel fut mis au courant de tout cela en passant chez Jef. La brasserie — où il prenait le plus souvent ses repas — était à mi-chemin de la maison Vuolto et du port. Encore que Jef fût Belge et même Flamand, c'était l'endroit le plus français de tout Colon et de tout Cristobal, avec ses tables de marbre, ses banquettes de molesquine rouge, ses boules de métal bien astiquées pour les torchons et, sur les glaces, ses réclames pour des apéritifs de France.

A cette heure-là, le café était vide. Michel écarta le rideau de bambou et se dirigea vers le comptoir où Jef, énorme et adipeux, était penché sur un client.

— Salut, jeune homme ! Le vieux caïman t'a donné congé ? Qu'est-ce que tu prends ?

— Un petit pernod. Dites donc, les gens du *Santa Clara* sont à terre ?

Michel reconnut le client qu'il n'avait vu que de dos et qui, maintenant, le regardait. C'était Suska, qu'on appelait aussi le Hollandais, et qui avait sans doute du sang hollandais en même temps que du sang indien dans les veines. Il tendait à Michel une large main, molle et moite, que celui-ci ne serra qu'avec répugnance puis, comme d'habitude, cette main plongeait dans la poche de Suska et en retirait une tête de Jivaros momifiée, réduite à la grosseur d'un poing d'enfant.

— Tu veux pas en vendre une ?

Suska était aussi grand que Jef, qui était un colosse. Il était aussi large. Mais il était si mou qu'on ne pouvait pas le regarder sans un certain malaise. Sa chair rappelait davantage un champignon que de la chair humaine. Sa tête était démesurément large, lunaire, avec deux minces fentes pour les yeux, une autre fente qui était la bouche et une multitude de trous produits par la petite vérole.

— Combien t'en as ? lui demanda Jef.

Le Hollandais, avec des gestes précautionneux, tira trois têtes de ses poches flasques. Chacune était enveloppée dans du coton douteux comme un vieux pansement. Les lèvres de ce qui avait été des têtes humaines étaient serrées par un bout de ficelle. Une odeur de formol s'en dégageait et une des têtes suintait légèrement.

— T'auras pas de peine à les vendre toutes les trois avant ce soir, avec ce qui débarque en ce moment !

Il ajouta, pour Michel :

— Renée vient de partir.

Chez Jef, on était dans les coulisses de Colon. Cent mètres plus loin, au coin de la rue, la représentation commençait, les portes tournantes des bazars de trois et quatre étages ne cessaient de grincer, les passagers allaient de rayon en rayon, se livrant à des calculs de change, conduits, pour la plupart, par des indigènes qui les avaient cueillis à leur descente du bateau.

Tout était truqué, bien entendu. Michel connaissait le patron du plus grand des bazars, le *Bazar Parisien,* Nic Vrondas, qui jouait au poker presque chaque soir chez Jef et qu'il appelait familièrement Nic.

C'était vraiment comme au théâtre. Au coup de sirène d'un navire, qui remplaçait le coup de sifflet du régisseur, tout le monde accourait prendre sa place sur la scène, depuis les petits nègres tout nus qui plongeaient dans le bassin pour rattraper des sous, jusqu'à Nic Vrondas, parfumé, tiré à quatre épingles, saluant ses hôtes en montrant des dents éblouissantes à la porte de son bazar.

Toute la ville, jusqu'au plus profond du quartier nègre, savait déjà qu'il y avait trois paquebots dans le port, un *Santa*, un « *W* » et un yacht norvégien frété par la Dollar Line ; les garçons s'affairaient dans les brasseries, les orchestres commençaient à jouer dans les cabarets, les taxis découverts, les fiacres avec leur taud blanc et leurs glands de coton qui dansaient, coulaient en flot vers le port pour en revenir débordant de cargaison humaine.

Avant d'atteindre le centre de l'animation, Maudet devait encore traverser le quartier réservé qui n'était en réalité qu'une rue, non pas une ruelle sombre et honteuse, mais une rue spacieuse, bordée de maisons dont les portes étaient ouvertes sur des salons plus ou moins coquets.

Avec quel mépris Ferchaux lui en avait parlé, au début, quand Michel résistait mal au désir de passer deux ou trois soirs par semaine dans ce quartier !

— Tout vous est bon, n'est-ce pas ? N'importe quoi vous attire, une femelle nue, un nègre qui braille, de la musique dans un café...

C'était vrai, Maudet le savait. Tout ce qui était vie l'attirait. Il se souvenait d'un certain matin, dans le Calvados, où, à un arrêt du vicinal noir et luisant, il avait renoncé à téléphoner à sa femme qui ne savait rien de lui plutôt que de manquer au plaisir de boire du vin blanc dans un caboulot plein de pêcheurs et de paniers de marée.

Le quartier réservé ne comptait que quatre ou cinq Françaises. La plupart des autres étaient des femmes plus ou moins de couleur. Michel les connaissait toutes, y compris une Nubienne stupide et sculpturale. C'était peut-être pour ça que Jef le méprisait un peu, qu'en tout cas il ne se décidait pas à le prendre au sérieux.

Il y en avait une, celle de l'avant-dernière boutique, qui était une Bretonne aux traits durs, masculins, âgée d'au moins quarante ans. Les fards formaient une croûte unie sur son visage comme le sucre teinté sur une dragée. Chaque fois que Michel passait, elle le suivait d'un regard sentimental. Persuadé qu'elle l'aimait furieusement, il rougissait, passait très vite, sans pouvoir s'empêcher de lui adresser un sourire.

Pourquoi n'avait-il pas pris une des têtes du Hollandais ? Il aurait trouvé sans peine une occasion de la vendre cent dollars. Suska avait compris qu'un objet change de valeur selon qu'il est vendu par telle ou telle personne. Il confiait volontiers sa marchandise à un Blanc ayant accès aux premières classes des bateaux et pouvant, dans les dancings, s'asseoir à la même table que les passagers.

Maudet atteignit les rues les plus animées, à la frontière invisible de Colon et de Cristobal. Il arrivait toujours et sans fin des voitures, des hommes en blanc, des femmes en robe légère et le soleil commençait à disparaître, les lampes luttaient déjà d'éclat avec la lumière du jour.

— *Please, sir...*

Il se retourna vivement ; ce n'était pas à lui qu'on s'adressait et il fut sur le point de poursuivre sa route. A ce moment-là, il se dirigeait vers le port afin d'aller chercher son ami Bill Ligget. C'était une femme, derrière lui, qui venait d'interpeller un passant, avec un fort accent américain.

— Pourriez-vous me dire quel est le restaurant le plus curieux ?

Les moindres négrillons, les fillettes aux pieds nus, l'aveugle du coin de la rue, tout le monde, dans cette foule, faisait partie de la figuration et pouvait renseigner la voyageuse. Il fallut que, par le plus grand des hasards, elle s'adressât à un jeune homme à lunettes qui était lui-même passager d'un des navires en rade.

Comme Michel marquait un temps d'arrêt, elle leva les yeux vers lui.

— Vous permettez, madame ?

Tout d'abord, il ne la trouva pas belle. Elle avait certainement passé la trentaine et sans doute approchait-elle de la quarantaine. Il y avait cependant en elle quelque chose qui le séduisait, une aisance qui le frappa dès le prime abord et qui, il s'en rendit compte par la suite, était l'aisance d'une femme très riche.

— Dites-moi ce que vous entendez par un restaurant curieux. Voulez-vous manger de la cuisine du pays ? Voulez-vous au contraire dîner dans un endroit gai, avec de la musique et des danses ? Voulez-vous...

Elle lui souriait. Elle l'avait déjà examiné des pieds à la tête et elle ne lui cachait pas qu'il lui plaisait.

— Vous êtes guide ?

— Non, madame, je le regrette pour la première fois de ma vie, mais je me ferais un plaisir...

Ainsi commença l'aventure, simplement. Michel offrit d'abord un verre à une terrasse et sa compagne tira de son sac à main un étui à cigarettes en or et platine, richement orné de brillants, ce qui permit du même coup à son compagnon d'admirer ses bagues.

C'était une femme solide, aux gestes nets, au regard franc. Sans doute, dans son esprit, était-il déjà décidé qu'ils finiraient la nuit ensemble, mais, en attendant, elle voulait s'amuser et tout voir, sans s'embarrasser de sentimentalité.

Jamais Michel n'avait approché d'aussi près une femme de cette sorte et il en était troublé. Elle s'appelait Mrs Lampson et elle était veuve d'un industriel de Detroit. Elle se rendait à Lima pour régler certains intérêts. Peut-être reviendrait-elle par le même bateau ? Peut-être, si l'envie lui en prenait, ferait-elle le tour de l'Amérique du Sud ?

Ils mangèrent dans une des petites cases discrètes du principal restaurant de Cristobal.

Michel était loin de se préoccuper de Ferchaux. Celui-ci s'était étendu sur son lit de camp tiré à l'extrême bord de la véranda, contre la balustrade. Tout près de lui, autour du pâté de maisons, s'étendait une zone de calme et de silence que franchissaient au petit trot les fiacres conduisant des clients au *Washington*.

En regardant vers le bas du boulevard, on pouvait voir au ciel des lueurs rouges et violettes comme celles qui, de loin, trahissent l'emplacement d'une fête foraine, sorte de fumée lumineuse, vibrante de musiques et de rires. Parfois des sons plus aigus s'en détachaient, un cri, le hennissement d'un cheval, le klaxon d'un taxi.

Dans les fiacres qui passaient le long des maisons, des gens parlaient, d'une voix naturelle, s'entretenaient de leurs affaires, voire de leurs affaires intimes, sans se douter que la nuit portait leurs confidences, avec une netteté de cristal, aux centaines d'êtres, hommes et femmes, qui cherchaient le sommeil dans leur véranda.

Quelques instants plus tôt, une femme, une Française, dans un de ces fiacres, prononçait gravement :

— Tu es toujours le même, Jean ! Je ne vois pas la honte qu'il peut y avoir à demander le prix des choses. Tu prends un appartement à l'hôtel sans savoir combien il nous coûtera. D'autres, qui sont plus riches que nous, ne se gênent pas...

La camionnette de Dick Weller ne cessait d'aller et venir, et Ferchaux n'essayait pas de dormir. A quelle heure Michel reviendrait-il ? Qu'est-ce qu'il faisait ? Il en avait pour des heures encore, car il ne rentrerait sûrement pas tant qu'il resterait de l'animation en ville. C'était plus fort que lui. Il se raccrocherait à la dernière lumière, au dernier bar entrouvert.

Or, Ferchaux sentait venir une crise, et il avait peur. Il était seul dans le logement, pour ainsi dire seul dans la maison, car il répugnait à appeler les Vuolto qui habitaient le premier étage.

C'était toujours le même processus : il suffisait d'y penser pour déclencher presque automatiquement la crise. Il n'avait peut-être rien au cœur, comme les médecins le prétendaient. Et pourtant voilà que cela se mettait en mouvement dans sa poitrine. Il avait l'impression que les organes, à l'intérieur, se serraient comme des éponges. La solitude devenait intolérable. Surtout qu'il savait : maintenant, quelque chose vivait en lui d'une vie étrangère qui n'était plus en rapport avec le reste de son organisme ; on eût dit que son cœur, soudain indépendant, battait à une vitesse vertigineuse.

Michel ne comprendrait jamais le mal qu'il lui faisait. Il n'était pas méchant. Ce n'était pas sa faute.

Ferchaux céderait-il à la tentation de se lever et de s'en aller par les rues ? Il ne cédait pas tout de suite. Il avait honte. Combien de fois s'était-il traîné comme un mendiant jusqu'à la porte de chez Jef ? Combien de fois l'avait-il entrouverte.

— Vous êtes là, Michel ?

Mais oui ; il était là, à jouer aux cartes avec Nic Vrondas, avec Jef et avec un des deux maquereaux.

Les premières fois, il se levait et le suivait. C'était Ferchaux qui s'excusait.

— Je ne voulais pas vous déranger, mais je suis sûr que je vais avoir une crise.

A présent, de sa place, il criait :

— Qu'est-ce qu'il y a encore ? Je n'ai même plus le droit de faire ma partie ?

Non ! Ferchaux ne tenait plus en place. Il était sûr que son cœur, à force de s'emballer, allait sauter. Il se levait, s'habillait en hâte, n'importe comment, dans l'obscurité. Les Vuolto allaient reconnaître son pas. Riaient-ils de lui ? Disaient-ils :

— Voilà encore le vieux qui part à la recherche de son secrétaire !

Il traversait, lui aussi, le quartier réservé, en jetant des coups d'œil dans les caves. On le connaissait. On ne se donnait pas la peine de l'interpeller. Seule la Bretonne lui lançait au passage :

— Vous cherchez Michel ? Je l'ai vu passer tout à l'heure en fiacre avec une Américaine.

C'était vrai. Maudet avait invité sa compagne à faire le tour de la ville. Tandis que le fiacre aux roues caoutchoutées longeait la plage, il s'était penché, avait serré tendrement une main qui ne se retirait pas, puis ses lèvres avaient frôlé des lèvres entrouvertes. Les lèvres ne s'étaient pas dérobées davantage. Mrs Lampson avait pris le baiser, calmement, puis elle avait dit :

— Tranquille, maintenant ! Tout à l'heure.

Une promesse qu'elle tiendrait, on le sentait. Avant, elle tenait à suivre à sa guise le programme de la soirée.

Ferchaux, au même instant, entrait en trébuchant

chez Jef qui lui répondait de loin, de derrière son comptoir :

— Il y a bien trois ou quatre heures qu'il est passé par ici.

Qu'est-ce que Jef aurait dit s'il avait su que ce vieillard qui entrouvrait la porte comme un pauvre était Dieudonné Ferchaux, le grand Ferchaux, de l'Oubangui ? Qu'étaient-ils ici, tous, tant qu'ils étaient, tant qu'ils se croyaient, à côté de cet homme-là ?

Jef avait été forçat et en était si fier que depuis vingt ans il continuait à se raser le crâne. Qu'avait-il fait d'extraordinaire ? Qu'était-il ? Il était venu comme tant d'autres pour le percement du canal. Il avait peut-être tué un homme, et encore, ce n'était pas certain. Maintenant, il tenait son café-hôtel comme n'importe quel hôtelier, faisait sa caisse chaque soir et portait ses recettes à la banque.

C'était pourtant ce qu'il y avait de plus extraordinaire dans leur petit cercle, ce qu'ils appelaient un dur. Il jouait les caïds parmi les maquereaux qui protégeaient ces dames du quartier réservé et parmi les trafiquants du port.

On amenait chez lui des passagers très fiers de venir trinquer avec un assassin !

Nic Vrondas, le plus riche, le propriétaire du *Bazar Parisien*... Un Levantin à la peau mate, au poil luisant, aux mains soignées, qui avait hérité son affaire de son oncle Ephraïm...

— Je suis Dieudonné Ferchaux.

Que diraient-ils, tous, tant qu'ils étaient ? Et c'était

lui, Ferchaux, qui courait les rues en traînant son pilon le long des maisons, à la recherche de ce petit voyou de Michel !

Il ne pensait déjà plus à sa crise. Il pensait à ce qu'il avait été, à ce qu'il était devenu. Il pensait que, s'il vivait encore quatre ou cinq ans et s'il ne réussissait pas l'affaire de Montevideo, il en serait réduit à la misère la plus sordide.

Michel, alors, l'abandonnerait. Il serait seul, absolument seul, dans la rue.

Il tressaillait chaque fois qu'il apercevait une silhouette qui ressemblait à Maudet, regardait dans les bars, dans les cafés, dans les dancings. De ce qu'il avait pu emporter de France, il ne lui restait que quelques centaines de milliers de francs. Les diamants lui avaient été volés lors de la traversée à bord du cargo espagnol. Des hommes d'affaires, en Uruguay et en Argentine, où il tentait d'entrer en possession des sommes virées par son frère dans ces pays, l'avaient dépouillé d'une bonne partie de son pécule.

La semaine précédente encore, Michel avait perdu deux cents dollars au poker, avec les Nic, les Jef et les maquereaux. Dans ces cas-là, il pleurait, demandait pardon, promettait...

La foule le bousculait. Pour les gens, il était M. Louis, un vieillard un peu fou, mais probablement très riche, qui passait sa vie à courir après son secrétaire.

— Vous n'avez pas vu Michel ?
— Il est passé tout à l'heure avec une dame.

Colon avait la fièvre. Pas une boutique dont les portes fussent fermées cette nuit-là. Dans un bar, où ils avaient passé un moment, la compagne de Maudet avait aperçu une tête d'Indien momifiée entre les mains de son voisin.

— Qu'est-ce que c'est ?

Il le lui avait expliqué.

— Il faut absolument que j'en trouve une... Si !... J'y tiens...

Alors, il s'était mis à la recherche du Hollandais. Des tas de gens se cherchaient de la sorte. Des passagers, qui avaient quitté leur bord en bande, ne se retrouvaient plus, se précipitaient avec des cris de joie dès qu'ils apercevaient un visage familier.

— Vous n'avez pas vu le Hollandais ?

Ils le rejoignirent, ivre de chicha, dans un immonde débit en sous-sol, mais il venait de vendre sa dernière tête. L'Américaine n'en était que plus enragée.

— Essayer de savoir à qui il l'a vendue. Il suffira de la racheter.

On passa chez Jef.

— Tiens ! le vieux est venu tout à l'heure voir après toi.

— Zut pour le vieux !

La plupart du temps, il n'y avait qu'un navire à la fois dans le port. L'agitation durait trois heures environ. On avait le temps de respirer entre deux représentations.

Cette fois, c'était la ruée, la confusion ; c'est à peine si on reconnaissait les gens des différents bateaux à leur langage et, quand on entendit des coups de sifflet du côté du port, tous crurent que c'était pour eux, il fallait que les garçons et les barmen courussent après les clients pour les retenir.

— Seulement le *Stella Polarys*... Les autres navires ne partent pas encore...

Chez Nic, une vendeuse se trompa en voyant Michel avec une riche cliente et voulut lui glisser dans la main sa ristourne. Il n'avait pas encore fait ça. Tout le monde le faisait. Les gens de chez Jef ne comprenaient pas sa répulsion.

S'il l'avait voulu, il y a longtemps qu'il ne serait plus à la traîne d'un Ferchaux qui devenait gâteux. Est-ce que Renée ne lui avait pas proposé de se mettre avec elle ?

Ce n'était pas une femme du quartier réservé. C'était une belle fille encore saine, de vingt-six ans à peine, qui avait été tour à tour chanteuse et danseuse et qui, maintenant encore, dansait à l'*Atlantic*. Évidemment, elle était entraîneuse. Bien sûr aussi qu'il lui arrivait de passer le reste de la nuit avec un client.

Michel avait connu son amant, un garçon qui n'était pas un vulgaire souteneur, mais qui avait été comptable à la French Line. Il avait été tué bêtement, quatre mois plus tôt, sur le *pier*. Il se disposait à monter à bord d'un bateau où des amis lui faisaient signe quand il avait été heurté par un palan qui lui avait défoncé le crâne.

Depuis, Renée était seule. Elle avait une chambre chez Jef. Elle prenait ses repas en bas. Souvent, avec

Michel, ils s'asseyaient tous les deux à la même table. Mais ils ne se faisaient pas de politesses. Chacun payait pour soi, Renée y tenait.

Un matin qu'il était entré chez Jef en passant, pour boire un verre, il avait eu l'idée de monter, il avait poussé la porte de Renée, qui donnait sur une sorte de galerie intérieure surplombant la cour.

— C'est toi ! avait-elle balbutié dans son sommeil.
Puis, quelques instants plus tard :
— Qu'est-ce que tu fais ?
Leurs relations n'avaient pas changé pour autant. Ils étaient restés copains. De temps en temps, quand il passait chez Jef à l'heure où elle était couchée, il montait la voir.

C'était Jef qui avait dit à Michel, un matin que celui-ci redescendait :
— Tu ne comprends pas, non ?
— Quoi ? Qu'est-ce qu'il faut comprendre ?
— Que cette brave fille a besoin de quelqu'un ! Au lieu de faire des singeries avec ton vieux caïman...

Vers minuit, Michel eut envie de montrer sa conquête à Renée. Ce n'était pas avec l'idée de rendre celle-ci jalouse. Il était persuadé qu'elle n'aurait aucune jalousie à son égard. Non ! il voulait lui faire partager son orgueil et son contentement.

Ils étaient un peu ivres, Mrs Lampson et lui. Ils étaient devenus aussi familiers l'un avec l'autre que s'ils se fussent connus depuis des années. Ils fumaient à la même cigarette, puisaient l'un et l'autre des banknotes à même le sac de l'Américaine.

Deux ou trois fois, Michel, croyant que le moment

était venu, avait essayé de conduire sa compagne dans un endroit plus discret. D'abord, elle avait eu l'air de ne pas comprendre. Puis elle avait été choquée. Enfin, elle avait ri.

— Pourquoi vous êtes si pressé ? Nous avons le temps ! Tout à l'heure, dans ma cabine...

Renée était là, dans la lumière mauve de l'*Atlantic* où une énorme chanteuse martiniquaise faisait crouler la salle sous les rires.

— Félicitations ! avait-elle eu l'air de dire, Renée.

Et son regard était allé aux bagues, aux boucles d'oreilles, au somptueux étui à cigarettes déjà posé sur la table.

C'était une soirée extraordinaire. Les yeux de Michel riaient. Il lui semblait, cette nuit-là, que tout était possible. Il avait surtout l'impression qu'après une longue stagnation, il avançait à pas de géant dans la vie.

Avec quel mépris, au début, Ferchaux lui avait répété :

— Vous vous laissez impressionner par ces gens-là !

Il parlait de Jef et de ses habitués, de tous les petits maquereaux et petits tripoteurs qui formaient sa clientèle. Or, c'était vrai que Maudet avait été impressionné, qu'un moment il avait failli considérer comme un idéal de leur ressembler et de faire entièrement partie de leur groupe.

Que pouvait-il espérer d'autre ? A l'écart des rues bruyantes, du Colon qui n'était que comme un vaste bazar et qu'un lieu de plaisir, il existait bien le

Cristobal des fonctionnaires américains et des compagnies de navigation. Le long de la plage, à l'ombre des cocotiers, il y avait des villas neuves et coquettes, des familles, des canots automobiles, on voyait des gens qui allaient les uns chez les autres pour un thé ou pour un bridge ; on lisait dans le journal le compte rendu des réceptions ou des tournois de tennis en même temps que la liste des personnalités de passage au *Washington*.

Michel avait bien cru que ce monde lui était fermé à jamais.

Or, voilà que, cette nuit, il buvait le champagne, à l'*Atlantic*, en compagnie d'une Américaine qui occupait la cabine de luxe du *Santa Clara* et qui promenait négligemment, en pleine nuit, au risque de se faire voler, des centaines de milliers de francs de bijoux.

Renée avait bien compris le frémissement de ses narines. Elle savait sa joie, son orgueil. Au lieu de lui faire la tête, de se montrer jalouse, elle le félicitait, partageait sa joie.

C'était amusant de se retrouver ainsi à quelques tables de distance, elle avec deux compagnons dont elle ne cessait de se moquer, lui avec son Américaine qui riait aux éclats et qui trouvait tout merveilleux autour d'elle.

Ils avaient trouvé en fin de compte une tête de Jivaros. Elle ne devait pas être en très bon état, car on la leur avait vendue dans une petite boîte de verre en forme de cercueil qui empêchait de l'examiner de près. La boîte était sur la nappe, à côté du seau à champagne et de l'étui à cigarettes.

Michel et sa compagne avaient dansé à plusieurs reprises. Maintenant, Mrs Lampson se plaignait d'avoir mal aux pieds et elle s'amusait fort à lancer des balles de coton et des serpentins à tous les passagers de son navire qu'elle apercevait dans la salle. Elle semblait fière, elle aussi, de sa conquête.

Le dancing était vaste. Du côté de la rue, des tentures le séparaient d'un bar américain long de plus de dix mètres, en cuivre rouge, où s'arrêtaient les clients de second choix, quelques ivrognes, des gens qui avaient quelque chose à vendre ou qui guettaient une proie quelconque.

C'est à la limite du bar et de la salle que parut soudain Ferchaux, avec son visage mal rasé, son complet douteux et son pilon qui achevait de lui donner un aspect famélique. Il n'essayait pas d'entrer ; il restait debout près du chasseur planté devant la tenture rouge.

Renée, qui l'avait aperçu la première, essayait d'attirer l'attention de Maudet, y réussissait enfin, lui désignait le vieillard d'un mouvement de menton.

Instantanément, le regard de Michel se durcissait et une bouffée de haine lui montait à la tête, de haine véritable, inconsciente, à l'égard de l'homme qui le poursuivait jusqu'en pareil endroit.

Ferchaux parlait au chasseur penché vers lui, lui glissait de la monnaie dans la main ; le chasseur s'avançait vers la table de Michel.

— Il y a là-bas un monsieur qui voudrait vous dire un mot.

— Répondez-lui que je suis occupé.

Le chasseur s'éloignait, traversait toute la salle. On voyait Ferchaux qui attendait, anxieux, recevait sa réponse, insistait, tandis que Michel se tournait vers sa compagne.

— Qu'est-ce que c'est ? questionnait celle-ci.

— Un vieux fou qui vient me relancer.

— Qu'est-ce qu'il veut ?

— Je n'en sais rien. Je ne désire pas le savoir.

Le chasseur, pourtant, refaisait le chemin déjà parcouru, se penchait à nouveau sur Maudet.

— Ce monsieur vous fait dire qu'il ne se sent pas bien, qu'il a absolument besoin de vous, qu'il vous prie tout au moins de venir lui dire deux mots.

— Dites-lui : zut !

Comment Ferchaux put-il s'humilier jusqu'à revenir une troisième fois à charge ? Cette fois, ce fut un billet griffonné sur le bar mouillé qu'apporta le chasseur. L'écriture, au crayon, était tremblée.

« *Ne me laissez pas seul cette nuit. J'ai peur de mourir.* »

Michel froissa le papier, en fit une boulette qu'il lança en même temps que les balles de coton éparses sur la table.

— Pas de réponse ?

— Pas de réponse.

Une demi-heure plus tard, la sirène appela à bord les passagers du *Santa Clara.*

— Vous comprenez? expliquait Mrs Lampson. Vous viendrez avec moi jusqu'à Panama. Nous aurons toute la nuit à passer ensemble et demain vous reviendrez par le train.

Il était plus ivre qu'il le pensait. Il adressa, en sortant, un clin d'œil à Renée. La salle se vidait. Dans une heure au plus, la ville entière serait déserte et on éteindrait les lumières, on entendrait dans les rues une dégringolade de volets de fer.

En se faufilant vers une voiture, Michel frôla Ferchaux qui se risqua à lui tirer la manche dans l'obscurité du trottoir. Alors, la rage le prit et il lança :

— Vous allez me ficher la paix, oui?

L'instant d'après, la voiture roulait. Un peu plus tard, Michel gravissait derrière sa compagne l'échelle de coupée. Il avait encore la joie d'apercevoir son ami Bill Ligget, le commissaire du bord, qui le reconnaissait avec surprise.

Un clin d'œil encore. Tout le monde, cette nuit-là, était complice de son bonheur, tout le monde, sauf Ferchaux qui ne voulait pas comprendre qu'il devenait odieux.

Tant pis pour lui !

III

Il était six heures et demie, le lendemain, et la nuit était tombée, quand Michel, revenant de Panama, descendit du train à Colon. Par comparaison avec la veille, la ville était sombre et déserte. Les grands blocs des bazars n'étaient pas éclairés et aucune enseigne lumineuse ne désignait la rue des cabarets de nuit.

Sur le quai de la petite gare, Maudet jeta autour de lui un coup d'œil machinal et peut-être fut-il un peu dépité que Ferchaux, malgré la scène de l'*Atlantic,* ne fût pas venu l'attendre. A vrai dire, il n'y pensa pas longtemps. Tout en se dirigeant vers le café de Jef, il était attentif à un phénomène qui se passait en lui, qu'il reconnaissait pour l'avoir déjà observé jadis, mais dont il ne démêlait pas encore l'exacte nature.

Son pas était plus dégagé que d'habitude; il marchait sans s'occuper du décor ni des gens qui surgissaient de l'ombre à ses côtés. Ce fut au moment où il entrait chez Jef que le phénomène acquit son maximum d'intensité et que Michel en eut la pleine conscience.

Pour la première fois, ce soir-là, il voyait la brasserie d'une certaine façon, il la voyait comme quelqu'un qui n'en fait déjà plus partie.

Ce n'était qu'un pressentiment, car il n'avait aucune raison de croire qu'il allait quitter Colon, ou cesser de prendre ses repas chez le Flamand. Or, des pressentiments de cette sorte, il en avait eu plusieurs autrefois, à Dunkerque, entre autres, où, certain matin gris, en se levant, il aurait pu prédire que c'était son dernier réveil dans cette ville. Le soir de ce même jour encore, quand il disait distraitement au revoir à Lina, il y avait en lui une certitude qu'il ne la reverrait jamais.

S'était-il attristé, ou seulement attendri ? Non ; pas plus qu'il n'avait eu conscience de sa culpabilité. Ce n'était pas lui qui s'en allait, qui abandonnait sa femme ou un lieu familier ; c'étaient les choses qui se séparaient brusquement de lui. Elles s'en séparaient en prenant, au moment où il s'y attendait le moins, un visage soudain indifférent.

Tout à l'heure, en descendant du train, il avait senti un vide autour de lui. En retrouvant les rues de Colon, qu'il connaissait si bien, depuis près de deux ans qu'il y vivait, il n'avait pas le sentiment rassurant d'un retour ; il n'épiait pas les bruits ; il ne se demandait pas quel bateau était attendu au port.

Les reflets de la devanture de Jef, par exemple, lui étaient aussi familiers que les becs de gaz de sa rue natale à Valenciennes, qui restaient exactement à leur place dans sa mémoire, avec leur couleur et leur intensité.

Or, en entrant dans la salle, en entendant derrière lui le bruissement du rideau de bambou, la seule chose qu'il ressentit était de l'étonnement.

Ferchaux ne s'était pas trompé, n'avait pas eu tort de railler Michel, ou plutôt il avait quand même eu tort puisque cela ne sert à rien de se moquer des jeunes. Pendant des mois, Michel le découvrait seulement, son idéal avait tenu presque entier dans ce café un peu confidentiel qui avait concrétisé à ses yeux le mystère et la poésie d'un grand port.

Quel mystère y avait-il, bon Dieu, dans cette salle pas assez éclairée où on ne rencontrait jamais plus de cinq ou six personnes à la fois et où, au début, quand il était encore un inconnu, il aurait sollicité comme une faveur la moindre familiarité du patron ?

Il savait, comme tout le monde, que Jef était un ancien forçat. Il le voyait, immense et adipeux, le pantalon glissant toujours sur son gros ventre, accueillir certains clients comme on accueille des initiés, se pencher sur le comptoir pour leur parler à voix basse, en chef de bande qui donne des ordres.

Jef disait indifféremment tu ou vous à n'importe qui et Michel avait eu, les premiers soirs, la candeur de guetter les tu, de les compter.

— Il commence à me connaître.

On ne servait pas de repas aux gens de passage. Ce n'était pas un restaurant à proprement parler. Comme personnel, il n'y avait qu'un nègre crasseux qu'on apercevait dans une cuisine grande comme un cabinet où Jef allait de temps en temps flairer les casseroles. Pour tous les habitués, ce n'en était pas moins la meilleure cuisine de Colon.

Nic Vrondas, qui était riche et qui avait tous les jours son couvert mis chez son oncle, mangeait le plus souvent chez Jef. Il était là, justement, à jouer aux cartes avec le Belge, Julien Couturier et Alfred Gendre. Sans se déranger, chacun adressait à Maudet un vague salut.

— Déjà revenu ?
— Pas vu le vieux ?

Michel cherchait des yeux Renée qui n'était pas dans la salle. Il n'y avait, dans un coin, que le Hollandais qui mangeait en silence des spaghetti.

— Je vous sers à dîner ? questionna le nègre, de sa cuisine.

— Pas tout de suite, Napo.

Il avait le temps. Après l'algarade de la nuit, il n'était pas question de se représenter chez Ferchaux. Puisque Jef ne lui avait rien dit, c'est que le vieux n'était pas encore venu s'informer de lui.

Il viendrait, Michel en était sûr. Il n'était pas inquiet pour son avenir, en tout cas pour son avenir immédiat. Maintenant que les choses commençaient à se détacher de lui, qu'elles se détachent donc au plus vite !

C'était un peu comme quand il courait, à huit heures du matin, les rues de Caen, à la recherche d'un improbable M. Dieudonné. Il ne savait rien de ce qui l'attendait — il ne savait même pas si quelque chose l'attendait ! — et pourtant il était décidé à ne pas retourner rue des Dames. De temps en temps, une sueur froide lui montait aux tempes, il avait un petit spasme, mais il n'en allait pas moins de l'avant.

Il ne s'asseyait pas. La cigarette aux lèvres, il restait debout derrière les joueurs, suivant vaguement leur partie de poker, retrouvant son image dans la glace chaque fois qu'il levait les yeux.

Ce n'était plus le jeune homme qui avait sonné au portail de la rue des Chanoinesses. Tout en restant mince, sa silhouette s'était étoffée. Ses traits, au lieu de se durcir, étaient devenus plus moelleux. Ne donnait-il pas, jadis, l'impression d'un être un peu hargneux, parce que mal nourri ? Il n'y avait plus de petits boutons sur sa peau qui était devenue lisse, colorée d'un hâle uniforme. On le sentait soigneux de sa personne, mais pas au point d'un Nic Vrondas, par exemple, qui semblait toujours sortir d'un bain de vapeur et des mains du coiffeur et qui trahissait le Levantin, probablement le juif, bien qu'il s'en défendît.

En somme, si Maudet ne faisait pas tout à fait partie du cercle de chez Jef, c'est qu'il ne l'avait pas voulu. C'était paradoxal de se dire cela maintenant, alors qu'il avait tout fait pour forcer leur intimité et leur confiance. Pourtant, il avait raison : il ne l'avait pas voulu réellement, il n'était pas de la même pâte qu'eux ; quelque chose, en lui, s'était refusé à une intimité complète, à une confusion.

A ce point de vue, il fallait admettre que Ferchaux était lucide. Il avait compris tout de suite que Michel n'était pas à sa place. Il n'avait manqué au vieillard, pour se conduire en homme supérieur, que d'éviter les sarcasmes qui n'avaient fait que fouetter Michel — et qui maintenant l'aigrissaient contre son ancien maître.

Pourquoi Ferchaux s'était-il attaché à Michel ? Parce que, dès les premiers jours, il avait senti chez celui-ci une force presque égale à celle qui l'animait au temps de sa jeunesse.

Cela, c'était la base. C'était la maison de la dune. C'était le vieil hôtel particulier de Caen.

Après, il était venu se greffer d'autres sentiments plus troubles. Par exemple, quand Ferchaux avait rejoint Michel dans sa chambre, chez madame Snoek, il avait peur, peur de perdre cette intimité à laquelle il s'était habitué, peur de retourner à sa solitude, peur d'être, en exil, le vieil homme sans compagnon.

C'était si vrai que, lorsque leurs regards s'étaient croisés, ils s'étaient compris, Ferchaux avait rougi, déjà humilié, acceptant son humiliation, l'offrant comme un hommage à son compagnon.

Si Michel était parti avec lui... Ni Jef, ni Vrondas, ni les deux maquereaux qui jouaient aux cartes avec eux ne le comprendraient s'il leur avouait la vérité : il était parti parce qu'il avait senti que, désormais, il serait le maître — et en même temps par pitié pour Dieudonné Ferchaux.

Son admiration du début était morte. Il ne voyait plus l'Homme de l'Oubangui, ni le financier qui avait possédé près d'un milliard, fait trembler banques et gouvernements. Il était seul à voir, chaque jour, du matin au soir, un vieillard affligé de petits défauts.

Quelle rage, chez Ferchaux, qui se moquait de l'opinion du monde, quelle rage de paraître malgré tout aux yeux du gamin qu'était Maudet ! Pour lui, pour lui seul, il prenait des attitudes. Pour lui, il menaçait encore le monde et parlait de revanche.

Puis, petit à petit, il essayait d'initier le jeune homme à sa philosophie, à lui expliquer son mépris.

— Je pourrais...

Il était encore fort. Personne ne l'avait abattu. Il pourrait, s'il le voulait...

— Mais j'aime mieux...

N'avait-il pas tout connu, tout vécu ? Il aimait mieux sa solitude — il n'ajoutait pas, mais il sous-entendait, sa solitude à deux.

— Plus tard, Michel, vous comprendrez...

Michel était persuadé qu'il comprenait déjà, et c'est pourquoi il n'avait aucun respect pour le vieillard. Tous les vieux ne sont-ils pas les mêmes ? Celui-ci avait besoin d'un jeune auditoire devant qui parader et, n'osant pas parler de lui à longueur de journées, il avait inventé ces Mémoires qu'il écrivait aussi sérieusement que Napoléon, à Sainte-Hélène, dictait le *Mémorial*.

Il viendrait, peut-être ce soir, peut-être demain, supplier Michel de reprendre sa place. Et, comme certains amants, il tirerait joie et orgueil de son humiliation acceptée.

Car c'était cela aussi : lui, Ferchaux, qui n'hésitait

pas à courir les rues, comme un mendiant, à la poursuite d'un gamin sans importance !

— Renée est là-haut ? questionna Michel.

Jef avait-il remarqué qu'il n'était pas dans son état habituel ? Y avait-il quelque chose d'anormal dans sa voix ? Toujours est-il qu'il leva la tête par-dessus ses cartes et regarda curieusement le jeune homme.

— Elle est rentrée à onze heures du matin. Elle doit en écraser.

Cela signifiait qu'elle avait passé la fin de la nuit avec un homme. Qu'est-ce que ça pouvait lui faire ? Était-il jaloux de Renée ?

En lui disant cela, Jef voulait-il le tenter ? Car il y avait dans la maison une sorte de conspiration au sujet de Renée et de lui.

— Que tu ne restes pas longtemps avec ton vieux caïman, ça, c'est couru, n'est-ce pas ? lui avait-on dit.

Il commençait seulement à le croire. Encore cette pensée s'accompagnait-elle chez lui d'un malaise.

Le fait n'en était pas moins là : il avait, par son attitude, rompu avec Ferchaux et il se trouvait sans un sou en poche.

Car, tout à l'heure, quand il avait débarqué à Panama, il n'avait exactement pas un centime dans sa poche. C'était comme une tare qui s'attachait à lui. Toute sa vie, il avait été poursuivi par cette impécuniosité humiliante.

Il aurait pu réclamer à Mrs Lampson le prix de la tête d'Indien qu'il lui avait procurée : deux cents dollars, c'était le prix qu'il avait cité. Elle n'y avait plus pensé et il avait voulu garder le beau rôle jusqu'au bout.

En somme, pour Jef et pour les autres, son avenir c'était de devenir pareil à Julien Couturier et à Alfred Gendre qu'on appelait couramment Fred et Julien, car ils ne se quittaient presque jamais. En mieux, évidemment, car Fred et Julien étaient un peu à leur milieu ce qu'un petit employé est à la grande banque. Quelqu'un de non averti les aurait pris pour tout autre chose que ce qu'ils étaient. D'âge moyen, tous les deux. Fred déjà bedonnant. Julien avec quelques cheveux gris aux tempes, ce qui faisait distingué.

Chacun avait sa femme dans le quartier réservé. Ils n'élevaient jamais la voix, faisaient des placements d'argent et s'arrangeaient, tous les deux ou trois ans, pour entreprendre ensemble un voyage en France, où ils avaient déjà acheté du terrain à bâtir au bord de la Marne.

Renée était libre. Michel lui plaisait.

— Tu ne montes pas lui dire bonjour ? questionna Fred.

Mais si. C'était même pour cela qu'il était venu. Il avait besoin d'argent tout de suite. Déjà il avait emprunté dix dollars à Bill Ligget, au moment de le quitter.

— Figure-toi que j'ai laissé mon portefeuille à Colon... A ton prochain voyage...

C'était pour son train. Et maintenant ?

Huit jours plus tôt encore, cette situation lui aurait fait peur, et sans doute se serait-il présenté chez

Ferchaux pour s'excuser. Non seulement huit jours plus tôt, mais la veille !

— Je monte, annonça-t-il. Mets nos deux couverts à la même table, Napo.

Il en était de l'hôtel comme du café : n'y couchaient, que ce soit régulièrement ou de passage, que des habitués, on pourrait dire des initiés, des Français pour la plupart, de Colon ou de Panama, qui faisaient partie du même cercle.

Michel atteignit la galerie au-dessus de la cour et chercha en vain le commutateur électrique, tâtonna le long du mur, poussa une porte.

— Qui est là ?
— C'est moi, dit-il.
— Tu es déjà revenu ?

Elle devait être à moitié réveillée à son arrivée, car elle retrouvait aussitôt ses esprits. Il lui arrivait, comme à Lina, de rester couchée dans l'obscurité sans dormir, presque toujours une main sur le ventre.

Il y pensa. En même temps qu'il faisait de la lumière, il s'assura que cette main... Il ne s'était pas trompé. Elle avait levé le bras gauche devant ses yeux pour les protéger de la lumière électrique, mais son autre main restait posée au creux tiède de l'aine. Elle dormait nue. Le drap était rejeté sur ses jambes. Il la regardait sans désir, comme une camarade. Il était content de la retrouver, content aussi de la sorte de complicité qui existait entre eux.

— Quelle heure est-il ? Il est plus de six heures, puisque tu es là !
— Il en est sept.

— Cela s'est bien passé ?
— Fort bien.
— Tu n'es pas allé voir le vieux, je suppose ?
— Je n'y suis pas allé et il est probable que je n'irai pas.
— Et on dit que les femmes sont vaches ! Tu as quand même été dur !
— Tu verras qu'il me courra quand même après.
— Qu'est-ce que tu feras ?

Alors, il dit en s'asseyant au bord du lit :
— Je ne sais pas encore.

C'était tout ; c'était assez. Avec Renée on pouvait échanger ses pensées de la sorte sans risquer de les voir mal interprétées. La façon dont il s'était assis au bord du lit, dont il lui caressait doucement la cuisse avait donné à ses paroles leur vrai sens.

— *Je ne sais pas encore.*

Autrement dit, cela dépendait en partie d'elle. En partie seulement. Il ne s'engageait pas. Simplement, il revenait à Colon sans une idée précise de l'avenir — de l'avenir immédiat — et, en attendant, il se réfugiait chez Renée.

— Tu as dit que nous dînions en bas ?
— Oui.
— Tu as faim ?
— Pas particulièrement.

Parce qu'elle avait envie de traîner un peu au lit, de bavarder avec lui dans l'intimité de la chambre.

— Raconte, maintenant...

Il ne put s'empêcher de faire sa putain.

— Raconter quoi ?

— Qui est-ce ?
— Une certaine Mrs Lampson, une Américaine, bien entendu, cela se voit assez, n'est-ce pas ?
— Ne commence pas par en dire du mal. Après ?
— Comment la trouves-tu ?
— Je sais surtout comment elle te trouvait.
— Que veux-tu dire ?
— Tu le sais aussi bien que moi, va ! Elle te regardait à peu près comme un gosse de pauvres regarde la vitrine d'un pâtissier. Mariée ?
— Veuve. Son mari était un gros industriel de Detroit. Il fabriquait, à ce qu'elle m'a expliqué, des serrures de sûreté et des cadenas. Elle a encore la majorité des actions dans l'affaire.
— Quel âge donne-t-elle ?
— Trente-cinq.
— Et alors ?
— Alors, quoi ?
— Tu ne veux pas raconter, non ?
— Elle m'a emmené à bord. Cela me gênait un peu à cause de Bill Ligget.
— Idiot !
— Quoi ?
— Je dis que tu es idiot de mentir. Cela te faisait plaisir de te montrer avec elle à Ligget. Je parie qu'elle occupait la cabine de luxe ?
— Oui. Seulement, elle a d'abord tenu à m'emmener au bar qui était fermé et qu'elle a fait ouvrir exprès.
— Pour t'exhiber à tous ses compagnons de voyage, tiens !

C'était vrai. Il le savait. Cela l'avait d'ailleurs dérouté, mais il n'en voulait rien dire. Est-ce que Renée avait deviné ? Mrs Lampson s'était conduite avec lui exactement comme un homme se conduit d'habitude avec une conquête. C'était elle qui prenait les initiatives, elle qui l'emmenait à Panama, elle qui commandait le champagne et dont les regards disaient aux autres :

« Il est gentil, n'est-ce pas ? »

Les questions qu'elle lui avait posées pendant la soirée, c'étaient des questions qu'un homme pose d'habitude à une compagne de rencontre, et elle avait, à certaines réponses, le même attendrissement qu'un homme mûr devant les réponses d'une gamine.

— C'est vrai, pôvre, vous avez été vraiment marié ?

Tout l'amusait. Tout l'excitait. Cependant, malgré le champagne, elle avait des retours étrangement lucides, elle ne manquait pas de l'observer, elle gardait, semblait-il, à son égard, des doutes qu'elle tenait à vérifier.

A l'*Atlantic,* par exemple, elle lui avait passé son sac pour payer les bouteilles de champagne. Elle était déjà debout quand il avait repris la monnaie au garçon. Elle ne paraissait pas le voir, mais il avait remarqué qu'elle l'observait dans une glace.

Il était persuadé aussi que, dans les divers endroits où ils étaient allés, dans les bazars où elle avait fait des emplettes, elle avait cherché à savoir s'il touchait une commission.

— *Vous êtes un gentil baby...*

Lina aussi, qui était pourtant de son âge, et même plus jeune que lui, se montrait volontiers maternelle, attendrie. Et Renée ? Si elle envisageait de vivre avec lui, était-ce pour avoir un protecteur, comme c'était le cas pour son ami qui était mort ? Ne cédait-elle pas plutôt au besoin d'une compagnie, et surtout à un besoin de tendresse ? Il était pour elle une jolie chose, un charmant animal à qui, de ses moues désarmantes, on pardonnait tout.

Et pourtant, l'une comme l'autre devait sentir que le charmant animal avait des griffes et que la cruauté aiguisait ses regards. L'Américaine l'avait senti. A certain moment, même, il avait eu l'impression qu'elle avait un peu peur de lui.

— Ce qui n'est pas rigolo, c'est l'interdiction de fermer la porte, dit-il à Renée.

— Tu ne le savais pas ?

Elle avait suivi, elle, des passagers à bord des bateaux américains. Il avait été surpris, lorsqu'ils étaient descendus dans la cabine, de voir Mrs Lampson laisser la porte ouverte.

— Vous ne fermez pas ?

— C'est interdit, pauvre chéri... A bord des bateaux comme dans les hôtels d'Amérique... A moins que le monsieur et la dame soient mariés...

Un simple rideau, que gonflait le moindre souffle d'air, les séparait de la coursive. Sa compagne avait appelé le steward pour lui commander une bouteille de whisky, de la glace, de l'eau de Seltz.

C'était à peu près le moment où le bateau glissait silencieusement dans la première écluse. Elle avait eu un rapide regard autour d'elle, puis elle avait enlevé une clef qui se trouvait sur la serrure d'une malle avant de pénétrer dans la salle de bains.

— Cinq minutes, cher !...

Il était sûr qu'elle s'assurait encore qu'elle ne laissait rien traîner derrière elle. Elle devait avoir l'habitude de ces sortes d'aventures.

— Du chic linge, dis ? Rien qu'à voir ses bijoux...

Tout était riche, jusqu'au plus petit détail, les malles énormes marquées à son chiffre, le linge et les vêtements épars, tous les objets, un simple fume-cigarette orné de pierreries, un cadre en argent massif pour une photographie...

Quand elle sortit de la salle de bains, en déshabillé de vedette, ce fut pour lui dire :

— A votre tour, baby.

Et il était encore ébloui par le nécessaire de toilette. Renée semblait tout voir sans y avoir été.

— Elle a été contente ?

De cela, il ne savait rien encore. Il ne pouvait pas en parler à Renée. Ni à personne.

Certes, le champagne, puis le whisky l'avaient exalté. A certain moment, dans les bras de cette femme qu'il ne connaissait pas et qui gardait tout son sang-froid, il s'était senti terriblement malheureux.

Il s'était surtout senti pauvre, d'une pauvreté qui l'humiliait. Tout, autour de lui, parlait d'un monde qu'il ne connaissait que de loin. On lui en entrouvrait la porte pour une nuit, un peu comme un grand seigneur entrouvre la sienne, le temps d'un caprice, à une fille de la rue.

L'ivresse aidant, c'était un véritable désespoir qui l'envahissait et son algarade avec Ferchaux lui apparaissait comme une irrémédiable catastrophe.

Qu'allait-il advenir de lui ? Il avait perdu sa place. Il n'avait plus que la ressource de faire partie de la bande de chez Jef qui perdait tout prestige à ses yeux. Il ne serait qu'un de ces gentlemen miteux qui se lancent à l'assaut des bateaux pour grapiller des miettes de la fortune des passagers.

Avait-il pleuré ? Il ne voulait pas s'en souvenir. Il avait parlé, en tout cas, d'une voix tantôt sourde, tantôt haletante.

Peu importe s'il n'avait pas dit la vérité. Il en avait créé une autre, une vérité plus en harmonie avec l'heure qu'il vivait et avec ses aspirations.

N'avait-il pas prétendu qu'il appartenait à une vieille famille noble et que son père s'était ruiné au jeu à Monte-Carlo ? (Quelques jours avant, il avait lu un roman qui se passait sur la Riviera.) Il avait parlé de sa mère, de sa sœur. C'était pour cette dernière qu'il s'était expatrié, qu'il avait accepté de devenir le secrétaire d'un vieil oncle dont il lui était interdit de rien dire.

Non seulement il ne pouvait pas raconter ces choses à Renée, mais il ne voulait plus y penser car, vu dans une certaine lumière, le rôle qu'il avait joué devenait odieux ou grotesque.

La nuit, dans la cabine que n'éclairait qu'une veilleuse, avec le whisky qui coulait aussi abondamment que les larmes, les corps énervés par des assauts trop farouchement répétés, Michel ne devait pas avoir été ridicule puisque Mrs Lampson, elle aussi, s'était attendrie.

N'avait-elle pas voulu lui remettre un petit portefeuille de soie qu'il avait refusé ? Et, après une scène violente, mélodramatique, ne lui avait-elle pas demandé pardon de son geste ?

Ils étaient ivres, certes. Mais cela n'en avait pas moins existé. Elle devait s'en souvenir. Elle s'en était souvenue quand, le matin, en rade de Panama, il avait quitté sa cabine. Elle avait murmuré comme une promesse :

— Je crois que je reviendrai par le même bateau.

Ainsi, pour lui, elle renonçait au tour de l'Amérique du Sud dont elle lui avait parlé tout d'abord.

Elle attendait des lettres de lui aux escales successives. Il devait, dès le lendemain, en envoyer une par avion à Guayaquil. Cela ne regardait pas Renée, qui avait du flair, puisqu'elle articula en se levant :

— Je parie qu'elle repassera par ici.

— Elle l'a dit.

La chambre était nue, comme celle de l'appartement de Ferchaux. Des murs blancs, des moustiquaires, quelques photographies autour du cadre de la glace.

— Passe-moi mes pantoufles, veux-tu ? Cela ne te gêne pas que je fasse ma toilette devant toi ?

Au contraire. Cela avait un caractère un peu sordide et il n'était pas fâché de salir tout ce qui avait existé jusque-là, tout ce qui existerait sans doute pendant un certain temps encore.

C'était le meilleur moyen de s'en détacher sûrement. Une nouvelle étape de sa vie finissait, comme avait fini l'étape de Valenciennes le soir où, avec quelques amis, il avait fêté en se saoulant son départ pour Paris ; comme avait fini à son tour l'étape de Paris quand il avait fallu revendre les vêtements et le linge de Lina pour prendre le train de Caen.

Est-ce qu'un obstacle l'avait jamais arrêté ? Avait-il hésité à laisser Lina en plan à Dunkerque ? Il ne le regrettait pas, et pourtant il l'aimait bien, il pensait souvent à elle avec une certaine tendresse, il aurait été heureux, si les gens avaient été moins compliqués, de recevoir de ses nouvelles.

Pourquoi pas, en somme ? Ils avaient fait un bout de chemin ensemble. Lina n'était pas faite pour le suivre plus loin. Pas plus que cette bonne fille de Renée ne pourrait rester avec lui longtemps.

Il ne les quittait pas par méchanceté. Au contraire. Il leur gardait un souvenir ému.

C'était un détail à ne pas avouer : tout à l'heure, dans le train, quand il envisageait son retour à Colon, il avait été obligé d'envisager aussi le cas où Renée, par extraordinaire, ne le voudrait pas, ou encore où elle serait tout à coup partie en voyage. C'était peut-être idiot, mais il avait tenu à penser à tout. Il avait pensé aussi à la solution désespérée, et cette solution, c'était la Bretonne du quartier réservé qui le suivait toujours d'un regard tendre.

Il préférait Renée. C'était exactement son rêve d'il y a un an qui s'accomplissait, mais au moment où cela ne représentait plus son idéal, où ce n'était plus qu'un pis aller, en attendant.

Elle ne se gênait pas pour prendre devant lui ses soins les plus intimes, tout en bavardant.

— Tu trouveras mon sac dans l'armoire. Il doit y avoir un billet de cent dollars dans la petite poche.

Il fouilla le sac, tranquillement, n'eut pas la curiosité de lire deux lettres qui s'y trouvaient, mit le billet de banque dans son portefeuille, alla se rafraîchir au-dessus de la cuvette et passa un peigne mouillé dans ses cheveux.

— On descend ?

Ce ne serait peut-être pas Mrs Lampson ? Peut-être n'était-elle aussi qu'une étape ? Moins encore : une simple amorce ? Toujours est-il qu'elle lui avait fait entrevoir un autre monde dont, coûte que coûte, il forcerait l'entrée.

Alors, il penserait à cet hôtel de Jef comme il pensait maintenant à leur meublé de la rue des Dames, dont ils s'étaient enfuis sans payer, ou encore à l'auberge normande où, après trois jours seulement, il avait pu rejoindre Lina dans le petit matin.

— Descends toujours.

— Je t'attends.

Un hasard, évidemment : au moment de s'engager dans l'escalier, Renée dut rattacher sa chaussure ; pour cela, elle tendit à Michel son sac qu'elle tenait à la main ; il descendit quelques marches et elle le suivit ; il ne pensa pas à lui rendre le sac et c'était lui qui le portait quand tous deux pénétrèrent dans la salle.

Jef dînait à la même table que Fred et Julien. Le

Hollandais, qui avait depuis longtemps fini de manger, restait immobile à sa place, le regard vague et effrayant.

— Napo !

— Voilà, messieurs-dames. Qu'est-ce que vous prendrez après les spaghetti ? Il y a de la morue au gratin...

Michel regarda sa compagne, naturellement, l'air interrogateur, comme s'ils formaient déjà un vieux couple. Naturellement aussi elle répondit :

— C'est trop lourd pour moi. Tu me cuiras deux œufs, Napo.

— Bien, madame Renée.

Les autres avaient compris, eux aussi. Jef se montrait à la fois satisfait et soucieux. Satisfait parce qu'il savait que cela faisait plaisir à Renée. Soucieux parce que, malgré tout, il ne parvenait pas à considérer Michel comme un des leurs. Maudet restait un amateur, un *demi-sel*.

— Il n'y a qu'un bateau ce soir, annonça-t-il pour Renée. Un portugais. Et encore, il prend la mer à minuit.

Michel ne pouvait s'empêcher de penser à Ferchaux tout seul dans leur appartement, sa bouteille de lait à portée de la main. Combien de temps allait-il tenir avant de venir le relancer ?

Est-ce que Maudet accepterait de le suivre ? Peut-être. Il ne savait pas encore. Cela ne parvenait pas à l'intéresser. Il voyait plus loin. En somme, tout cela n'avait plus d'importance et il avait envie de hausser les épaules en se voyant dans la glace, jouant son nouveau rôle auquel il ne croyait déjà plus.

Il offrirait la tournée, ce soir, et il jouerait aux cartes en attendant le retour de Renée.

IV

Ils étaient seuls, Jef et lui. Le cuisinier noir était dans la cour où on l'entendait éplucher des légumes en chantonnant. Là-haut, Renée dormait, la porte ouverte sur la galerie de bois pour créer un peu de fraîcheur.

Il n'était que dix heures du matin, dix heures à peine, et pourtant Michel, qui était déjà sorti, avait une buée de sueur au front et au-dessus de la lèvre. Jouant avec un mouchoir, il allait et venait nonchalamment dans le café plein d'ombre bleutée, s'asseyant parfois sur le bord d'une table, se rapprochant un moment d'un des quatre ventilateurs qui ronronnaient.

Jef, pendant ce temps, astiquait les glaces, les verres et les flacons derrière son comptoir.

Il y avait dans l'atmosphère quelque chose de relâché, de veule, que Michel, au fond, avait toujours assez aimé. Les deux hommes bavardaient, sans fièvre, laissant planer de longs silences. Maudet, qui était passé chez le coiffeur, admirait de temps en temps son image dans les glaces qui ceinturaient la salle au-dessus des banquettes rouges. Les bruits du port restaient lointains ; la ville, plus près, était encore somnolente, les rues livrées aux prisonniers qui, sous la conduite d'un gardien en kaki, effectuaient paresseusement le nettoyage de la voirie.

— L'infirmière est toujours avec lui ? questionnait Jef.

— Elle doit coucher dans l'appartement. En outre, ce matin, j'ai aperçu dans la véranda une quarteronne en madras qui faisait le ménage.

Après avoir soufflé son haleine sur une coupe à champagne, Jef murmura avec une feinte indifférence :

— Il est peut-être vraiment malade ?

Michel savait bien que son interlocuteur l'observait en dessous. Il y avait déjà trois jours qu'il était revenu de Panama, trois jours que, comme un dormeur dans un lit étranger, il essayait en vain de prendre, dans la maison de Jef, une position confortable.

Tout le monde était gentil avec lui. En apparence, on le considérait comme faisant partie de la petite bande. Peut-être certains, comme Fred et Julien, qui ne cherchaient pas plus loin, étaient-ils sincères ? Nic se montrait aussi cordial que possible et avait été le premier à proposer à Michel de le tutoyer.

Pourtant, Maudet n'était pas à son aise. Il avait été surpris, le premier jour, en voyant que Ferchaux ne venait pas à sa recherche. Pour ne pas se montrer, il avait d'abord envoyé Suska le Hollandais rôder autour de l'appartement.

C'était Suska qui lui avait annoncé, avec son indifférence habituelle, que le vieillard devait être malade, car il avait aperçu une infirmière en voile bleu dans la véranda.

Michel était sûr que Jef l'épiait, qu'il l'avait toujours épié. Il y avait plus troublant encore : le Belge avait un peu, pour lui, les mêmes regards que Ferchaux.

Certes, ce n'était pas identique. Chez Ferchaux, dès le début, il y avait eu une pointe d'émotion, un sourire pour le moins — pour autant qu'on puisse parler du sourire de Ferchaux ! — parce que l'homme de l'Oubangui reconnaissait chez son secrétaire des traits de sa propre jeunesse.

Il n'y en avait pas moins des traits communs. Jef, comme Ferchaux, était un homme qui ne parlait pas beaucoup et qui affectait de ne pas tenir compte des conventions sociales. L'un comme l'autre s'habillait n'importe comment, avec une négligence voulue ; ils le faisaient exprès d'être sales, voire répugnants, et de vous souffler leur haleine au visage.

— T'oseras même pas reculer, par politesse !

Eux n'étaient pas polis. Ils ne disaient ni bonjour ni bonsoir. Une fois Jef serrait la main et d'autres fois vous étiez une heure chez lui sans qu'il ait eu l'air de vous apercevoir. Des clients de passage venaient parfois à l'heure des repas, alors que trois ou quatre habitués étaient occupés à manger.

— Garçon ! appelaient-ils.

Et lui, un torchon à la main, le pantalon de toile bleue descendu sur le ventre et menaçant de tomber, leur lançait :

— Il n'y a pas de garçon.

— Qui est-ce qui sert, alors ? Il y a moyen de déjeuner ?

— Non.

— C'est pourtant bien un restaurant...

Ils louchaient vers les assiettes appétissantes des habitués, respiraient la bonne odeur qui venait de la cuisine. Jef ne leur répondait pas, ne les regardait pas, allait et venait sur ses mauvais pieds qui le faisaient se balancer comme un ours.

— Eh bien ?... Quelqu'un !... s'impatientait le client.

— Puisqu'on vous dit qu'il n'y a personne.

— On ne peut donc pas manger ?

— Non. J'ai dit non une fois.

Est-ce que, dans un autre domaine, Ferchaux n'agissait pas de même ? Peut-être, chez Jef, était-ce davantage de la pose ? Il ne pouvait s'empêcher, dans ces cas-là, de sourire avec une jubilation intense, puis d'adresser un clin d'œil aux initiés.

Comme Ferchaux, cependant, il paraissait toujours tenir Michel au bout d'un fil. Maintenant encore, il le laissait aller et venir dans le café. Maudet, dans son complet blanc impeccable (il en mettait un propre chaque matin), avec sa cravate bleue à pois et ses souliers de daim blanc qui donnaient beaucoup de souplesse à sa démarche, traînait encore derrière lui le parfum de la friction que le coiffeur lui avait faite ; ses ongles fraîchement manucurés étaient luisants ; il paraissait désinvolte ; il était satisfait de l'image que lui renvoyaient les glaces, et pourtant il persistait en lui un sourd malaise qu'il était incapable de dissiper.

C'était exprès qu'il restait, cependant. Il avait envie d'une explication avec Jef. Que celui-ci lui dise une fois pour toutes ce qu'il pensait, et on verrait bien.

— Ça te tracasse, hein ?

Il sursauta, comme s'il eût été deviné.

— Quoi ?

— Que le vieux ne soit pas venu gémir à la porte et te supplier de retourner chez lui.

C'était vrai et ce n'était pas vrai. Il en était un tout petit peu dérouté. Pas trop cependant.

— Cela revient au même, riposta-t-il.

— Qu'est-ce qui revient au même ?

— Ce qu'il fait. Il est malin comme un singe. Il s'est dit qu'en venant gémir à la porte, comme vous dites, il n'aboutirait à rien. Tandis qu'en jouant le grand jeu... Il appelle auprès de lui une infirmière, comme s'il était vraiment malade ; il reste couché toute la journée sur la terrasse ; on embauche une femme de ménage ; on met l'appartement sens dessus dessous et...

— ... Et ça te travaille !

— Non.

Il mentait. Cela le travaillait en effet. Il aurait voulu connaître la vérité. Ce matin encore, il était passé sur le boulevard à plusieurs reprises, se tenant sur le trottoir côté quartier nègre, par peur d'être vu. De loin, il avait examiné la véranda. Il avait vu aller et venir l'infirmière si nette sous son voile bleu, une infirmière que Ferchaux avait demandée à la clinique américaine de Cristobal.

Cela ressemblait si peu au vieux caïman ! Combien il devait être malheureux entre ces deux femmes !

— Vois-tu, mon petit, ce qui est ennuyeux avec toi, c'est que tu n'es pas franc.

Et Michel s'empourpra, se vit dans la glace devenir rouge jusqu'aux oreilles. Il avait beau faire, il rougissait encore comme quand, enfant, il mentait à sa mère. Cela s'harmonisait d'ailleurs avec l'expression de franchise presque naïve qu'il parvenait, quand il le voulait, à donner à son visage. Quand, par exemple, dans la cabine de Mrs Lampson, il avait pleuré. Car il avait pleuré. A ce moment-là, il était désarmant. Mrs Lampson s'y était trompée et avait été bouleversée au point de pleurer à son tour.

Jef, lui, ne s'y laissait pas prendre, et Jef avait enfin prononcé les mots que Michel attendait. Voilà donc pourquoi, malgré ses efforts, on ne l'avait jamais adopté tout à fait : il n'était pas franc.

Il connaissait assez le langage de Jef et de ses compagnons pour mesurer la portée de ce mot-là. Il ne s'agissait pas seulement d'une franchise de langage. Jef disait de même qu'un couteau n'était pas franc, ou un poisson pêché de la veille.

Il aurait pu dire qu'il n'était pas droit, que non seulement on ne pouvait pas se fier à lui, mais qu'il suivrait en dépit des autres et de lui-même des chemins tortueux.

— Pourquoi ne suis-je pas franc ?
— Tu le sais bien, non ?
— Parce que j'ai quitté le vieux ?

Est-ce que Jef, chez qui se manigançaient toutes les petites affaires malpropres en marge de Colon, allait lui reprocher son manque de reconnaissance envers son patron qu'il appelait lui-même un vieux caïman ? Ou encore son manque de cœur ?

— Je dis que tu n'es pas franc parce que tu n'es pas franc. Maintenant, par exemple, tu te demandes sur quel pied danser. Tu es venu chez nous parce que tu ne savais pas où aller, mais tu n'es pas franchement avec nous, et un jour t'en diras autant de mal que t'en dis de ton patron.

— Je n'en dis pas de mal.
— Tu le laisserais crever.
— Il est assez fort pour se défendre seul.

Une pensée lui vint, rapide, aiguë. Il eut le soupçon que cette scène était voulue, préparée, que ce gros malin de Jef l'amenait tout doucement où il voulait l'amener, c'est-à-dire à parler de Ferchaux.

Toute sa vie, il avait eu des intuitions de ce genre, qui ne l'avaient jamais trompé, mais il avait toujours passé outre, emporté par sa fougue, peut-être par ce qu'il y avait encore de trop jeune en lui.

— Si vous le connaissiez...
— Remarque que je ne te demande rien.

Jef le méprisait, il en était sûr. C'était là ce qui l'avait toujours gêné dans ses rapports avec lui. Jef avait découvert le côté méprisable de son caractère que Ferchaux avait plusieurs fois entrevu ? Or, ces fois-là, Ferchaux, au lieu d'afficher son mépris, avait pris un air triste.

Voilà. Michel avait compris ce qu'il y avait de commun dans ces deux hommes : ils étaient lucides, d'une lucidité froide ; ils voyaient au-dedans de lui ; ils découvraient les choses que Michel ne voulait pas voir, comme sa mère, jadis, qui ne lui faisait pas grâce du moindre sentiment malpropre ou seulement équivoque.

Le sang aux joues, il éprouva le besoin de se blanchir, d'acquérir coûte que coûte l'estime de l'ancien bagnard.

— Je sais que vous êtes capable de garder un secret...

— Tu crois ? répliquait l'autre, narquois, en plantant des petits drapeaux multicolores dans des flûtes à champagne rangées sur les étagères.

— Savez-vous qui est ce vieux caïman, comme vous l'appelez ? C'est Dieudonné Ferchaux.

Un instant, le bras de Jef resta en suspens, mais ce fut bref ; il se débarrassa des trois petits drapeaux américains qu'il tenait encore à la main et se retourna.

— Le grand Ferchaux ?

Le mot ne fit pas plaisir à Michel. La grandeur de Ferchaux, qu'on reconnaissait ainsi, ne soulignait-elle pas sa propre petitesse ? N'allait-on pas lui reprocher de se mal conduire avec un homme de cette trempe ?

Jef était devenu rêveur. Sa pensée était loin. Il ne se préoccupait plus de son compagnon et ses lèvres molles laissaient enfin tomber un mot qui lui était familier :

— Fumier, va !

Mais non, ce n'était pas à Michel que ce mot s'adressait. Ce n'était pas davantage à Ferchaux, bien au contraire. C'était à la vie, c'était au destin.

Jef avait reçu un réel choc à cette révélation. Machinalement, il se versait un verre d'alcool qu'il buvait d'un trait, essuyait ses lèvres avec son torchon douteux.

— Comment cela se fait-il que tu sois avec lui ?

Comment un Maudet pouvait-il avoir son sort lié à celui du grand Ferchaux, voilà ce que cela signifiait.

— J'étais déjà son secrétaire, en France, dans les derniers temps. Je ne sais pas si vous avez suivi l'affaire.

— Par les journaux.

— Il ne voulait pas lâcher pied. Son frère lui conseillait de partir pour l'Amérique du Sud où il avait, d'avance, viré des fonds.

C'était sa propre cause que Michel essayait de plaider.

— Je crois que son orgueil...
— Tu dis ?
— Je crois que son orgueil a été le plus fort. La catastrophe est arrivée. Son arrestation a été décidée. Son frère s'est suicidé. Une nuit, à Dunkerque...
— Il t'a emmené avec lui ?

Et Jef le regardait dans les yeux d'une façon indéfinissable ; on aurait pu croire qu'il y avait de la colère dans son regard.

— Il m'a demandé si j'acceptais de l'accompagner dans sa fuite. Il était seul, malheureux...

— Sans blague !

— Je vous assure. Je sais que cela paraît invraisemblable qu'un homme comme lui... Mais je le connais, je suis sans doute le seul à le connaître. Je ne l'ai pas vu en Afrique et je ne sais pas comment il était là-bas. La débâcle a dû le vieillir. Il m'a presque supplié...

— Fumier ! semblait répéter Jef.

Fumier de sort, oui, qui réduisait un homme comme Ferchaux à mendier la présence d'un Maudet.

Jef ne lui faisait grâce de rien, semblait décidé à le décortiquer jusqu'à la chair vive.

— Il avait encore de l'argent, hein ?

Ce qui revenait à accuser Michel de n'avoir suivi son patron que pour cet argent. Était-ce vrai ? Pas tout à fait. Mais cela, personne ne le croirait.

— Il lui restait cinq millions environ et des diamants, une petite pochette de diamants bruts qui a été volée pendant la traversée. Nous avions pris un cargo espagnol qui faisait route vers les Canaries. Le capitaine était sans cesse fourré dans notre cabine. Je suis persuadé que c'est lui...

— En tout cas, ce n'est pas toi. Après ?

— Nous sommes restés près d'un mois cachés à Ténériffe, puis nous avons profité d'un bateau grec qui nous a déposé à Rio de Janeiro. C'était le moment où, à Paris, le procès commençait. Pas le procès financier, car celui-là n'a jamais eu lieu. Le procès aux Assises, pour l'histoire des trois nègres. Vous êtes au courant ?

Jef haussa les épaules. Bien sûr, qu'il était au courant ! Et, si quelqu'un était capable de comprendre l'histoire des nègres, n'était-ce pas lui ?

— L'effervescence s'était calmée. Les ennemis des frères Ferchaux, ceux-là qui avaient monté toute l'affaire ou qui avaient poussé à la roue, avaient ce qu'ils voulaient. Les sociétés étaient placées sous l'autorité d'un syndic. A l'heure actuelle, elles sont plus florissantes que jamais. Aux Assises, les jurés n'ont pas reconnu la légitime défense, mais ils ont accordé les circonstances atténuantes, de sorte que Dieudonné Ferchaux n'a été condamné, par contumace, qu'à cinq ans de travaux forcés.

Un mince sourire, sur les lèvres de Jef. Peut-être pensait-il au temps où il passait, lui aussi, devant les jurés ?

— Nous avions acheté de faux papiers à Ténériffe. Ferchaux voyageait, comme ici, sous le nom de M. Louis. Il avait de l'argent, une très grosse somme, placée par son frère dans une banque privée de Montevideo. C'est alors que les difficultés ont commencé...

La période, sans doute, la plus pénible, depuis que Ferchaux avait fui le sol français. A Montevideo, il avait cru entrer sans peine en possession de son argent. Or, les banquiers avaient soulevé des difficultés de plus en plus grandes. Des hommes d'affaires s'en étaient mêlés. Chaque jour on leur donnait de l'espoir et chaque jour ils se heurtaient à des obstacles nouveaux.

Ferchaux, une fois encore, s'obstinait. Il vivait avec Michel dans un petit hôtel non loin du port et les journées se passaient en démarches écœurantes.

Le gouvernement français, qui ignorait sa retraite, n'avait pas cru devoir lancer à l'étranger de mandats d'extradition. A vrai dire, il ne devait pas être désireux de voir le vieillard rentrer en France pour purger sa peine.

— Pendant des mois, ils nous ont traînés d'espoir en espoir...

— Je connais ces gens-là, grommela Jef.

— Puis, comme Ferchaux se montrait de plus en plus obstiné, ils ont employé un autre moyen.

— Parbleu !

C'était facile. On avait fait courir le bruit, dans les petits journaux de l'Uruguay, qu'un condamné français se cachait dans le pays. La police, à deux ou trois reprises, était venue éplucher les faux papiers des deux hommes.

C'était un avertissement, Ferchaux avait compris que, s'il insistait, on jouerait le grand jeu et que la justice française serait obligée de réclamer son extradition.

C'est alors qu'ils étaient venus à Panama d'abord, puis à Colon.

Et Jef, qui ne perdait pas le fil de sa pensée, questionnait laconiquement :

— Combien ?
— Combien quoi ?
— Il lui reste combien ?
— A peine un million. Il a perdu beaucoup d'argent là-bas. Les hommes de loi et les hommes d'affaires l'ont grugé.

Le silence régnait dans le café. Le nègre, qui avait gagné la cuisine, allumait son fourneau et un peu de fumée arrivait par la porte entrouverte. Jef, machinalement, remplissait deux verres et en poussait un vers Michel.

Ils buvaient, sans trinquer, sans un mot.

— Ce que vous ne pouvez pas comprendre...

Maudet revenait à la charge, voulait absolument se défendre. Ferchaux était Ferchaux, soit ! Il avait été un homme extraordinaire, à côté de qui un Jef n'était sans doute qu'un pygmée.

— Je ne prétends pas qu'il soit fou, non...
— Va toujours.
— Mais il est devenu maniaque. Il a une peur bleue de rester seul et néanmoins il a horreur des nouveaux visages. Il n'accepte même pas que le nègre qui fait notre ménage couche dans l'appartement. Il faut que je sois près de lui du matin au soir et du soir au matin. Si je fais mine de sortir, il feint une crise cardiaque. Car il est malin comme un singe. Ou encore, il me parle comme il parlerait à son fils s'il en avait un.

Les yeux de Jef étaient toujours fixés sur lui, et Michel ne savait où poser le regard.

— Il n'est pas plus malade que moi. Il est de taille à vivre des années de la sorte.
— Et le million sera fondu.
— Comment ?
— Je dis que le million sera fondu.
— Vous croyez que c'est à cause de son argent que...
— Je ne crois rien, petit. Mais, vois-tu...
Il se tut.
— Mais quoi ?
— Rien.
Il préférait garder sa pensée pour lui. Ou peut-être était-ce trop vague. On lisait sur son visage le même genre de tristesse qui accablait souvent Ferchaux, une tristesse non sentimentale, plus vaste, sans objet précis.
— Si je savais qu'il est réellement malade... Mais non ! Ce n'est pas possible. Je sens que c'est une comédie. Il n'a pas voulu s'humilier en venant me chercher ici. Il s'est dit que, quand je verrais une infirmière à son chevet, je ne manquerais pas d'accourir.

Pourquoi Jef ne le tranquillisait-il pas d'un mot ? C'était cela et rien d'autre que cherchait Michel. Le Belge n'avait qu'à lui dire :
— Tu as raison.
Ou :
— Je te comprends.

Il s'en gardait bien. Il traversait le café, en se balançant sur ses mauvais pieds, allait jeter un coup d'œil dans ses casseroles.

Michel avait-il bien fait de parler ? On ne s'occupait plus de lui et il ne savait que faire. Il se regardait encore une fois dans la glace, redressait son nœud de cravate et s'engageait dans l'escalier.

Renée était rentrée de bonne heure, cette nuit-là, car il n'y avait pas de bateau de passagers à Colon et les équipages des cargos fréquentaient peu à l'*Atlantic*. Elle était déjà debout, en peignoir, devant la fenêtre ouverte que rayaient les persiennes.

— Qu'est-ce que vous pouvez bien vous raconter depuis une heure ?

— On bavardait, Jef et moi.

Elle n'était pas convaincue. Cette longue conversation, dont elle n'avait perçu qu'un murmure indistinct comme un vol de grosses mouches, la chiffonnait. Elle devait savoir que Jef n'aimait pas Michel. Elle était sûrement au courant, elle, de ce qu'ils racontaient derrière son dos.

— Tu as l'air fatigué.

— Non.

Les choses ne s'arrangeaient pas comme il l'avait espéré et il en était dépité. Au fait, qu'avait-il espéré au juste ? La contrainte que Ferchaux faisait peser sur lui l'avait exaspéré. Il avait profité de la première occasion pour s'en débarrasser.

Et encore, lors de l'algarade de l'*Atlantic,* n'était-il pas tout à fait lucide. Il n'avait pas résisté au désir de crâner devant son Américaine et devant Renée. Celle-ci, de toute façon, qui lui souriait et semblait l'encourager, n'était-elle pas la bouée de sauvetage ?

Ferchaux ne le conduisait nulle part et il voulait

aller de l'avant. Il savait à quel monde il brûlait d'accéder, à celui de Mrs Lampson et des habitants des villas de Cristobal, au monde du *Washington,* des tournois de tennis ou de bridge et des parties de polo.

Il fallait seulement lui donner le temps de se retourner, quelques semaines au plus. En trois jours, il avait écrit quatre longues lettres qui étaient parties par avion à destination de Mrs Lampson. Il était sûr de lui. Presque sûr.

Est-ce qu'on ne pouvait pas le laisser tranquille en attendant ?

— Tu parais contrarié. Est-ce que Jef t'a dit des choses désagréables ? Tu sais comme il est. Il le fait exprès. Il est ainsi avec tout le monde. Tu ne dois pas y faire attention.

— Ce n'est pas cela.

— Qu'est-ce que c'est ?

Il s'était assis au bord du lit défait et, debout devant la glace encadrée de bambou, Renée se coiffait.

— Il faut que je fasse quelque chose, dit-il enfin en prenant une cigarette dans son étui.

— Que veux-tu dire ?

— Je ne peux pas continuer à vivre comme ça.

Elle avait compris, bien sûr. C'était par gentillesse qu'elle murmurait :

— Tu n'es pas heureux ?

— Mais si. Tu es fort gentille.

Ce qu'il y avait de bien avec elle, c'est qu'ils n'étaient obligés ni l'un ni l'autre de parler d'amour. Ils se plaisaient. Ils étaient contents d'être ensemble.

Mais ils ne s'imaginaient pas un seul instant que cela durerait toute la vie.

— Tu as tort de te tracasser pour le moment. Prends au moins le temps de te retourner. Quant à Jef, qu'as-tu besoin de faire attention à ce qu'il raconte ?

Elle poursuivait, des épingles à cheveux entre les lèvres :

— Tu sais bien que tu n'es pas tout à fait comme eux. Ils le sentent. Cela les gêne.

Oui, elle était gentille, elle faisait ce qu'elle pouvait pour le remettre d'aplomb, mais elle ne savait pas.

Il n'était pas comme eux. C'est ce que Jef lui avait fait sentir, assez brutalement. Seulement, ce n'était pas une différence en mieux, aux yeux de Jef, c'était une différence en pis !

— N'empêche que je vais chercher du travail.

Il n'y en avait pas, il le savait. Pas pour lui. Il ne pouvait pas entrer comme vendeur ou comme employé dans un bazar. Ce qui était à sa portée, c'était de rôder autour du port et dans les cafés, comme le faisait ce pauvre type qu'on appelait le Professeur.

C'était un grand garçon maigre, probablement tuberculeux, fort instruit, qui était arrivé un jour à Cristobal en compagnie d'une riche famille brésilienne comme précepteur des deux enfants. La famille brésilienne continuait sa route. Le Professeur avait-il raté son bateau comme certains le prétendaient ?

Toujours est-il qu'il était resté à terre. Michel le soupçonnait de l'avoir fait exprès, dégoûté par avance de la vie qui l'attendait chez ses fastueux planteurs de café.

On le voyait de temps en temps chez Jef. Il ne s'y attardait pas. Il connaissait tout le monde, disait bonjour à tout le monde, buvait au besoin un verre avec n'importe qui, mais il ne frayait avec personne, restait seul de son espèce, à mener une existence misérable et compliquée.

Dès qu'un bateau était annoncé, il était un des premiers à monter à bord, jouant des coudes avec les indigènes venant offrir leur marchandise.

Il était habillé, lui, comme les passagers. C'était un garçon assez distingué, timide. Il rôdait sur les ponts et dans les coursives. Les stewards le connaissaient, savaient qu'il parlait couramment quatre ou cinq langues, qu'il était honnête.

Alors, on le présentait à un passager ou à un groupe de passagers. Il portait des lunettes à verres épais qu'il était obligé de retirer de temps en temps pour essuyer ses yeux rouges. Il suait beaucoup, surtout des mains, qui trituraient sans cesse un mouchoir.

Contrairement à ceux de son espèce qu'on rencontre dans les ports, il ne buvait pas. On le voyait, dans les rues et les bazars, piloter ses clients, leur montrer la ville, les mettre au courant des occasions, sans entrain, sérieusement, consciencieusement, l'air un peu morne, comme il eût accompli un travail de bureau.

Cela finissait invariablement dans les cabarets de nuit où il se tenait modestement à sa place tandis que ses clients se déchaînaient.

Au début, il n'avait pu se résoudre à recevoir des entraîneuses le pourcentage qu'elles lui offraient quand il les faisait inviter à une table ou qu'il conduisait quelqu'un au quartier réservé.

Il s'y était fait, petit à petit.

Certaines semaines, il gagnait largement sa vie. Alors il disparaissait de la circulation. On avait cru d'abord qu'il se rendait à Panama ou ailleurs, puis qu'il avait quelque part une maîtresse.

C'était plus simple. Il restait enfermé dans sa chambre, dans le quartier nègre, où de rares visiteurs avaient été stupéfaits de trouver des piles de bouquins à même le plancher.

C'était à lui que Renée devait penser quand Michel lui annonçait qu'il allait chercher du travail.

— Vois-tu, Michel, lui disait-elle avec douceur, je crois que tu as le tort de ne jamais te contenter du présent. Tu as toujours l'air d'un homme qui va se précipiter en avant. Pour le moment, nous sommes bien, tous les deux. Cela me ferait de la peine, je t'assure, de me retrouver seule. Je parie que tu es encore allé rôder du côté de chez ton ancien patron.

— Je n'ai aucune envie de retourner chez lui.

— Alors?

Ils ne pouvaient pas le comprendre. Ni Renée, ni Jef, ni les autres, ni même Ferchaux ne le comprenaient. Lina ne l'avait pas compris non plus. Quant à sa mère, qui croyait si bien le connaître, elle n'avait pas la moindre idée de la véritable personnalité de son fils.

Chacun voyait un trait de son caractère et ne voyait que celui-là. Pour sa mère, il avait été un gamin capable de tout pour arriver à ses fins, capable de mentir, de tricher, de voler même.

Seulement, il n'y avait pas que cela !

Lina, elle, béait d'admiration devant sa vitalité et ne pouvait résister à ses mouvements de tendresse. Car il était tendre. Celle-là l'avait découvert. Tendre et cruel, elle le savait aussi, mais elle pardonnait ses cruautés, il suffisait à Michel d'une certaine moue pour se faire tout pardonner d'elle.

L'opinion de Jef était plus simple : à ses yeux, Michel était un homme pas sûr.

Pas franc, avait-il dit dans son langage.

Renée ne cherchait pas si loin. Il était beau garçon. Il était gentil avec elle, souvent prévenant. Il était mieux élevé que les clients de chez Jef, avec des délicatesses que ceux-ci ne soupçonnaient pas.

Il ne ferait que passer dans sa vie, elle le savait. Il irait plus loin. Elle ignorait où, mais elle sentait qu'il dépasserait son orbite.

Pourquoi ne pas profiter simplement du moment ?

Elle vint lui passer un bras autour du cou, dans un mouvement qui était un peu maternel.

— Écoute. Nous avons un peu d'argent devant nous. Veux-tu que nous allions tous les deux passer quelques jours à Panama ? Cela te changera les idées.

— Non.

— C'est à cause du vieux ?

Pour une fois, elle se montrait maladroite et il s'en irrita.

— Qu'est-ce que tu veux dire ?

— Je n'ai rien voulu dire. Ne te fâche pas. J'ai pensé que, comme il était malade ou faisait semblant de l'être...

— Il fait semblant.

— Alors, tu vois !

Comment lui avouer qu'il enrageait d'être éloigné de la maison de Ferchaux ? C'était stupide, certes. C'était un piège que le vieillard lui tendait cyniquement.

Et il s'y laissait prendre. En partie à cause de Jef, d'ailleurs.

Il n'avait pas de remords. Ce n'était pas la pitié, ni l'affection, qui l'attiraient du côté de la maison de Vuolto.

Si seulement, trois jours plus tôt, il avait eu de l'argent en poche, il n'y serait jamais revenu, il ne serait jamais revenu non plus dans le café de Jef. Il serait resté à bord du *Santa Clara.* Il aurait continué sa croisière le long des côtes du Pacifique, en compagnie ou non de Mrs Lampson.

Une force le tirait en avant. Le présent lui était odieux. Il piétinait, avait presque envie de trépigner d'impatience comme un enfant.

Les moindres détails lui devenaient insupportables, le décor de cette chambre, la robe du soir bleue étalée sur une chaise, près des souliers argentés, le geste quasi professionnel de Renée qui écrasait du rouge gras sur ses lèvres en avançant celles-ci vers le miroir dans une moue.

— Est-ce qu'il avait hésité à sacrifier Lina ? Or, c'était un sacrifice. Personne ne le croirait, et pourtant c'était la vérité.

Il était contraint de suivre sa route, comme Ferchaux avait suivi la sienne. C'était Ferchaux qui le lui avait enseigné en lui racontant l'histoire des trois nègres qu'il avait été obligé de tuer. C'était une nécessité, un devoir.

Il ne deviendrait pas un petit maquereau bourgeois comme Fred et Julien. Il ne deviendrait pas non plus un Nic Vrondas car, s'il était riche un jour, il trouverait autre chose à faire que jouer au poker dans le café de Jef et que rouler des yeux langoureux à ses vendeuses. Il ne ressemblerait jamais non plus au Professeur.

— Fumier ! avait grondé Jef en pensant au destin d'un Ferchaux.

Il n'accepterait jamais la déchéance de celui-ci. Tout son être se révoltait, non seulement contre la dégringolade, mais contre la stagnation.

Il avait pu vivre un temps dans la maison de la dune, puis dans l'hôtel de la rue des Chanoinesses, puis encore dans le petit café de madame Snoek. Il avait joué à la belote des journées entières avec Ferchaux et Lina. Mais cela n'avait duré, ne pouvait durer qu'un temps. Voilà ! Sa pensée se précisait. Son contact avec les choses, avec les êtres, ne pouvait durer que le temps nécessaire à en pomper en quelque sorte la substance.

Quand il n'y avait plus rien à prendre, il fallait repartir de l'avant.

Or, il n'avait plus rien à prendre à Ferchaux, qui n'était plus qu'un homme déchu physiquement et moralement, réduit à dicter ses Mémoires pour parader encore devant lui-même et devant Maudet.

Tout lui pesait. Il avait cru trouver un asile dans la chambre de Renée et dans l'hôtel de Jef, et il en avait déjà fait le tour — d'autant plus vite qu'on ne l'y avait pas accueilli comme il l'avait espéré.

Il restait l'étranger, étranger ici et là, à Caen et à Dunkerque. Encore que sa femme, Lina, était une étrangère. Sa mère aussi. Et Renée.

Une odeur de cuisine, qui montait par la cage d'escalier et qui envahissait la chambre, lui rappelait son enfance, son adolescence plutôt, quand le ménage de ses parents le hérissait par sa médiocrité et lui inspirait une véritable haine.

Ils allaient descendre tous les deux, retrouver les visages familiers, les mains à serrer, les petites tables aux nappes à carreaux rouges, le nègre crasseux qui les servirait et la cuisine plus ou moins marseillaise qu'il mettrait des heures à digérer.

— Tu es un drôle de garçon ! prononçait Renée comme si, pendant qu'il fumait sa cigarette, étendu sur le lit, les yeux au plafond, elle avait suivi toutes ses pensées.

Il ricana.

Un drôle de garçon, oui, et ils s'en apercevraient un jour, tous tant qu'ils étaient. Mais ce n'était sans doute pas dans le sens qu'ils donnaient à ce terme.

Un garçon, en tout cas, qui pouvait être très malheureux, comme c'était le cas en ce moment.

Il se leva en soupirant, écarta les persiennes pour jeter sa cigarette par la fenêtre.

Quand il se retourna, Renée était prête. Il y avait sur ses lèvres un sourire encourageant, un peu timide malgré tout, car avec lui on ne savait jamais sur quel pied danser.

Elle lui rappela Lina à qui elle ne ressemblait pourtant pas. Qu'est-ce que Lina était devenue ? Elle avait fait ce qu'elle avait pu. Renée aussi faisait ce qu'elle pouvait. Sans doute ne pouvaient-elles pas beaucoup ?

Il en eut un peu pitié, comme on a une seconde de pitié pour un jeune animal qu'on va sacrifier.

Et, pour mettre sa conscience à l'aise, il lui caressa la nuque, qu'elle avait douce.

— Tu es une bonne fille, dit-il.

Après quoi il descendit le premier.

V

La détente vint à l'improviste, le neuvième jour. D'abord sous la forme d'une lettre que Michel n'espérait plus. Il avait calculé le temps que le *Santa Clara* mettrait pour atteindre Buenaventura, sa première escale. Or, deux avions étaient arrivés depuis de Colombie. A la poste restante, où il se rendait matin et soir, il avait insisté en vain. Puis il avait écrit des lettres amères, violentes, sarcastiques, pour se reprendre ensuite et supplier.

Mrs Lampson, pourtant, avait écrit. Il tenait à la main sa lettre couverte de timbres et de cachets. L'employé de la poste ne comprenait pas comment elle était arrivée avec autant de retard ; elle avait dû être acheminée vers une mauvaise destination.

C'était le matin, de bonne heure. Michel aurait pu ouvrir l'enveloppe dans un coin du bureau de poste. Il aurait pu lire la lettre dans la rue. Par une sorte de superstition, il préféra attendre d'être arrivé au *Washington.*

C'était une nouvelle habitude qu'il avait prise

depuis une semaine de se rendre chaque jour, et parfois deux fois par jour, dans le grand palace anglo-américain qui se dressait, un peu en dehors de la ville, au milieu d'un parc parsemé de tennis.

L'hôtel n'était guère fréquenté que par des étrangers de passage, surtout les voyageurs très riches, et par les membres de la colonie américaine. Les fiacres qu'on entendait passer, la nuit, devant chez Vuolto, c'était au *Washington* qu'ils se rendaient. Les autos longues et silencieuses, aux nickels brillants, c'était devant la terrasse du *Washington* qu'elles allaient se ranger ; vers le *Washington* aussi que se dirigeaient les fringants cavaliers qui revenaient du polo.

Maudet n'avait-il pas le droit, comme tout le monde, de pénétrer dans le bar aux immenses ventilateurs et aux profonds fauteuils de rotin clair ?

Des nègres aux pieds nus, aux livrées d'un blanc immaculé, sortaient de l'ombre, sans bruit, à votre moindre désir. On reconnaissait, dans les rocking-chairs de la terrasse, de vieux messieurs et de vieilles dames illustres dont les journaux annonçaient chaque déplacement.

Pour atteindre le bar, il fallait passer devant le bureau où se tenaient, malgré la chaleur, des jeunes gens en jaquette qui regardaient Michel des pieds à la tête. Est-ce que vraiment, comme celui-ci le croyait, ils le regardaient avec ironie, ayant compris du premier coup d'œil qu'il n'était pas dans son milieu ?

Souvent, il lui semblait qu'on chuchotait en le désignant de loin. La première fois, il s'était senti si dépaysé qu'à chaque mouvement silencieux d'une des cariatides nègres il était persuadé qu'on venait le prier de sortir.

Tous les clients, qui allaient et venaient avec une nonchalance très particulière, appelaient familièrement le barman chinois « Li ». Li leur souriait de ses petits yeux brillants, de toute sa peau tendue, n'attendait pas de savoir ce qu'on lui commandait pour confectionner un cocktail ou saisir tel ou tel whisky.

C'était sans doute l'endroit le moins bruyant de Cristobal et de Colon. Non seulement les nègres immenses et d'un noir somptueux qui paraissait artificiel glissaient sans bruit sur les dalles, laissant voir entre leurs orteils un peu de peau rosée, mais les blancs eux-mêmes parlaient à mi-voix et, à certaines heures, on n'entendait d'autre bruit que le crissement des journaux de trente-deux pages venus de Londres ou de New York par avion.

En huit jours, Michel n'avait parlé à personne. Les autres se connaissaient. Ceux qui entraient allaient en silence serrer la main de ceux qui, déjà installés, lisaient ou fumaient rêveusement. Ils n'avaient rien à se dire, ou bien quelques mots suffisaient et ils semblaient vraiment accomplir les rites de quelque religion mystérieuse.

Li regardait certainement Michel comme un intrus. Et Michel s'obstinait. Il souffrait, en se promettant de faire payer cher, un jour, cette souffrance.

C'est de là, toujours du même coin, près d'une colonne de marbre blanc, sur du papier à en-tête du *Washington* qu'il réclamait en s'attendant chaque fois à se le voir refuser, qu'il avait écrit chaque matin à

Gertrud Lampson. C'est là qu'il vint se réfugier pour lire la lettre de celle-ci et, malgré lui, tandis qu'il la posait, avec ses timbres multiples, sur le guéridon, son regard défia Li.

Ainsi donc, il ne faisait pas qu'écrire ; il recevait aussi des lettres, des lettres qui venaient du même milieu que le *Washington*.

— Un *black and white,* Li !

Il prenait son temps, savourait sa victoire, fendait enfin l'enveloppe et six feuillets, à en-tête de la *Grace Line* s'en échappaient, couverts, il est vrai, d'une écriture immense.

« *Cher garçon un peu fou...* »

C'était la traduction littérale des mots que Mrs Lampson employait et toute sa lettre était sur ce ton. Elle écrivait de Buenaventura, après être descendue à terre avec les autres passagers ; le *Santa Clara* ne repartait que le soir ; il pleuvait, disait-elle ; elle se plaignait que le pays fût le plus laid du monde.

Il la voyait, dans le salon des premières classes, près d'un hublot, rose et paisible, satisfaite, un tout petit peu nerveuse cependant, couvrant des pages de sa grande écriture dont rien ne pouvait rompre la régularité.

« *On voit bien que vous êtes un Français et on a raison de prétendre que tous les Français sont un peu fous. J'ai reçu ce matin un tel paquet de lettres que je me suis demandé si j'allais les lire toutes aujourd'hui ou en garder pour les autres jours de la traversée.*

« *Allons !... Vous allez encore pleurer. Ce n'est pas vrai. Je les ai lues dans mon bain.*

« *Comment pouvez-vous vous mettre dans un pareil état parce qu'une vieille dame est sortie un soir avec vous ? Car je suis presque une vieille dame. J'ai trente-cinq ans, cher garçon, et vous êtes encore un* little boy...

« *Je suis sûre que vous avez, à* Cristobal *ou ailleurs, une charmante* sweetheart, *et je me demande si vous ne vous moquez pas ensemble de votre amie du* Santa Clara... »

Elle riait, certes, elle plaisantait, elle voulait garder son sang-froid, elle se moquait d'elle et de lui. Mais on sentait, là-dessous, une émotion qu'elle ne se résignait pas encore à s'avouer. Bien vite, elle parlait d'autre chose, de madame Rivero, une Chilienne dont elle avait fait la connaissance à bord et qui était si charmante.

« *C'est elle que vous auriez dû rencontrer à Cristobal, cher. Si vous saviez quel charme elle a ! Je me demande si, à cause d'elle, je résisterai au désir de continuer ma croisière vers le sud, car elle m'a invitée à passer quelques jours dans sa maison de Valvidia...* »

Michel rougissait. Ses doigts se crispaient sur les feuilles.

« *Je ne devrais pas vous dire cela, car vous allez encore m'écrire des lettres comme vous seul savez les écrire. Mais c'est un jeu pour vous, n'est-ce pas ? Tous les Français aiment jouer à l'amour... »*

Son regard cherchait machinalement quelqu'un autour de lui. Il aurait aimé pouvoir montrer cette lettre à un homme connaissant ce genre de femmes, pour une sorte d'expertise.

— Qu'est-ce que vous en pensez ?

Il était loin des réalités présentes et il fixa un moment sans la voir une silhouette qui glissait entre les colonnes. Il ne la reconnut qu'après, au moment où l'homme disparaissait par une issue de service, et alors, il fronça les sourcils.

Qu'est-ce que Suska, le Hollandais, venait faire au *Washington ?* Déjà, dans le café de Jef, sa présence choquait, Michel n'aurait pas pu dire pourquoi. Ce n'était pas un blanc. Ce n'était pas non plus un indigène comme ceux auxquels on était habitué. Il était à la fois plus digne et plus rampant. On pouvait le bousculer ou le mettre à la porte. Par contre, quand il vous regardait de ses petits yeux fixes, il semblait vous considérer de loin, de haut, avec la monstrueuse ironie d'un dieu asiatique.

Quant au malaise physique que sa vue provoquait, Maudet en connaissait maintenant la raison. Un jour, il avait parlé à Jef des mains informes, d'une grosseur démesurée, de Suska, et Jef avait éclaté de rire.

— Tu n'as pas encore compris ? Tu ne connais pas l'éléphantiasis ?

C'était la maladie qui donnait au Hollandais cet aspect d'énorme chose blême et sans consistance !

— Qu'est-ce qu'il fait ? avait insisté Michel.
— Il vend des têtes d'Indiens.
— Et encore ?
— Il va les chercher.
— Où ?
— Pas dans les pays des Jivaros, bien sûr, car il resterait plus longtemps absent.
— Vous ne voulez pas dire ?...
— On ne sait pas, mon petit. Cela n'a pas d'importance. En tout cas, cela ne nous regarde pas. Qu'il les fasse lui-même ou qu'il les achète...
— Vous parlez sérieusement ? Vous croyez qu'il serait capable ?...
— De temps en temps, parmi les têtes, on trouve une tête de blanc... Encore que boucanées comme les autres, elles sont facilement reconnaissables... Les touristes, eux, les achètent sans y prendre garde... Quelqu'un m'a juré avoir reconnu une de ces têtes...

Qu'est-ce que Suska venait faire au *Washington* ? Vendre ses macabres momies ?

— Barman !

Il avait besoin de relire sa lettre pour en bien pénétrer le sens. A certains moments, il lui semblait que Gertrud Lampson se moquait de lui, qu'elle jouait avec lui plutôt ; il se demandait si elle ne s'était pas amusée à montrer ses propres lettres et la réponse à son amie Rivero. Les hommes n'agissent-ils pas ainsi à l'égard de leurs conquêtes ?

Mais non ! C'était d'elle qu'elle se moquait. Elle était amoureuse et elle en avait honte.

Elle n'avait voulu que s'amuser une nuit, comme cela devait lui être habituel. Maintenant, elle était touchée, il l'aurait juré.

Pourquoi, dans ce cas, parlait-elle de prolonger son voyage et de faire un séjour au Chili ?

C'était impossible. Elle risquait d'y rencontrer un autre séducteur. Même sans cela, l'image de Michel s'effacerait.

— De quoi écrire !

Il préférait ne pas se relire, par respect humain. Un quart d'heure plus tard, il se dirigeait vers le bureau de poste. Si son impatience ne s'était pas dissipée, elle n'avait plus le caractère anxieux des jours précédents.

Il avait passé la plus mauvaise semaine de sa vie. La lettre n'arrivait pas. Il se persuadait que Mrs Lampson ne lui répondrait jamais, qu'elle avait dédaigneusement jeté à la mer ses pages enflammées.

Ferchaux, de son côté, ne donnait pas signe de vie et il arrivait souvent à Jef de regarder Maudet d'un œil goguenard.

— Tu as eu tort, disait Renée, en le voyant si nerveux, de ne pas être allé faire un tour à Panama pour te changer les idées.

Il n'était bien nulle part. Il avait voulu jouer au poker avec Nic et il avait perdu, perdu beaucoup. Il avait été bien obligé de le confesser à Renée.

— Tu ne devrais pas jouer avec Nic. Il est plus fort que toi.

Pourquoi plus fort que lui ? Simplement parce qu'il

avait de l'argent et qu'il pouvait s'offrir le luxe de perdre ! Cela, Michel le prétendait, mais il sentait que ce n'était pas vrai, que c'était lui qui n'était pas bâti pour le poker. Il n'avait pas assez le contrôle de lui-même. Son désir rageur de gagner lui faisait oublier toute prudence.

Et Jef, qui devait être foncièrement méchant, car il savait ce qu'il faisait en parlant de la sorte, déclarait un peu plus tard que c'est au jeu qu'on juge les hommes, que ceux-ci se comportent dans la vie exactement comme à une table de poker.

Tout à l'heure, il relirait la lettre de Mrs Lampson. Il la sentait dans sa poche, il s'en remémorait les termes et chaque fois il leur donnait un sens différent.

Il poussa la porte du café en se demandant s'il en parlerait à Renée. Il en parlerait sûrement, car il était incapable de garder pour lui un tel événement.

Pourquoi Jef l'accueillait-il d'un air mystérieux et lui demandait-il, comme la chose la plus naturelle du monde, alors qu'il n'en avait jamais été question :

— Tu es allé voir le vieux ?

— Pour quelle raison serais-je allé le voir ?

— Je ne sais pas, moi. En tout cas, tu vas probablement y aller.

Il fouillait dans le tiroir du comptoir, feignant de chercher un objet qu'il ne trouvait pas, grommelant entre ses dents :

— Où donc l'ai-je mise ?

Enfin, il plongeait la main dans la poche de son pantalon et en tirait une enveloppe chiffonnée.

— Tiens ! C'est un nègre qui vient de l'apporter il n'y a pas un quart d'heure.

Michel avait reconnu l'écriture maladroite de Ferchaux qui, comme un primaire, avait de la peine à aligner ses lettres.

Ainsi, tout lui arrivait le même jour, au moment où il commençait à désespérer. Du coup, une flamme s'allumait dans ses yeux. Il triomphait. Il se sentait fort. Il croyait à nouveau en son étoile, dont il avait failli douter.

— Tu ne la lis pas ?

Mais si. Seulement, il se donnait le temps de savourer son émotion. Il gagnait sur les deux tableaux. Ferchaux cédait enfin.

— Qu'est-ce qu'il dit ? questionnait Jef, comme Michel repliait le papier.

Maudet le lui tendit d'un geste indifférent. Il n'y avait aucun secret.

« *Mon cher Michel,*

« *Je serais heureux que vous veniez me voir le plus tôt possible, aujourd'hui si vous êtes libre, car j'ai des questions importantes à examiner avec vous.*

« *Vôtre*

« *D. F.* »

— Qu'est-ce que tu prends ? questionna Jef, la main tendue vers une bouteille de pernod.

La pensée de Maudet était agile. C'était peut-être de sa mère qu'il tenait le don de deviner les moindres intentions des gens. Jef n'ignorait pas qu'il allait avoir avec Ferchaux une entrevue importante pour laquelle il aurait besoin de tout son sang-froid. Il ignorait encore moins l'effet que l'alcool, en particulier le pernod, produisait sur le jeune homme, le rendant méfiant, hargneux, prompt à la violence.

Comme s'ils s'étaient compris, Jef tenait la bouteille en suspens au-dessus du verre et Michel, pour le narguer, laissait tomber :

— Versez !

Il avait déjà bu deux verres de whisky. Il but encore deux pernods avec Jef, s'arrangea un peu devant la glace et sortit enfin pour se diriger vers la maison Vuolto. De loin, il vit, sur la véranda, le voile bleu de l'infirmière et, en profil, à moitié caché par les barreaux de la balustrade, le fauteuil de rotin où Ferchaux était étendu.

En même temps, il tressaillait. La maison de Vuolto avait deux portes, celle qui donnait accès à la crémerie et l'entrée particulière qui conduisait à l'appartement du premier étage, occupé par les Vuolto, et au second étage que Ferchaux habitait.

Or, au moment où Michel abaissait son regard, le Hollandais se trouvait à moins d'un mètre de cette porte. Venait-il tout simplement de tourner le coin de la rue ? C'était possible. Mais il était possible aussi qu'il sortît du corridor.

Cette rencontre l'assombrit. C'était la seconde fois depuis le matin qu'il apercevait Suska et, au *Washington* déjà, il en avait été impressionné.

Suska connaissait-il Ferchaux ? Quels rapports

pouvaient exister entre ces deux hommes ? Est-ce que, par hasard, Ferchaux se servait du Hollandais silencieux pour se renseigner sur les faits et gestes de Michel ?

Celui-ci s'engagea dans le corridor, puis dans l'escalier dont les marches craquaient. Il frappa à la porte à laquelle, jadis, il ne frappait jamais. Il se donna le luxe d'attendre, comme un visiteur ordinaire, qu'on vînt lui ouvrir, et ce fut une femme de couleur qui entrebâilla l'huis en souriant de toutes ses dents.

— M. Louis est ici ?
— Oui, Missié.

Il ne reconnaissait pas l'odeur de l'appartement. La présence des deux femmes avait tout transformé. La cuisine, où autrefois on ne mettait jamais les pieds, sinon pour y fourrer pêle-mêle tout ce qui traînait, était propre et de l'eau bouillait sur un réchaud à gaz. Dans le salon-salle à manger, il y avait un tapis, vulgaire certes, mais tapis quand même, sur la table ronde que Michel avait achetée chez un brocanteur. Le plancher était net, l'ampoule électrique avait été débarrassée de sa poussière et entourée d'un abat-jour rose.

— M. Michel ? questionna en s'avançant l'infirmière qui, vue de près, était une jolie fille de vingt-deux à vingt-cinq ans.

Qu'est-ce qu'elle savait de lui ? Elle le détaillait à la dérobée, il en était sûr. Peut-être était-elle étonnée de le trouver si jeune et si sympathique ?

— M. Louis est tres souffrant ? s'informa Maudet en baissant la voix.

Elle rit, comme on rit pour rassurer un malade. Elle répondit à voix très haute :

— Mais non. Il va beaucoup mieux. Il a certes été un peu fatigué, mais il n'y paraît plus. C'est bien plus comme secrétaire suppléante que comme infirmière que je reste près de lui. Si vous voulez me suivre...

Elle le fit passer sur la véranda où Ferchaux était étendu, à son habitude, dans son transatlantique. Il évita de regarder Michel tout de suite. C'est à l'infirmière qu'il s'adressa.

— Vous pouvez nous laisser, Miss Jenny. Je n'aurai plus besoin de vous ce matin.

Et, au moment où elle allait disparaître :

— Dites à Marthe qu'elle en profite pour aller faire ses courses. Elle a tout le temps.

Pourquoi Michel, inconsciemment, s'était-il attendu à le trouver changé ? A tel point qu'il était dérouté, maintenant, un peu dépité même, de revoir son ancien patron tel, exactement, qu'il l'avait quitté.

— Asseyez-vous, Michel.

S'il y avait des différences, elles étaient de surface. Par exemple, il portait, au lieu de son pyjama toujours douteux, un complet de toile propre, mais il n'avait pas de chemise dessous et on découvrait toujours, dans l'échancrure, ses poils gris et blancs. Sa barbe était peignée. On sentait qu'il s'était lavé à l'eau fraîche et il subsistait une petite trace de savon sous le lobe de l'oreille, une vague odeur d'eau de Cologne sur la terrasse.

— Vous n'avez pas cru que j'étais malade, n'est-ce pas ?

Ce que Michel retrouvait surtout, c'était son regard. Comment avait-il pu croire que le regard de Jef et celui de Ferchaux se ressemblaient ? Celui-ci était tellement plus aigu, plus lucide, et surtout plus amer !

Ferchaux ne devait pas être tout à fait à son aise, car il frottait ses mains l'une contre l'autre, hésitait à se lever, mal d'aplomb dans le transatlantique qui l'immobilisait.

— Vous n'avez pas été étonné de recevoir ma lettre ? Avouez que vous vous y attendiez, que, ce qui vous a étonné, c'est de ne pas la recevoir plus tôt.

— Peut-être.

Qu'est-ce que Maudet disait ? Il n'en savait rien. Il répondait pour répondre. Il manquait de son assurance habituelle. Par contenance, il jetait un regard circulaire sur la terrasse et s'étonnait de trouver des fleurs dans un vase. C'était l'infirmière, évidemment, qui les avait apportées et arrangées avec goût. C'était elle aussi qui avait travaillé à cette table — sa table ! — où la machine à écrire était entourée de feuillets.

Il en fut jaloux, se sentit remplacé, peut-être remplacé avantageusement. Il se demanda pourquoi on l'avait appelé, eut l'impression que c'était pour se moquer de lui. Il faillit se lever. Ferchaux sentit son mouvement et se hâta de prononcer :

— Quoi que vous puissiez penser, j'ai été très malheureux. Cela n'a pas d'importance. Racontez-moi ce que vous avez fait.

Étaient-ce les pernods de Jef qui produisaient leur effet, ou la réaction contre tout ce qu'il y avait de changé dans la maison ? Michel, le front buté, répliqua :

— Je crois que vous le savez aussi bien que moi.

Il pensait au Hollandais et Ferchaux ne nia pas, laissa tomber, sans s'y arrêter, cette accusation indirecte, insista :

— Vous êtes content ?

Ce n'était pas ce que Maudet attendait. Il avait prévu des supplications. Dans son esprit, Ferchaux allait faire l'impossible pour le reprendre et, au lieu de cela, c'était lui qui était mis sur la sellette, c'était lui que les petits yeux du vieillard scrutaient jusqu'au plus profond de son être.

— J'aurais dû vous écrire plus tôt. Chaque jour j'en avais le désir. J'avais peur que vous refusiez de venir.

Michel ouvrit la bouche ; on ne lui laissa pas le temps de parler.

— C'est ma faute, d'ailleurs, et je ne vous en veux pas. Vous souvenez-vous d'une conversation que nous avons eue dans votre chambre, à Dunkerque ?

— Je m'en souviens.

— Je vous ai dit... Ce n'est pas ce que je vous ai dit qui importe, c'est ce que je ne vous ai pas dit. Vous étiez inquiet, à cette époque-là, de ce que je pensais de vous, plus exactement de ce que je pensais de vos possibilités d'avenir. Car c'est cela, et rien d'autre, qui vous a toujours tracassé. Vous aviez besoin de sentir votre force, de l'essayer...

Une fois de plus, il l'arrêta de la main. On devinait qu'il avait médité son discours, qu'il avait décidé de dire certaines choses et qu'il les dirait.

— Je ne sais plus ce que je vous ai répondu, mais je sais que je n'ai pas été tout à fait sincère. Je m'étais habitué à vous. Vous le saviez bien. Vous en abusiez déjà. Mais si ! Taisez-vous. Je vous assure que ce n'est pas un reproche, que je ne vous ferai aucun reproche. Vous sentiez pousser vos griffes. Vous aviez hâte de savoir si vous étiez un fort, un homme capable d'aller de l'avant.

« Vous vous souvenez de tout cela, Michel ? »

Et Michel grogna, tassé dans son fauteuil, le regard lourd :

— Oui.

— Voyez-vous, j'aurais dû vous répondre qu'il y a d'un côté les vrais forts et d'un autre, beaucoup plus nombreux, ceux qui ne sont qu'avides. Vous comprenez ?

S'il comprenait ! Chaque mot le frappait comme un caillou et il fixait obstinément le pilon de Ferchaux.

— Ils peuvent donner le change, au début. Ils ont, en apparence, la même énergie. Je me demande si, tout au commencement, je ne m'y suis pas trompé. A Dunkerque, je savais. Je ne l'admettais pas encore, mais je savais. Faute de véritable force, il y a un moment où on est tenté d'employer d'autres moyens. Souvenez-vous de la mallette qui contenait les débris de ma fortune et que je vous ai confiée quand je suis monté seul sur le bateau. J'aurais presque souhaité...

Lina s'y serait trompée, Renée aussi, et

Mrs Lampson. Mais ni un Ferchaux, ni un Jef, n'étaient des hommes à s'y tromper.

Michel était là, tassé dans son fauteuil comme un enfant boudeur. Le sang à la tête, les yeux brillants, il avait des larmes qui tremblaient au bord des cils.

Les trois femmes, elles, n'auraient pas vu que c'étaient des larmes d'humiliation, de rage.

— C'est tout, Michel. Ceci avait besoin d'être dit. Je ne vous en parlerai jamais plus. Je tenais à vous faire comprendre que j'ai agi en pleine connaissance de cause et que, par conséquent, je n'ai pas eu de désillusions.

— C'est pour cela que vous m'avez fait chercher?

La riposte était vulgaire, maladroite, Maudet en avait conscience et, du coup, c'était la haine que ses yeux exprimaient.

— Non. Je vous ai fait chercher parce que je suis un très vieil homme, que j'ai pris des habitudes et qu'il m'est pénible de m'en passer.

Son regard frôlait les fleurs, la véranda mise en ordre, la machine à écrire et les papiers sur la table.

— Vous comprendrez plus tard, beaucoup plus tard, pour autant que vous compreniez un jour. Je ne pense pas que vous ayez déjà trouvé au-dehors ce que vous cherchiez?

C'était vrai, mais Michel se révoltait de l'entendre dire d'une façon aussi naturelle, aussi simple.

— Je vous ai prévenu dès le début que vous n'étiez pas à votre place chez Jef. Vous valez quand même mieux. Ou pis. Cela dépend du point de vue auquel l'on se place.

— Je vous remercie.

— Quoi qu'en disent les médecins, je n'en ai guère que pour quelques mois à vivre, deux ou trois ans tout au plus. Peut-être récupérerai-je un jour les sommes qui me sont dues à Montevideo. Ce n'est pas certain et je ne veux pas vous tromper. Vous savez à peu près aussi bien que moi ce qu'il me reste d'argent. Ici, nous n'en dépensons pas beaucoup.

Michel commença à redresser la tête, non parce qu'on parlait d'argent, non par cupidité, comme des imbéciles eussent pu le croire — comme sa mère l'aurait cru ! — mais parce qu'il y avait une cassure dans la voix de Ferchaux.

Jusque-là, il avait récité un discours préparé d'avance dans la solitude. Décidé à soulager son cœur, il l'avait fait.

A présent, le vieil homme apparaissait à nouveau et le regard devenait anxieux, presque suppliant. C'était l'homme tout seul, qui avait une peur panique de sa solitude et qui se raccrochait à son dernier espoir.

— Cet argent vous reviendra. Ce n'est pas une fortune, mais c'est assez pour servir de point de départ.

— Vous n'avez pas peur du mauvais sujet que je suis ? ricana Michel, mécontent de n'avoir trouvé que cette riposte.

— J'ai peut-être eu tort de vous parler comme je l'ai fait tout à l'heure. J'ai pensé que je le devais, que les choses iraient mieux si tout était clair entre nous.

Malgré ce que je vous ai dit, j'ai pour vous une véritable affection.

— Vraiment ?

— Mais oui, Michel. Et vous le savez. Pour l'instant, vous vous hérissez, alors qu'au fond, vous êtes satisfait. Voulez-vous que je vous procure une autre joie ? Vous qui êtes si inquiet de savoir ce qui vous attend... Eh bien, vous arriverez à vos fins, j'en suis sûr. Vous voyez ! Malgré vous, vos lèvres se retroussent. Vous avez toutes les peines du monde de vous empêcher de sourire. Seulement...

— Seulement ?...

— Peu importe... Vous y tenez ?

— J'y tiens.

— Ce ne sera peut-être pas à la manière...

— A la manière que vous auriez voulu, n'est-ce pas ?

Il s'était levé d'une détente.

— Qui est-ce qui s'est vanté d'avoir tué trois nègres ? Qui est-ce qui s'est vanté d'avoir passé sa vie à humilier ses employés ? Vous croyez que j'ai oublié ? Vous souvenez-vous de ce couple, dans je ne sais quel poste de votre Oubangui, de cette femme que vous avez suivie dans sa chambre sous les yeux de son mari ?

Il défiait le vieillard du regard, parlait avec véhémence, guettait la contradiction qui lui aurait permis de repartir de plus belle.

— Vous avez raison, soupirait Ferchaux.

— Cela vous ennuie peut-être que je vous rappelle

ces choses ? Et les petits trafiquants que vous avez ruinés sciemment...

— Mais oui, mais oui, je vous répète que vous avez raison. Écoutez, Michel, ne parlons plus de cela, voulez-vous ? J'ai eu tort. Nous ne pouvons pas nous comprendre. Mon premier tort a été de vous emmener avec moi. Qui sait si vous ne seriez pas resté avec votre femme qui était bien gentille et si...

— Je vous remercie !

— Maintenant, nous nous sommes habitués l'un à l'autre. Nos relations, nos disputes, ressemblent à celles de vieux amants qui ne s'aiment plus, mais qui ne parviennent pas à se passer l'un de l'autre. Je parle pour moi. Vous avez fait un essai de votre liberté. J'ai fait, malgré moi, un essai de ma solitude.

Il se leva, lui aussi. Sa voix tremblait. D'un mouvement brutal, il renversa le vase de fleurs.

— Cela ne durera probablement pas longtemps, je vous l'ai dit. A ma mort...

Il se passa la main sur le front, parvint à sourire, d'un sourire si plein d'amertume, si désespéré que Maudet eut vraiment pitié.

— Voilà ! J'essayerai d'être moins exigeant, de rendre le joug plus léger. Vous sortirez quand il vous plaira. Et si, ma foi, il vous arrive de ne pas rentrer de la nuit... Nous garderons cette femme, cette Jenny, qui est admirablement bête et bonne et qui, si la nuit il m'arrivait quelque chose...

Il se penchait sur les papiers couverts d'une autre écriture que celle de Michel.

— Tenez ! J'ai essayé de travailler...

Il froissa les feuilles, les éparpilla. Il allait et venait, frappant le sol de son pilon, évitant de montrer son visage. Et alors Michel pensa à l'expression du visage de Jef quand il avait prononcé, quand il avait laissé jaillir plutôt, venu du plus profond de son être, le mot :

« Fumier ! »

Jamais Ferchaux ne s'était humilié à ce point, parce que, cette fois, il le faisait consciemment, il avait mis la plaie à nu, il se montrait vraiment nu, un pauvre homme qui avait été si grand, qui avait lutté avec tant d'énergie, qui avait vécu une vie si pleine et qui...

— Voulez-vous que nous essayions ?

Tête basse, Michel ne répondait pas, non pas parce qu'il ne voulait pas répondre, mais parce qu'il ne pouvait pas, parce qu'il ne trouvait pas les mots, parce qu'il avait honte.

Ils restaient ainsi, se tournant le dos, chacun debout sur la terrasse, avec des choses éparses à leurs pieds. La quarteronne montait l'escalier en fredonnant. Dans quelques instants, ils ne seraient plus seuls.

La porte s'ouvrait.

— Dites-lui, voulez-vous, que vous déjeunerez ici, que pour l'instant elle nous laisse...

Michel, docile, quitta la terrasse et fit la commission à Jenny qui le regardait avec des yeux pleins de bonne humeur.

Quand il revint sur la véranda, Ferchaux ramassait les fleurs et les morceaux du vase.

Sans rien dire, Maudet l'aida, ramassa aussi les papiers, et ainsi tous les deux effaçaient en silence les dernières traces de ce qui venait de se passer entre eux.

— Elle fait très bien la cuisine, vous verrez... Ces derniers jours, on m'a forcé à manger un peu... Il paraît que le lait ne me suffisait pas...

La voix devenait plus naturelle, l'attitude aussi.

— Tout à l'heure, quand l'infirmière viendra, vous seriez gentil de lui régler son compte, de lui dire que je me repose... Vous ajouterez un billet de cinquante dollars dans une enveloppe, car elle a fait ce qu'elle a pu...

Ferchaux avait posé un portefeuille sur la table. Ils ne savaient plus que se dire. Le vieillard allait ouvrir la bouche pour conclure :

— Et voilà, Michel !

Quand la quarteronne vint heureusement leur demander, la figure fendue jusqu'aux oreilles par son éternel sourire, s'ils aimaient les crabes farcis.

VI

Le déjeuner terminé, Ferchaux avait simplement demandé :

— Vous ne désirez pas sortir ?

Michel avait répondu non. Ils avaient travaillé un peu plus de deux heures. Après quoi, Ferchaux avait manifesté l'intention de se reposer. Au moment où Maudet se dirigeait vers la porte, il avait questionné, après un temps d'hésitation :

— Qu'est-ce que vous allez leur dire ?

Et Michel lui avait répondu par un geste vague. Cela pouvait signifier qu'il n'en savait rien, ou que cela n'avait pas d'importance, ou que tout lui était indifférent.

Il y avait du monde chez Jef, le chef cuisinier et des stewards du *Ville-de-Verdun* qui faisait route pour Tahiti et la Nouvelle-Calédonie. Ils étaient tous familièrement assis en cercle dans le coin proche du comptoir, comme des parents qui se retrouvent après longtemps. Renée était avec eux, ainsi que la Bretonne du quartier réservé, dont un des hommes tenait la taille et qui rougit en voyant entrer Michel.

Ils buvaient du champagne. Plusieurs bouteilles vides s'alignaient sur le marbre de la table et on sentait qu'ils n'en resteraient pas là.

Le tableau n'avait rien d'extraordinaire, ni d'imprévu, et pourtant il choqua Michel par sa vulgarité. Est-ce parce qu'il le savait, ou bien sentait-on réellement que ces hommes, qui portaient le même complet blanc que tout le monde, étaient des domestiques, et qu'une fois à bord ils se précipiteraient au coup de sonnette des passagers?

Ils étaient en bordée. Aujourd'hui, ils se montraient les égaux de n'importe qui, et, le teint animé, l'œil brillant, ils avaient quelque chose d'agressif dans l'attitude.

Cela n'avait jamais irrité Michel de voir Renée en compagnie des clients de l'*Atlantic*. A vrai dire, il n'avait jamais pensé à être jaloux.

Ici, il se rembrunit, de la voir tellement à son aise dans cette compagnie. Ils étaient tous détendus comme des paysans un jour de noce. Ils riaient grassement. Du moins riaient-ils aux éclats au moment où Michel avait poussé la porte, car son arrivée jeta un froid.

— C'est toi! grogna Jef sans aménité.

. Puis, acceptant la fatalité :

— Viens boire un verre avec nous. C'est ma tournée. Tu connais ces messieurs?

Jef devait avoir bu plus que de coutume. Il n'était pas ivre. Ou plutôt cela se marquait chez lui par une petite lueur féroce dans les yeux. Il présenta ses convives, puis Maudet.

— Un Français qui est ici le secrétaire d'un drôle de caïman et qui attend qu'il casse sa pipe.

Michel tressaillit, car ces mots avaient en lui une profonde résonance.

— Vous le verrez un jour arriver en France en cabine de luxe, à moins qu'il lui arrive des ennuis.

Qu'est-ce que cela signifiait ? Pourquoi fixait-il le jeune homme avec tant d'insistance ? Pourquoi Renée, qui n'avait pas vu Michel depuis le matin, et qui ne devait donc rien savoir, ne lui posait-elle pas de questions, ne marquait-elle aucun étonnement qu'il ne soit pas venu déjeuner avec elle comme d'habitude ?

C'était un peu comme si, depuis son départ, vers dix heures du matin, il eût déjà été supprimé du petit cercle. Maudet aurait voulu parler à Renée, mais elle ne paraissait pas comprendre qu'il lui faisait signe de monter. Elle écoutait les histoires que ces hommes racontaient. L'un d'eux, au visage futé, aux cheveux roux et aux taches de son, avait cette effronterie qui gagne, quand ils sont ivres, les gens trop humbles dans l'ordinaire de la vie. Pour l'heure, le monde entier était son égal.

— Alors, moi, je lui ai dit... Je vous jure... C'est comme ça... Victor, qui a la coursive de bâbord, vous le répétera... Je lui ai dit :

« Minute, princesse !... Faudrait voir à ne pas mélanger les torchons et les serviettes... Pour ce qui est du service, d'accord, vu que je suis là pour ça, bien que la Compagnie ne soit pas large... Mais, pour ce qui est de la volupté, Ménesse a ses petites idées là-dessus et ses habitudes... Pouvez vous rhabiller, à moins que vous teniez à ce que je vous envoie le gigolo des troisièmes...

« Comme je vous le dis... Pas vrai, Victor ?

« D'ailleurs, elle a essayé de faire le coup à Victor aussi... »

Tout cela était faux, faux à crier. Personne n'y croyait, pas même celui qui parlait. N'empêche que tout le monde écoutait avec ravissement.

— Vous parlez ! Une rombière dans les quarante-cinq piges, qui pèse ses deux cents livres comme cochon !... Alors, elle m'a offert cent francs... Vous vous rendez compte ! Cent balles...

La Bretonne du quartier réservé riait aux larmes à cette histoire.

— Et c'était tous les soirs du pareil au même. Elle buvait toute seule, au bar, jusqu'à la fermeture, puis elle se baladait dans le navire en se heurtant aux cloisons et en dégringolant les escaliers à la recherche d'une âme sœur. J'en connais deux qui y sont allés, pour les cent balles. Paraît qu'il fallait par-dessus le marché, au moment psychologique, l'appeler ma poupée. Vous visez !

Michel rencontra le regard de Renée et fut fâché contre celle-ci, car il sentit qu'ils avaient eu tous les deux la même idée. Pourquoi cette histoire de passagère sur le retour leur avait-elle fait penser à Mrs Lampson ! Jef aussi y avait pensé, puisqu'il grasseyait :

— J'ai déjà remarqué qu'il y en a au moins une par bateau.

Michel eut envie de s'en aller, mais ne le fit pas. Il resta dans son coin, renfrogné, vidant son verre et trinquant chaque fois qu'on versait une nouvelle tournée. Les gens du *Ville-de-Verdun* ne partaient pas. Ferchaux avait demandé à Michel s'il rentrerait dîner et Michel avait répondu oui. Le temps passait. On avait allumé les lampes.

Quand il se leva enfin, vers sept heures et demie, alors que Napo commençait à mettre les nappes et à dresser les couverts, Renée lui demanda :

— Tu manges là-bas ?
— Je t'expliquerai demain.
— Mais oui, mais oui, fit Jef comme si cela n'intéressait personne, ou comme si chacun était déjà au courant.

Ce fut le lendemain que Jef en dit davantage. Michel avait quitté de bonne heure l'appartement de chez Vuolto pour aller à la poste restante, comme il avait pris l'habitude de le faire chaque jour, même quand il n'attendait aucun courrier. Il s'était d'abord promis de ne pas passer chez Jef. Puis, comme un ivrogne qui ne peut résister à l'attraction de son estaminet familier, il avait poussé la porte à l'heure où Jef était seul à faire son mastic.

— Renée est là-haut ?
— Elle dort. Il y avait deux bateaux, hier au soir, et elle est rentrée tard.

Cela signifiait que Michel ferait mieux de ne pas la réveiller. D'ailleurs, celui-ci n'en avait nulle envie.

C'était Jef qu'il avait besoin de voir, sans savoir au juste pourquoi. Peut-être était-il tracassé par les paroles équivoques que le Belge avait prononcées la veille ? N'était-ce pas une faiblesse de sa part d'être toujours anxieux de l'opinion des autres ?

On avait dû veiller tard. Le café était en désordre. Des bouteilles et des verres traînaient sur les tables, des bouts de cigares, des assiettes dans lesquelles, tard dans la nuit, on avait servi des saucisses chaudes. Jef avait les yeux plus pochés que d'habitude, mais ces yeux pétillaient d'une ironie cruelle dès qu'ils se posaient sur Michel.

Comme s'il avait à rendre compte de sa conduite, celui-ci murmurait :

— Il a tellement supplié que je n'ai pas pu faire autrement. Par contre, il a promis de me ficher la paix et de ne pas être toujours sur mes talons.

— Dis donc...
— Quoi ?
— Oh ! rien. Une idée qui m'est venue. Ton Ferchaux... Tu m'as bien dit, n'est-ce pas, qu'il lui reste à peu près un million ?

Maudet fit oui de la tête.

— Comme il vit ici sous un faux nom, je suppose qu'il n'a pas de compte en banque, car ce ne serait pas prudent.

Michel commençait à comprendre et les yeux de Jef se faisaient plus insistants, insistants au point d'obliger son interlocuteur à baisser la tête.

— Dans ce cas, il faut bien qu'il planque son argent. Tu comprends ce que je veux dire ? Alors, simplement, sans chercher plus loin, je me demandais, comme ça, s'il te laissait voir où il le planquait.

Cela pouvait ne signifier que ce que les mots voulaient dire, mais Michel savait que Jef n'était pas si simple que ça, que les petites phrases qu'il lançait de la sorte visaient presque toujours loin.

Automatiquement, une image s'imposait à son esprit, celle de Ferchaux, le soir, quand il se déshabillait, un Ferchaux maigre et nu, la peau blême et velue, avec, autour des reins, une ceinture de toile qu'il ne quittait jamais.

C'était dans cette ceinture que, pour parler comme le Belge, l'argent était planqué. A Dunkerque, on laissait les billets de banque dans la serviette, laquelle était simplement enfermée dans une armoire, car personne n'aurait eu l'idée de se méfier de l'honnête madame Snoek.

Depuis qu'on lui avait volé la petite pochette de diamants, Ferchaux se montrait plus prudent. A Montevideo, il avait fait faire cette ceinture. La plus grosse partie de l'argent avait été convertie en billets de mille dollars, ce qui ne faisait pas un gros volume. Quand c'était nécessaire, on changeait un des billets. Et cet argent-là, destiné aux dépenses courantes, était déposé dans une boîte à cigares.

Michel n'allait-il pas rougir une fois de plus ? Il lui était arrivé, quand il avait perdu au poker ou que, dans un cabaret de nuit, à moitié ivre, il s'était laissé entraîner à offrir des tournées de champagne et à s'endetter, de rendre une visite furtive au tiroir et d'y chiper quelques petites coupures.

Il n'avait jamais pu savoir si Ferchaux s'en était aperçu. Avare comme il l'était, il devait compter ses banknotes, et pourtant il n'avait jamais fait de reproche à Maudet sur ce sujet.

Pour quelle raison Jef venait-il de soulever la question et pourquoi surtout avait-il maintenant cet air de contentement ?

— Je sais où est l'argent, bien entendu. Et après ?

— Il n'y a pas d'après, mon garçon. C'est tout. Il arrive, comme ça, qu'on pense malgré soi à des choses. Tu n'as pas de commission à faire à Renée ?

— Dites-lui que je viendrai sans doute dîner avec elle.

— Si tu veux.

Qu'est-ce que Jef avait voulu insinuer ? Il y pensa dans la rue. Il y pensa davantage encore quand, de retour à l'appartement de chez Vuolto, il se retrouva en présence de Ferchaux qui mettait de l'ordre dans ses notes.

Est-ce que Jef avait voulu faire comprendre à Maudet qu'il devinait pourquoi celui-ci, au lieu de garder sa liberté, s'était remis avec son patron ?

Est-ce que...? Jef en était capable. Peut-être s'était-il donné le malin plaisir de semer de la mauvaise graine dans l'esprit du jeune homme ? Car celui-ci ne pouvait plus s'empêcher d'y penser. Quand il regardait Ferchaux, fût-ce par hasard, son regard s'arrêtait malgré lui à hauteur de la ceinture.

Le plus grand changement, dans l'appartement, c'était la présence d'une femme, de cette bonne grosse quarteronne qui chantait du matin au soir.

Parfois on avait envie de la faire taire, mais elle y allait de si bon cœur, elle montrait, quand on l'appelait, un sourire si désarmant, qu'on n'en avait pas le courage.

Pour le reste, il se passait un peu entre les deux hommes ce qui s'était déjà passé à Dunkerque, après l'algarade de la belote : Ferchaux se montrait plus prévenant, Michel plus empressé.

Comme ils sentaient l'un et l'autre que la paix ne tenait qu'à un fil, ils vivaient précautionneusement, d'une façon pour ainsi dire feutrée, par crainte de déclencher le plus léger éclat.

La différence avec Dunkerque c'était que, désormais, ils ne pouvaient plus entretenir la moindre illusion l'un sur l'autre. Ils s'étaient dit tout ce qu'ils avaient sur le cœur. Ils se connaissaient à fond.

De tout cela, il n'était plus question, il n'en serait jamais question. C'était effacé. En apparence, ils étaient sur le même pied qu'autrefois.

Ferchaux, pris d'une belle rage de travail, dictait pendant des heures. De temps en temps, il s'interrompait pour boire une gorgée de lait, bien qu'il eût décidé de manger à peu près comme tout le monde.

— Je ne peux m'empêcher de penser, voyez-vous, Michel, que ce que je fais n'est pas inutile.

Il avait dû se promettre de ne plus parler de la sorte, de ne plus quêter l'admiration de son secrétaire, puisqu'il savait décidément que celui-ci ne l'admirait pas.

Mais c'était plus fort que lui. Il revivait ses années de l'Oubangui, apportait une minutie de collectionneur ou de maniaque à reconstituer la chaîne des moindres événements, mettait sa mémoire à la torture pour un détail insignifiant.

C'était un peu comme s'il eût éprouvé le besoin, pour se sentir moins misérable, de contempler à chaque instant un portrait de l'homme qu'il avait été.

Il y avait, entre autres, une histoire de rats et de coliques. A cette époque-là, il avait envoyé son bateau à réparer à plus de trois cents kilomètres. Il était resté seul avec deux nègres, dans une méchante cabane en bois bâtie sur pilotis, car il n'y avait pas dix mètres carrés de terre ferme dans toute la région.

C'est alors que des coliques l'avaient pris, qui le tenaient plié en deux pendant des heures. Les rats avaient envahi la cabane et pullulaient à tel point que chaque nuit il était obligé de se relever malgré sa fièvre et d'entreprendre contre eux de véritables batailles.

Ferchaux ajoutait rêveusement :

— Cela a duré sept semaines. Je ne comprenais pas pourquoi le bateau ne revenait pas. Il s'était échoué, je l'ai su après, sur un banc de sable et un des deux mécaniciens indigènes avait été happé par un crocodile. Ce qui comptait, ce qui était tragique, c'étaient les rats. Du matin au soir, ils occupaient ma pensée. Il en arrivait chaque jour davantage. Ils devenaient de plus en plus audacieux et, si je me couchais, je les sentais courir sur mon corps. Au début, il me restait de la lumière pour les effrayer, puis la lumière a manqué. Alors, dans l'obscurité, j'allais et venais, me heurtant aux cloisons, tapant à tour de bras, si épuisé qu'à la fin je tombais n'importe où et sombrais dans un sommeil de cauchemar pour me retrouver le matin au milieu des bêtes mortes...

Caressait-il encore l'espoir d'arracher à Michel un mot, un regard d'admiration ?

Michel là-bas, dans la maison de la Dune, puis après, rue des Chanoinesses, l'avait admiré. Ce qu'il avait admiré en lui, c'était l'homme qui avait su amasser des dizaines de millions.

Par la suite, Maudet l'avait méprisé, à son insu pour commencer ; il l'avait méprisé, justement, de n'être pas capable de profiter de ces millions, de vivre comme il vivait, sans grandeur apparente.

Aujourd'hui, ce n'était plus qu'un homme presque pauvre que ses ennemis eux-mêmes avaient oublié, un vieux maniaque qui avait peur de la solitude et qui se raccrochait misérablement à son auditoire.

Ils savaient cela, l'un comme l'autre. Ils savaient que leur vie commune n'existait plus que grâce à un marché. Cela s'était passé presque aussi crûment que l'histoire du steward et de la vieille folle qui avait offert cent francs pour calmer sa fringale d'ivrognesse sur le retour.

— Restez avec moi quelques mois encore, deux ou trois ans au plus, et vous aurez les centaines de mille francs qui me restent.

On n'en parlait plus, mais cela restait présent comme une tache qui perce sous la peinture neuve et ils avaient besoin, pour que le vide ne devînt pas insupportable, de la présence et des chansons de la matrone qui les servait.

Ferchaux ne protestait plus quand Michel s'attardait dehors. Il était trop évident que le raccommodage ne résisterait pas à une nouvelle scène.

Tous les jours, parfois à deux reprises, Maudet allait retrouver Renée, montait dans sa chambre, s'asseyait sur son lit et fumait des cigarettes en la caressant ou en la regardant s'habiller.

Pourquoi s'était-il mis à mentir à Renée, avec qui il avait été assez franc jusque-là ? Elle lui demandait parfois :

— Tu n'as pas de nouvelles de ton Américaine ?

Il eût été plus flatteur pour lui de dire la vérité. Il répondait non, affectait de ne plus y penser.

Pourtant les lettres, maintenant que les escales du *Santa Clara* étaient plus rapprochées les unes des autres, se suivaient à un rythme précipité.

Michel trouvait à la poste restante de grosses enveloppes bleuâtres dont, installé dans son coin du *Washington,* il extrayait de nombreux feuillets toujours couverts de la grande écriture en forme de baïonnettes.

Les timbres changeaient. Après les timbres colombiens de Buenaventura, deux jours après exactement, c'étaient les timbres équatoriens de Guayaquil.

« *Cher garçon.* »

On avait l'impression qu'elle avait toujours peur d'être dupe. Ou peut-être craignait-elle de ressembler à la femme du *Ville-de-Verdun ?* Sous son enjouement se devinaient des réticences. A peine s'attendrissait-elle qu'elle se hâtait de se moquer de lui et d'elle-même.

« *Comment pouvez-vous m'écrire les choses que vous m'écrivez ? Si cela était vrai, si vous étiez tellement torturé par la jalousie, vous seriez un pauvre malheureux garçon et je me reprocherais toute ma vie de vous faire autant souffrir...* »

Elle ne se régalait pas moins des pages et des pages passionnées qu'il lui adressait par tous les courriers aériens. Il avait une peine croissante à les écrire. Il était incapable, maintenant, même en fermant les yeux, de reconstituer sa physionomie. Il était obligé de travailler à froid. Il buvait d'abord un whisky ou deux. Ce qui l'aidait aussi, c'était l'atmosphère du *Washington,* car, ce que l'Américaine représentait avant tout, c'était ce luxe-là.

Il était toujours question, dans les lettres de Mrs Lampson, de madame Rivero qui était devenue sa grande amie. Madame Rivero était mariée et avait deux enfants, dont un grand garçon au collège Stanislas, à Paris.

Or, d'après les lettres, on eût dit deux pensionnaires en vacances. Elles s'amusaient de tout, comme des petites folles. A Guayaquil, elles avaient mangé tant de glaces, à une terrasse de la rue principale, qu'elles en avaient été malades toutes les deux.

« *Il est monté à bord trois dames équatoriennes aussi guindées que des parapluies. Elles sursautent chaque fois qu'à table nous éclatons de rire. C'est très drôle. Nous avons supplié le commissaire du bord, qui est un tout à fait charmant garçon, d'organiser un bal travesti, car je ne prends jamais le bateau sans emporter un travesti. C'est un costume de Carmencita. Dites-moi, cher, est-ce que vous me voyez en Carmencita ? »*

Tous les mots portaient. Il lisait certaines phrases avec une réelle jalousie. Il était jaloux, par exemple, de son ami Bill Ligget, qui était ce commissaire du bord si charmant dont elle parlait.

Les escales lui faisaient peur. Il craignait d'autres rencontres dans le genre de celle de Cristobal.

« Mon amie Rivero — figurez-vous qu'elle s'appelle Anita, un nom comme j'aurais aimé en porter au lieu de mon vilain prénom de Gertrud — figurez-vous qu'Anita veut absolument que j'aille passer une quinzaine de jours dans sa propriété. Il paraît que c'est là-bas la plus jolie saison de l'année. Ici, il fait très chaud. On a installé une petite piscine sur le pont et nous restons des heures dans l'eau. C'est très amusant... »

La piscine ne plaisait pas davantage à Michel. Ni un certain passager qu'elle appelait sir Edwards :

« C'est l'homme le plus extraordinaire que j'aie jamais rencontré. Il prétend que, depuis douze ans, il n'a pas une seule fois dormi à terre. Il paraît que c'est très difficile à combiner. Il va aussi loin qu'il peut avec un bateau et il faut qu'à destination il trouve tout de suite un autre navire. Cela lui est égal où il va. Il a fait plusieurs fois le tour du monde. Aux escales, il ne descend presque jamais à terre.

« Il est très fort au bridge. Il joue aussi du violon. Il

emporte toujours deux ou trois violons dans ses malles. »

Pourquoi ne lui disait-elle pas l'âge de sir Edwards ?

Le *Santa Clara* touchait à Payta et les lettres étaient désormais garnies de timbres péruviens. Puis c'était Pacasmagu, dernière étape avant Callao où, normalement, Mrs Lampson aurait dû terminer son voyage.

Quelles affaires allait-elle y traiter ? Un voyage de plusieurs semaines pour passer quelques heures à Lima où, selon elle, son mari avait acheté jadis, par hasard, des terrains qu'il n'avait jamais vus et dont il n'avait pas de nouvelles. Il était soudain question de bâtir une ville sur ces terrains.

Les noms de la côte sud du Pacifique devenaient aussi familiers à Maudet qu'ils l'étaient à tous les hommes du Canal. Dès son arrivée, cela l'avait émerveillé d'entendre parler de la Colombie, du Chili, puis, dans un autre sens, des Bahamas, du Venezuela, de Buenos Aires ou de Rio comme, à Paris, on cite des stations du métro.

Il avait envié souvent Nic Vrondas, non pas tant à cause de son bazar que parce que, de temps en temps, pour un oui ou pour un non, à cause d'une femme ou d'une affaire, il prenait passage à bord d'un bateau, touchait à une dizaine de ports et revenait un mois ou deux plus tard le plus simplement du monde.

Au *Washington* aussi on entendait à tout moment citer les ports du Sud ou d'ailleurs, des gens partaient, d'autres revenaient, qui tous avaient sur leurs malles des étiquettes multiples. De jeunes hommes faisaient une traversée de dix jours pour une partie de polo ou un championnat de golf. Certains emmenaient leurs chevaux ou leur voiture avec eux.

« *Je suis bien contrariée, chéri, car je ne voudrais pas faire de peine à Anita qui est si gentille, mais je ne veux pas non plus que vous me disiez que vous pleurez. D'ailleurs, cela ne doit pas être bien sincère et je suis sûre que vous avez à Colon de jolies amies pour vous consoler...* »

Le bal travesti avait eu lieu et c'était Anita Rivero, qui possédait un ancien costume panaméen tout orné de pièces d'or de l'époque espagnole, qui avait gagné le premier prix. On avait aussi organisé à bord des courses au trésor.

« *Si vous saviez combien c'est passionnant ! Hier, il fallait trouver, entre autres, un monsieur de cent trois kilos et une chemise de nuit d'homme. Dès qu'on apercevait un gros homme, on se précipitait vers lui et on l'emmenait sur la bascule. Évidemment, on avait tous trouvé le même. Pour la chemise de nuit, c'était plus difficile, car tous les passagers nous répondaient qu'ils portaient des pyjamas. C'est moi qui ai gagné.*

« *Anita était tout à fait scandalisée par mon adresse. Il faut vous dire que, depuis Guayaquil, nous avons à bord un Allemand et sa femme. Ils étaient déjà couchés quand on a organisé la course au trésor.*

« *J'ai pensé qu'il portait sûrement des chemises de nuit. Alors, je suis allée frapper à la porte de sa cabine. C'était très hardi, n'est-ce pas ? Surtout que j'ai appris depuis que c'est un diplomate. D'abord, il ne comprenait pas. Sa femme, dans son lit, répétait tout le temps :*

« *— Was is das ?*

« *Eh bien, il a fini par me prêter une de ses chemises, avec des petites broderies rouges autour du cou et des poignets.*

« *Comme ce serait encore plus excitant si vous étiez ici ! Mais sans doute auriez-vous été fâché aussi à cause de la chemise...* »

Deux fois encore, Michel avait aperçu le Hollandais dans les parages du *Washington*. Les deux fois, il avait ressenti le même malaise. Il était normal que Suska vînt là comme il allait à bord des bateaux pour vendre ses têtes ; et pourtant, sa présence silencieuse choquait. Michel avait beau se raisonner, chaque fois il se croyait personnellement visé. Il lui semblait que le Hollandais à l'éléphantiasis le regardait d'une façon particulière, insistante et — c'était ridicule, mais il ne pouvait chasser cette idée — avec l'air de lui jeter un sort.

Il se risqua, à contrecœur, à en parler à Jef, car Jef, lui aussi, avait maintenant une attitude équivoque. Chaque fois que Michel arrivait chez lui, il le regardait comme s'il attendait quelque chose. Il n'y avait aucune sympathie dans son regard. Au lieu de lui serrer la main, il lui touchait à peine le bout des doigts.

— Qu'est-ce que Jef a contre moi ? avait-il demandé à Renée.

— Pourquoi veux-tu qu'il ait quelque chose contre toi ? Tu connais Jef. Cela dépend comme il est luné.
— Non.
Il sentait qu'elle n'était pas sincère, qu'elle essayait de détourner la conversation.
— Il ne t'a jamais rien dit de moi ?
— Qu'est-ce qu'il m'aurait dit ?
Elle avait légèrement rougi. Donc, Jef lui avait parlé, mais elle ne voulait pas l'avouer.
— Je sais qu'il ne m'aime pas.
— Vous n'êtes pas du même milieu. Peut-être qu'il se méfie ?
Qu'il se *méfie* ? De quoi ?
Il revenait toujours chez Jef, malgré tout, dès qu'il avait un moment de libre. Et c'est à Jef qu'il s'ouvrit de la présence du Hollandais au *Washington*.
— Qu'est-ce qu'il fait là ?
— Bien malin celui qui dira ce qu'il fait là ou ailleurs, se contenta de grommeler Jef.
— Il vend ses têtes ?
— Sans doute. Ça aussi.
Que signifiait le *aussi* ? Pourquoi Jef n'aimait-il pas en parler, ce qui était visible ?
Michel n'en poursuivait pas moins :
— Il y a des moments où je me demande s'il ne me suit pas.
L'autre ne dit ni oui ni non.
— Vous qui savez tout ce qui se passe ici, vous pourriez me renseigner. Un jour, le jour où Ferchaux m'a écrit et où je suis retourné chez lui, j'ai eu l'impression de voir Suska sortir de la maison.

L'intérêt de Jef s'éveilla, sans qu'il ouvrît la bouche.

— Ce que je voudrais savoir, c'est si Ferchaux ne l'a pas chargé de me suivre. Peut-être plus maintenant, mais à ce moment-là, alors que je l'avais quitté. Est-ce que Suska est l'homme à accepter une commission de ce genre ?

Un sourire indéfinissable flotta sur les lèvres de Jef qui répéta avec une prodigieuse ironie :

— Suska !

Puis une pensée dut le frapper. Il fronça les sourcils, regarda plus attentivement Maudet.

— Qu'est-ce que vous pensez ?

— Rien... Vois-tu, Suska est sûrement capable de ça comme il est capable d'autre chose... De n'importe quoi... Maintenant, on n'en parle plus... Il y a deux ou trois ans, avant que tu arrives avec ton patron, il y a eu ici une drôle d'épidémie...

Les phrases n'étaient pas prononcées à la légère, Michel en était sûr. Chacune avait son poids, sa raison d'être. Jef les lui enfonçait lourdement dans le crâne.

— Les jours de grand vent d'est, la mer s'était mise à rejeter des corps sur la plage... Pas beaucoup... Trois, oui, trois exactement, en deux mois... Ce n'étaient pas des Européens... Seulement des gens du pays, mais à peau claire... Un des trois était café au lait, un seul... Tous les trois avaient ceci de commun qu'ils étaient vieux et qu'ils n'avaient plus de tête...

Michel s'efforçait de comprendre.

— D'abord, les têtes de nègres valent moins cher que les autres..., laissait tomber Jef comme si cette explication suffisait. Ensuite, les vieillards sont plus demandés, car les têtes ont plus d'expression... Il paraît aussi qu'elles se boucanent plus facilement...

— Suska?

— Je n'ai rien dit de pareil. Six mois avant, il y avait eu la même épidémie à l'autre bout du canal, à Panama. Et on prétend qu'à cette époque Suska résidait à Panama...

— Je ne vois pas où vous voulez en venir...

— Nulle part... Je te raconte des histoires, des histoires vraies... Pour te dire qu'on ne peut jamais affirmer que Suska est capable de ceci ou qu'il n'en est pas capable... A l'époque dont je parle, l'époque des trois têtes de Colon, il habitait une cahute en vieilles planches et en tôle ondulée tout au bout de la plage, un peu plus loin que le village de pêcheurs, là où on jette les ordures et les animaux d'équarrissage... Personne ne pouvait se vanter d'avoir jamais pénétré dans sa cabane... Il lançait des pierres aux négrillons qui s'en approchaient... Eh! bien, un jour, la police a eu envie d'aller jeter un coup d'œil de ce côté-là...

— Alors?

Jef se retournait pour prendre une bouteille, remplissait deux verres, affichant un sourire bonhomme.

— Rien... Qu'est-ce que tu voudrais savoir?... Quand la police est arrivée, la cabane brûlait... Elle a si bien brûlé — il devait y avoir dedans du pétrole ou de l'essence — qu'il n'en est rien resté... Rien de rien !... Et sans doute ceux qui ont prétendu qu'on avait retrouvé des dents humaines ont-ils menti, car autrement, n'est-ce pas, il est probable que la police aurait arrêté le Hollandais ?... Or, il est toujours libre... Tellement libre qu'on ne sait jamais où il est, ni ce qu'il fait, et qu'il y a des gens qui changent de trottoir quand ils l'aperçoivent...

Tout cela avait un sens, c'était certain. Mais lequel ? Et quel rapport existait-il entre les histoires de Jef et ce que Michel lui avait dit du Hollandais ?

— En somme, vous ne savez pas si Ferchaux l'a chargé d'une mission, mais vous croyez que Suska est capable...

— De se taire ! C'est ce qu'il y a de plus rare au monde : un homme capable de se taire. J'en ai fait parler quelques-uns, parfois sans les pousser (cela, c'était sans doute pour Michel, car c'était dit d'un ton dédaigneux), mais Suska ne m'a jamais adressé la parole que pour me demander à boire... Comment va ton caïman ?

— Comme d'habitude.

— Eh bien, continue.

Et Jef se mit à passer les glaces du fond de l'étagère au blanc d'Espagne, après avoir rangé les bouteilles sur le comptoir et enlevé les petits drapeaux.

Le lendemain, comme Michel rencontrait Renée au moment où elle se rendait chez le coiffeur, elle lui demanda :

— Qu'est-ce que tu as fait à Jef ?
— Pourquoi ?

— Tu lui a dis quelque chose ?
— Rien. Je ne vois pas. Qu'est-ce qui te fait penser... ?
— Je me suis sans doute trompée.
— Explique-toi.
— Eh puis, après tout, je ne sais pas pourquoi je ne te le dirais pas. Je venais de descendre et il était seul dans le café. Je le sentais qui tournait autour de moi.

« — Écoute, Renée, m'a-t-il dit. Tu es une brave fille. On s'est toujours bien entendus tous les deux. Je n'ai rien dit quand tu t'es mise avec Michel et je me demande si je ne t'y ai pas un peu encouragée, car tu avais besoin de te changer les idées. Maintenant, je vais te donner un bon conseil...

— Quel conseil t'a-t-il donné ?
— Tu ne vas pas te fâcher ? Tu me promets de ne pas aller le trouver ?
— Parle.
— Parce que, tu comprends, ce n'est pas la peine de faire des histoires. Si je me mets mal avec Jef, autant dire que je peux aller chercher fortune ailleurs.
— Qu'est-ce qu'il t'a dit ? insista-t-il en frappant du pied avec impatience.
— Pas grand-chose. Il m'a regardée dans les yeux, comme il le fait quand il veut donner de l'importance à ses paroles. Il a posé ses mains sur mes épaules et il a grogné en hochant la tête :
— « *Laisse tomber !* »

Les joues de Michel s'empourprèrent comme sous

le coup d'une injure ou d'une grave accusation. Ne trouvant rien à dire, il regarda fixement par terre. Renée se repentait déjà de sa confidence, essayait de ramener les choses à rien.

— Tu comprends, je n'y attache aucune importance, mais je me suis demandé s'il y avait eu des mots entre vous.

Elle avait beau lui prendre le bras et affecter la gaieté : il sentait qu'elle était impressionnée et que le cœur n'y était plus.

VII

Le vieillard, maigre et demi-nu dans son fauteuil-hamac, fermait les yeux et, le front plissé, s'en allait à la recherche de son passé ; puis il dictait quelques phrases, minutieusement, en répétant les mots comme s'il craignait qu'on laissât perdre par négligence un peu de cette précieuse substance ; sa petite provision épuisée, il repartait, et parfois il restait si longtemps absent que son corps, dont les mains désincarnées restaient accrochées aux bras du fauteuil, paraissait définitivement abandonné.

Alors Michel, le crayon en suspens, attendait encore un moment avant de lever la tête. La chaleur, depuis deux ou trois jours, était accablante. La saison des pluies était en retard. Tout le monde sentait — et les animaux eux-mêmes — qu'il y avait quelque chose d'anormal dans ce ciel immobile qui ne laissait plus filtrer qu'un soleil en veilleuse. On attendait toujours pour la minute suivante que l'eau tombât enfin en cataracte. Les insectes, affolés, se heurtaient aux murs et piquaient méchamment. De temps en temps, il y avait comme un faux départ : un souffle d'air venait on ne savait d'où et, glissant au ras du sol, soulevait soudain une colonne de poussière en forme de cyclone. Hélas, elle avait à peine atteint le prochain carrefour qu'elle retombait sans force. Et la mer, pourtant sans une vague, était blanche d'écume.

Dans un coin de la véranda, Jenny la matrone avait soigneusement mis à sécher les deux chemises que Michel avait mouillées depuis le matin et dont des pinces de bois maintenaient les bras étendus.

Il écrivait machinalement, sans essayer de comprendre, les mots qu'on lui dictait. C'était à peine un voile jeté sur ses pensées, du fading dans une émission radiophonique, après quoi il retrouvait plus distinctement ses voix intérieures.

Arica... Iquique... Caldera... La Serena... C'était décidé. La si chère Dona Rivero avait gagné la partie. Elles étaient toutes les deux, là-bas, dans une vaste maison des environs de Valparaiso, où elles jouaient à la dame tandis qu'on faisait défiler devant la riche Américaine tout ce qu'il y avait de bien au Chili.

Comment Gertrud Lampson disait-elle encore ? Michel avait la lettre dans sa poche, mais il la savait par cœur.

« *C'est une fête du matin au soir et du soir au matin. Et souvent, pour nous, le jour c'est la nuit et la nuit est le jour. Quel dommage, cher garçon joyeux, que vous ne soyez pas ici, vous qui aimez tant les fêtes...* »

Comment savait-elle qu'il aimait les fêtes ? Peu importait sa lettre, d'ailleurs. Ce n'étaient pas les mots qui comptaient. Ou plutôt les mots n'avaient plus besoin d'avoir de sens et de prendre place dans une phrase. Ils ressemblaient aux gouttelettes qu'une fontaine envoie dans le soleil et qui bondissent, montent très haut, se rencontrent parfois et se pulvérisent, formant prisme, devenant perles et diamants. Ne sont-ce pas les mêmes gouttelettes qui retombent et qui repartent avec une égale aisance, ayant perdu à jamais la pesanteur de la matière, jouant dans la lumière un jeu divin?

Buenos Aires... Rio de Janeiro... Pernambouc... Georgetown...

Les fêtes étaient à peine commencées et les deux femmes n'avaient pas eu le temps de s'en lasser qu'elles formaient de nouveaux projets, avec la même inconscience enfantine, elles s'élançaient en esprit par-dessus un continent qui ne semblait plus exister que pour se prêter à leurs jeux.

« *Un cousin d'Anita, qui est lieutenant aviateur...* »

Il détestait le lieutenant aviateur, il détestait tous les aviateurs de la terre et du ciel. Elle ne disait pas s'il était jeune, mais elle l'appelait José.

« *Surtout ne soyez pas jaloux, pauvre Baby...* »

Cela devait être un soir, une nuit étoilée, sur une terrasse, avec des orchestres cachés derrière les massifs de fleurs... Il avait sans doute parlé avec ferveur de ses vols et de la cordillère des Andes vue du haut du ciel.

« *... Ce ne sera pas plus long, mais beaucoup plus excitant que le voyage par mer...* »

Excitant, oui. Chaque jour ne se devait-il pas de lui

apporter ses jeux et ses excitations nouvelles ? Le monde entier était là pour servir ses fantaisies, les paquebots où des Bill Ligget empressés et respectueux organisaient des bals travestis ou des parties de course au trésor et où l'on trouvait, comme sur commande, des passagères si gentilles ; tout le beau monde de Valparaiso qui accourait chez Dona Rivero ; jusqu'au ciel, maintenant, qui lui faisait signe, les lignes aériennes, avec leurs souples appareils, qui s'offraient à son choix...

« ... *Je ne sais pas encore si je passerai par le Brésil ou par Bogota...* »

Elles étaient des milliers comme elle de par le monde, il en arrivait chaque jour de nouvelles fournées au *Washington,* et des hommes, des hommes pour qui les jours avaient la même légèreté de conte de fées.

La veille au matin, au bar du palace anglo-américain, deux de ces hommes s'étaient rencontrés, qui ne se connaissaient pas, qui s'étaient reconnus cependant à des signes invisibles, comme les anges, quand ils prennent une enveloppe humaine, doivent se reconnaître entre eux.

Personne, par exemple, dans l'hôtel aux ventilateurs silencieux, n'avait jamais eu l'idée d'adresser la parole à Michel. Ces deux-là, qui venaient peut-être des coins les plus opposés du monde, n'avaient eu besoin que d'un mot de passe, « Achmed III ». Un nom de cheval. Cela leur avait suffi pour se reconnaître frères et, dès lors, tous les mots prononcés étaient des mots totems, qu'il s'agît d'un nom de restaurant à

Singapour, d'un major de l'armée des Indes ou d'une petite vahiné de Tahiti.

Ferchaux sortait de ses limbes, indifférent aux yeux vides de son secrétaire, dictait quelques phrases qu'il répétait avec insistance avant de disparaître à nouveau. Et soudain, sans raison, les mains de Michel, ses doigts crispés sur le crayon étaient pris d'un tremblement convulsif.

C'était comme un élan en avant que ne pouvait suivre son corps attaché à cette chaise, à cette table, à cette terrasse qui l'écœurait.

Gertrud Lampson allait lui échapper, il le sentait, il en était sûr. Elle avait accepté l'invitation de la belle Chilienne et elle en accepterait d'autres, elle n'avait aucune raison de revenir, l'avion, aujourd'hui, la tentait, et demain ce serait une autre aventure.

Comment avait-elle dit exactement ? Il ne sortirait pas la lettre de sa poche. Il voulait retrouver dans sa mémoire les mots aux longs jambages pleins tout ensemble d'énergie et de nonchalance.

« *Quel dommage que le cher vieil homme ait besoin de vous...* »

Le cher vieil homme était là, dans son pyjama douteux ouvert sur sa poitrine, sur son ventre plat comme un tambour, les yeux clos ou mi-clos.

Plus loin, elle écrivait :

« *Si vous pouviez obtenir de votre oncle...* »

Que lui avait-il dit au juste à ce sujet ? Il ne s'en souvenait pas. Il devait être à moitié ivre quand il lui avait raconté sa vie et, lui aussi, cette nuit-là, jouait avec les réalités comme un enfant avec des bulles de savon.

Il avait dû lui expliquer qu'il était à Colon avec un vieil oncle très riche, maniaque sans doute...

« *Quel dommage que le cher vieil homme ait besoin de vous!...* »

Avait-il hésité un seul instant, dans le petit bar de la place Clichy, quand un camarade, dont il ne savait plus le nom, lui avait parlé d'un M. Dieudonné qui cherchait un secrétaire? Quitte à vendre ce qui restait de la garde-robe de sa femme, il avait trouvé l'argent nécessaire au voyage, sans savoir si ce voyage le conduirait quelque part.

Avait-il hésité, certain soir mouillé de Dunkerque, à passer devant Lina sans un mot, sans un geste, alors qu'il savait pourtant qu'il la quittait à jamais pour l'aventure?

« *Quel dommage que le cher vieil homme...* »

Parfois une voiture passait, venant du *Washington* ou s'y rendant, roulant sans bruit sur ses roues caoutchoutées, et les pas du cheval formaient comme une musique légère.

« *Le cher vieil homme...* »

Le cher vieil homme devait s'être endormi, comme cela lui arrivait parfois, car sa bouche aux dents jaunes était entrouverte, ses mains, sur les bras du fauteuil, avaient perdu leur rigidité.

Michel le regardait sans le voir, il pensait, il était très loin, non dans l'espace, mais dans l'épaisseur de la vie et il avait l'impression qu'il découvrait avec acuité des contours qui lui avaient toujours échappé ou qu'il n'avait fait que deviner.

Les femmes comme Mrs Lampson, comme son amie Rivero, comme tant d'autres, et les hommes du *Washington,* ceux qui se reconnaissaient en citant le nom d'un cheval...

N'était-ce pas vers eux qu'il avait toujours aspiré, dès son enfance, dès qu'il avait regardé autour de lui les murs sombres et les rues mornes de Valenciennes ?

Ceux-là ne parlaient pas d'argent, n'en gagnaient pas, ne le comptaient pas, ne le gardaient pas jalousement comme un Ferchaux.

Souriants et dédaigneux, ils passaient sans le voir à travers la foule aux échines courbées, poursuivant leurs jeux merveilleux.

Le grand Ferchaux, vu par ce bout de la lunette, devenait tout petit et tout misérable, avec sa pauvre vie qui n'avait été qu'une lutte sans grandeur, et il était bien, là, dans son fauteuil transatlantique, entre trois murs de béton et une balustrade de bois, le symbole d'un genre d'existence.

Les millions, les dizaines de millions, le milliard peut-être, s'étaient traduits par des semaines de colique et de bataille contre les rats, par des chicanes, par des disputes mesquines avec un Arondel, par des coups de téléphone avec maître Aubin ou avec d'autres hommes noirs.

Immobile, Michel attendait, et son regard, lentement, à son insu, glissait sur la poitrine blême dont la vue lui avait toujours causé un malaise, atteignait le ventre où, du pantalon maintenu par un cordon, dépassait un morceau de grosse toile grise.

« *Le cher vieil homme...* »

Soudain, sans transition, et pourtant sans heurt, il comprit tout. Il ne bougea pas, ne frémit pas. Seulement, il dut devenir plus pâle, car il eut l'impression que le sang se retirait de ses veines.

Il n'était pas effrayé, ni indigné. Le sentiment qui dominait était l'étonnement. Parfois, après qu'on a longtemps souffert d'un malaise vague, un tout petit abcès crève comme une bulle d'air et on est pénétré d'un bien-être merveilleux.

Comment n'avait-il pas deviné plus tôt où il allait ? Il était fiévreux, inquiet depuis longtemps. Il se débattait contre des fantômes.

Et voilà que ses yeux s'ouvraient. Il comprenait ce que d'autres avaient compris avant lui.

Car, maintenant, il était d'une lucidité surhumaine. Un Jef cessait de l'impressionner, et même un Suska.

Penser que pendant des jours et des jours il était allé chez Jef, malgré lui, poussé par une force inconnue, essayant en vain de comprendre des mots, des regards !

C'était tout simple. Jef avait deviné comment cela finirait. Mieux : Jef avait été un instrument.

— *Ce que je te reproche ? De n'être pas sûr...*

Et Jef avait épié ses progrès, jour après jour. Jef avait senti que Michel mûrissait. La preuve, c'est qu'il avait conseillé à Renée :

— *Laisse tomber !*

Il ne l'avait pas arrêté, tout au contraire. Il l'avait presque poussé. Que lui avait-il raconté au sujet du Hollandais et des hommes sans tête que la mer rejetait sur la plage ?

C'étaient cent indices de la sorte que Maudet ramassait maintenant. Quand, par exemple, l'ancien bagnard lui avait demandé où Ferchaux cachait son argent...

L'argent était là, dans ce fauteuil, sur le ventre du « *cher vieil homme* » momentanément plongé dans un sommeil sénile.

Michel ne luttait pas, pas plus qu'il n'avait eu besoin de lutter pour abandonner Lina. Il acceptait la chose comme un fait accompli, comme une nécessité, comme s'il eût été écrit de tout temps qu'elle se produirait.

Il prendrait l'avion pour Valparaiso et il entrerait dans la vaste et merveilleuse maison d'Anita Rivero, simplement, pour y prendre sa place.

— Vous voyez, je suis venu.

Tout à l'heure, avant de déjeuner, il sortirait et il se renseignerait sur les jours de départ de l'avion. C'était ce qu'il fallait savoir avant tout.

Quand aux détails, il commençait à les envisager, mais sans fièvre, sans se forcer. Il était encore sous le coup de la révélation qu'il venait de recevoir, comme les anciens chrétiens pour qui le ciel s'était miraculeusement entrouvert un instant.

Il répondait à des questions. Est-ce que ce n'était pas Ferchaux lui-même qui lui avait parlé de *nécessité* pour expliquer la cartouche de dynamite lancée vers les trois nègres ?

Est-ce que Ferchaux avait eu pitié de Lina ? Est-ce que, au contraire, ce soir-là, il n'avait pas regardé son secrétaire avec une certaine admiration ?

C'était bien plus extraordinaire encore : Michel était persuadé, à présent, que non seulement Jef et le Hollandais avaient compris, mais que Ferchaux lui aussi *savait*. Et qu'il savait depuis le premier jour, depuis qu'ils s'étaient rencontrés pour la première fois et qu'il avait jaugé ce qui n'était alors en apparence qu'un petit jeune homme.

Pourquoi se serait-il attaché à lui s'il ne l'avait pas senti capable d'un geste qu'il considérait personnellement comme si simple et si légitime ?

N'était-ce pas en cela qu'il avait retrouvé chez Michel un peu de lui-même ?

Tout s'éclairait, devenait lumineux. Maudet était émerveillé par cette lumière aveuglante dans laquelle se groupaient des détails accourus de toutes parts.

Les moindres regards, les paroles qu'ils avaient échangées... A Dunkerque encore, il y revenait, car il avait la conviction que c'était là que leur sort s'était décidé... Michel avait demandé à Ferchaux de lui dire franchement ce qu'il pensait de lui, s'il le considérait comme un fort... Ferchaux avait hésité... Il avait paru triste... Il avait failli parler mais il s'était retenu...

Parce qu'il n'osait pas définir le genre de force qu'il sentait chez son secrétaire !

Voilà à quoi tout cela aboutissait ! D'après les

lettres reçues, il devait y avoir un avion tous les deux jours. Comme il avait eu une lettre le matin même, il n'y aurait pas d'avion le lendemain, mais le surlendemain.

Cela valait mieux. Cela lui donnait le temps de mettre au point tous les détails.

Il commençait à les envisager, le regard toujours fixé sur le vieillard dont la peau parcheminée se plissait chaque fois qu'une mouche se posait sur son visage.

Ferchaux ouvrit les yeux. Michel détourna aussitôt la tête, mais il ne put la détourner assez vite, car une inquiétude brouilla les traits du vieux.

— Qu'est-ce qu'il y a? questionna-t-il en se dressant d'une détente.

— Rien. Vous dormiez.

— Ah!

Il mit plusieurs secondes à se rassurer et il se passa la main sur le front pour effacer un mauvais rêve. Sans doute, l'espace d'un éclair, avait-il vu les yeux de Maudet fixés sur lui.

— Nous ne travaillerons plus ce matin, annonça-t-il.

— Dans ce cas, si vous le voulez bien, je sortirai.

Il avait envie de sortir pour se précipiter chez Jef. C'était plus fort que lui. Depuis la découverte qu'il avait faite, il avait envie de se retrouver en présence de celui qui, le premier, l'avait deviné.

Il ne lui dirait rien. Au contraire! Il fallait être très prudent.

Il descendit dans la rue. L'eau du ciel ne tombait

toujours pas. La ville, si lumineuse d'ordinaire, avait une teinte plombée et les rues paraissaient vides. On entendait au loin les sirènes des bateaux, les sifflets des grues à vapeur, des heurts de ferraille.

Il y avait un signe auquel Michel reconnaissait que ce qui devait s'accomplir s'accomplissait : c'est qu'il était désormais étranger au décor dans lequel il évoluait comme dans un décor de rêve.

C'était fini. Il s'en irait. Il était presque parti. Il restait encore, certes, certaines choses à accomplir. C'était compliqué, périlleux, mais il ne s'en effrayait pas, il restait calme, beaucoup plus maître de lui que les jours précédents. Il avait un sang-froid si parfait qu'il se demanda si Jef ne comprendrait pas et qu'il se promit de surveiller ses regards.

Le Belge n'était pas seul. Nic Vrondas et les deux maquereaux, Fred et Julien, plus bêtes que tous les bourgeois de la terre, étaient attablés dans le coin près du comptoir et faisaient une belote, en manches de chemise, le col déboutonné, à cause de la chaleur.

On n'interrompit pas la partie pour le saluer et on se contenta de vagues signes, Jef d'un simple grognement.

— Tu me donneras un pernod, Napo.

Le nègre sortit de sa cuisine exiguë et passa derrière le comptoir pendant que Michel se promettait de ne pas trop boire. Ce n'était plus le moment. Il se dominerait. Ce n'était plus d'emballement qu'il avait besoin désormais mais de lucidité.

Est-ce ainsi que Jef, jadis, avait tué son homme ? Car il en avait tué un aussi. Il avait été pris. Sans doute le cas était-il très différent. Il suffisait de regarder la masse grossière du Flamand. Il avait dû cogner, dans un moment de jalousie ou de colère.

Qu'auraient-ils dit, tous, tant qu'ils étaient autour de leur odieux tapis réclame sur lequel tombaient des cartes poisseuses, si Michel leur avait déclaré tranquillement — car il continuait à être tranquille, les glaces qui entouraient le café le lui confirmaient :

— Demain, je tuerai le vieux caïman !

La phrase lui plut. Elle revenait sans cesse dans son esprit comme une musique. Les mots « vieux caïman » convenaient à merveille. Un vieux caïman racorni et édenté dont nul n'aurait pitié !

— Dans dix jours, dans quinze jours, dans un mois...

Il ne savait pas encore si Mrs Lampson l'épouserait. Cela n'avait pas plus d'importance que quand, quittant Paris, il ignorait si M. Dieudonné avait besoin de lui, ou s'il lui plairait.

Ce qui comptait, c'était de partir, de gravir un échelon, et celui-ci lui apparaissait comme l'échelon définitif.

Tout à l'heure, il irait au *Washington*. Il y allait rarement l'après-midi, mais il avait besoin d'aller voir le palace avec ses yeux nouveaux, ses yeux d'homme qui vivrait désormais dans de semblables décors.

— Demain, je...

A haute voix, il questionna :

— Vous n'avez pas vu le Hollandais ?

Cette fois, il en parlait sur un ton parfaitement

désinvolte. A tel point que Jef se retourna et l'examina avant de grogner :

— Tu as besoin de lui ?
— Peut-être.
— Si c'est pour des têtes, il n'en a pas pour le moment. Quelqu'un lui en a demandé hier et...

Il ne pouvait pas s'empêcher de se regarder dans les glaces, de lisser ses cheveux d'une main qui ne tremblait pas (tiens ! il s'achèterait enfin une grosse chevalière en or, avec un écusson armorié, comme il avait rêvé toute sa vie d'en porter au doigt) !

Un des maquereaux indiqua :

— Je l'ai rencontré ce matin du côté du port.

Michel ne savait pas au juste pourquoi il avait besoin du Hollandais, mais il était sûr qu'il en aurait besoin. Celui-ci ne s'était-il pas placé de lui-même dans son axe ? Et Jef ne lui avait-il pas donné l'idée de...

Il laissait tomber l'eau goutte à goutte sur le morceau de sucre en équilibre au-dessus de son verre. La fumée de sa cigarette lui picotait un peu les yeux. A ce moment précis, la pluie, dehors, se mit à tomber, tellement dru, en gouttes si grosses, qu'elles rebondissaient sur le trottoir comme de la grêle.

Des passants se mettaient à courir. La porte du café s'ouvrait et des gens qu'on n'avait jamais vus chez Jef venaient se mettre à l'abri sans oser toutefois s'avancer vers le comptoir.

— Enfin !... soupira Nic. Il faudra que je téléphone à la maison pour qu'on vienne me chercher en voiture... Quel est l'atout ?...

— Trèfle... Fred vient de couper...

Michel aurait préféré que la pluie ne vînt que dans deux jours, après son départ, car il prévoyait un certain nombre d'allées et venues et il serait obligé de patauger dans le déluge.

— Je crois, articula-t-il en s'asseyant à moitié sur le coin d'un guéridon, que nous ne ferons pas de vieux os à Panama...

Ce fut Jef, une fois encore, qui se tourna vers lui et qui fronça les sourcils, comme s'il cherchait à bien comprendre.

— Le vieux a peur de la saison des pluies...

Même l'eau du ciel qui lui venait à point !

— Il ne sait pas encore où il ira, mais l'idée le travaille et, dans ces cas-là, la réalisation ne tarde pas longtemps.

Ainsi, leur départ était annoncé et on ne s'étonnerait pas en ne les voyant plus. Il fallait penser à tout. Il y penserait.

— Renée est là-haut ?

On lui fit signe que oui.

— Seule ?

Il monta. Elle dormait et il dut l'éveiller.

— Je crois que nous allons partir, lui dit-il en allumant une nouvelle cigarette.

— Où ?

— Je ne sais pas encore. Le vieux s'est mis en tête que les pluies ne lui valent rien et il est probable que dans quelques jours...

— On dirait que tu es content ?

— Pour ce que je faisais ici, tu sais !

Ils ne s'étaient jamais prétendus amoureux l'un de l'autre. Ils n'avaient donc pas à jouer la comédie. Pourtant, Renée était un peu triste et comme inquiète.

— Je ne sais pas pourquoi j'en avais le pressentiment.

— Toi aussi ?

Il se reprocha ce mot-là comme une imprudence.

— Pourquoi ? Quelqu'un te l'a dit ?

C'était à Jef qu'il pensait, mais il répondit :

— Personne. Je sentais, moi aussi, qu'un changement allait intervenir dans ma vie.

Ne pas trop parler. Il parlait trop. Et, puisqu'il avait du temps devant lui, pourquoi ne pas profiter une dernière fois du corps docile et doux de Renée ?

— Tu te déshabilles ?

— Tu vois.

Il était content de faire l'amour, de le faire sans fièvre, comme d'habitude avec Renée, car cela prouvait encore sa tranquillité d'esprit. Pendant qu'il l'étreignait, il ne cessait pas un instant de penser à son projet, ou plutôt à la décision qu'il avait prise.

« *Le cher vieil homme...* »

C'était à croire que Gertrud, dans son palais de Valparaiso, avait des antennes. Jamais, dans ses autres lettres, elle n'avait fait allusion au fameux oncle.

— Tu ne regretteras pas ?

— Moi ?

Un quart d'heure plus tard, il refaisait devant la glace le nœud de sa cravate.

— Tu ne partiras pas sans venir me dire au revoir, au moins ?

Il promit, certes, mais il savait qu'il ne viendrait pas. C'était fini. Pour ce qui était de Renée, les adieux étaient terminés. La porte à franchir. Il se retournerait un instant vers le lit où elle restait étendue, une jambe pendante, les cheveux épars sur l'oreiller.

Adios !

En bas, ce n'était pas aussi sûr. Peut-être aurait-il encore besoin de Jef ? La partie de cartes était terminée. Tout le monde était debout. Vrondas avait téléphoné et sa voiture était devant la porte, le chauffeur indigène sur le siège.

— Personne à reconduire ? questionna Nic au moment de sortir.

— Moi ! fit Michel après un regard à Jef qui ramassait les verres.

Et il se précipita, tête basse, dans la luxueuse auto du Levantin. Il y flottait toujours un fort parfum, car Nic se parfumait comme une femme. Dans une sorte de vide-poche en bois précieux, fixé derrière le siège, Michel aperçut un petit briquet en or qui lui apparut comme la préfiguration de la vie qui l'attendait. Cela lui rappela aussi l'étui à cigarettes de Gertrud Lampson.

Alors, il fut tellement impatient d'être au surlendemain qu'il lui sembla qu'en possédant ce briquet il serait déjà un peu le nouvel homme. Vrondas parlait. Que racontait-il ? Cela n'avait pas d'importance. L'auto, d'ailleurs, s'arrêtait déjà devant chez Vuolto.

— Vous venez ce soir faire un poker ?
— Je ne sais pas encore. Peut-être. A moins qu'à cause de notre prochain départ...

Tout à l'heure, chez Jef, ce départ était encore lointain. Il se précisait toujours davantage. Pour un peu, il l'annoncerait maintenant pour le lendemain !

En même temps, Michel, adroitement, saisissait le briquet dans le vide-poche et sortait de la voiture.

Nic, qui n'avait rien vu, se renversait en arrière, la portière claquait et l'auto s'éloignait entre deux gerbes d'eau sale.

Tout en montant l'escalier de chez Vuolto, Maudet serrait dans sa main le précieux briquet. Sur le premier palier, il s'arrêta, jeta sa cigarette commencée et en prit une autre qu'il alluma à la flamme d'or.

Quand il pénétra dans la véranda, Ferchaux lui parut plus petit, plus maigre, plus insignifiant que d'habitude, et il se demanda comment cet homme avait pu tellement l'impressionner quand il l'avait vu pour la première fois dans la maison de la dune.

La négresse, qui avait mis la table, annonçait avec son large sourire crispant que ces messieurs étaient servis et qu'il y avait des perdrix.

VIII

L'avion Bogota-Lima-Valparaiso partait de Cristobal le jeudi à huit heures du matin. La journée décisive de Michel fut donc celle du mercredi. Il continua à pleuvoir toute cette journée-là comme il avait plu le mardi et comme il pleuvrait désormais pendant plusieurs semaines. La chaleur restait aussi accablante qu'à la fin de la saison sèche. On traînait toujours dans les rues des complets de toile blanche qui, détrempés, ressemblaient à des compresses, et que la boue étoilait plus haut que les genoux.

Ce fut une des rares fois de sa vie que Maudet se servit d'un parapluie, car il était difficile de trouver un taxi dans les environs de chez Vuolto ; tous ceux qui passaient et qui se dirigeaient vers le *Washington* ou en venaient étaient déjà occupés.

Selon les habitudes qui s'étaient établies pendant les dernières semaines, Ferchaux travaillait un peu le matin, vers neuf heures et demie, puis encore l'après-midi, vers trois heures. C'était à peu près régulier. Le reste du temps, Maudet était dans la maison comme un jeune homme émancipé qui n'a plus à rendre compte de son temps. Il se contentait, s'il voulait sortir, de demander à Ferchaux, pour la forme :

— Rien de spécial ?

Il n'y eut aucun changement ce jour-là. Le matin de bonne heure, il se rendit à la poste, plutôt par discipline que dans l'attente d'une lettre, car ce n'était pas un jour de courrier aérien. Il continuait à chercher Suska, qu'il avait vainement poursuivi la veille au soir dans tous les endroits où on avait l'habitude de le rencontrer.

Il y avait, à deux pas de la poste, un petit bar, tenu par un Italien, où il arrivait souvent à Michel de pénétrer en coup de vent pour boire son premier verre de la journée. Il faillit le faire ce jour-là mais, à quelques pas de la porte peinte en vert olive, il s'immobilisa.

Il ne fallait pas boire ! Il avait soif. Jamais il n'eut aussi soif de sa vie que pendant cette journée. Il y avait surtout, au moment où il s'y attendait le moins, cette contraction spasmodique de la gorge qui l'empêchait d'avaler sa salive. Cela venait de le prendre, justement. Il avait l'impression qu'un verre d'alcool l'aurait soulagé. Il entra bien dans le bar, s'accouda au comptoir, mais ce fut pour commander un verre d'eau.

Il avait de petites perles de sueur au front et au-dessus de la lèvre supérieure. Il sourit à Angelo, le patron, qui le connaissait.

— Alors, Angelo, ça va toujours ?
— On le fait aller, monsieur Michel.

— Je me demande si mon patron et moi n'allons pas quitter Panama.

— Ce serait dommage.

C'était bien. Il n'avait pas bronché. Il avait parlé d'une voix naturelle. Angelo n'avait rien soupçonné.

— Tu n'as pas vu le Hollandais ?

— Vous allez sûrement le trouver à traîner dans le quartier comme d'habitude. Celui-là, c'est comme la misère : on le rencontre plus souvent qu'on le voudrait.

Eh bien, non, justement. Comme par un fait exprès, Suska, depuis la veille au soir, était introuvable. Michel passa devant chez Jef. Il préféra ne pas entrer, car il aurait peut-être besoin d'y venir à d'autres moments de la journée et il ne voulait pas s'y montrer trop souvent. Il put s'assurer, en tout cas, que Suska n'était pas dans la salle.

Un taxi qui passait par hasard le conduisit au *Washington*. Il faillit, comme chez Angelo, réclamer de l'eau. Il se rendit compte à temps que cela paraîtrait étrange. Il se laissa servir son whisky habituel mais, quand le barman chinois eut le dos tourné, il versa l'alcool dans une caisse qui contenait une plante verte.

Ainsi, toute la journée, il eut pleinement conscience de chacun de ses gestes, de chacune de ses pensées. Vingt fois, cinquante fois, cent fois peut-être, le spasme le prit, qu'il fût ou non en présence de Ferchaux, et chaque fois son visage resta impassible.

Ce qui provoquait ce spasme-là, c'était une pensée, une image plutôt, qui se fixait soudain sur sa rétine : l'image du geste.

Car il avait étudié la question sous toutes ses faces. Il était resté une grande partie de la nuit les yeux ouverts, à portée de la main, ou presque, sur la véranda, du lit de camp où Ferchaux dormait — ou peut-être ne dormait pas ? — et le bruit continu de la pluie accompagnait ses réflexions.

Le résultat de celles-ci était qu'il était obligé d'accomplir le geste lui-même. Il avait d'abord pensé le faire faire par Suska, quitte à offrir une forte somme au Hollandais.

Il y avait un obstacle à ce plan. Suska verrait la ceinture et les banknotes. Car il faudrait bien débarrasser le cadavre de sa fortune avant de le faire disparaître. Si le Hollandais tuait, il serait présent. Il se rendrait compte de l'importance de la somme. Qui sait combien il demanderait alors et même s'il ne demanderait pas tout, qui sait s'il hésiterait au besoin à commettre un nouveau meurtre ?

Michel était obligé d'accomplir le geste. A cela aussi, au genre de geste qu'il ferait, il avait sûrement réfléchi. Il y avait pensé, entre autres, pendant le repas du soir en tête à tête avec Ferchaux. La matrone les servait. Heureusement qu'elle était mariée et qu'elle ne couchait pas dans la maison, car elle aurait suffi à détruire tous les plans de Maudet.

Il fallait que cela eût lieu dans le logement. Il était difficile, en effet, le soir, d'attirer Ferchaux dehors. Peut-être, étant donné le pied sur lequel ils vivaient depuis qu'ils s'étaient raccommodés, se méfiait-il un peu?

Impossible de tirer un coup de revolver sans alerter les Vuolto qui couchaient à l'étage en dessous.

Le poison aurait été le plus facile, mais Maudet n'y connaissait rien. Si le vieux allait râler et souffrir pendant des heures? Et où se procurer du poison sans donner l'éveil ou sans risquer, après coup, d'être identifié?

Non, il n'y avait pas à y échapper, il le savait : il fallait tuer salement, avec ses mains, avec un objet quelconque, un couteau ou un marteau.

Et c'était cela, c'était la pensée du geste à faire qui mettait à tout moment son organisme en déroute.

Or, personne ne s'en aperçut. Vingt fois, cinquante fois il fut tenté de boire, et chaque fois il résista, se contenta d'avaler un peu d'eau pour humecter sa gorge sèche.

Comme par hasard, le vieux dicta jusqu'à midi passé. Parfois, tandis qu'il fermait les yeux pour fouiller dans sa mémoire, Michel laissait tomber sur lui un froid regard par lequel il semblait le mesurer. Et c'était presque cela, en effet, car Michel pensait aux trois nègres et à la cartouche de dynamite.

Combien c'était facile en comparaison de ce qu'il allait faire! Encore, lui, Maudet, devait-il attendre vingt-quatre heures avant d'agir! Encore devait-il penser aux moindres détails qui pourraient le trahir!

Et pourtant Ferchaux le méprisait, considérait comme une faiblesse, presque comme une tare, l'attachement qu'il lui vouait! Il aurait aimé le leur crier, à lui, à Jef, aux autres qui le regardaient comme un garçon pas sûr, comme un petit lâche, oui, il aurait aimé leur crier :

— Regardez-moi en ce moment. Vous ne voyez rien d'extraordinaire, n'est-ce pas ? Eh bien, je suis en train de préparer, tout seul, le geste *nécessaire*. Pas plus tard que cette nuit, je tuerai.

Il y avait un marteau dans un tiroir de l'armoire, un marteau qui était là par le plus grand des hasards, car il se trouvait déjà dans le meuble quand on avait acheté celle-ci d'occasion. Michel s'assura que la matrone ne l'avait pas changé de place. Il trouva également le moyen de passer en revue les couteaux de cuisine qui n'étaient pas fameux, mais qui devaient suffire.

Ce qui commençait à l'angoisser, c'était l'absence de Suska. Il ne put s'empêcher, avant le déjeuner, de pénétrer chez Jef. Celui-ci, après quelques instants, lui demanda :

— Qu'est-ce que tu cherches ?

Il aurait pu répondre qu'il ne cherchait rien. Au contraire, c'est de propos délibéré qu'il prononça d'une voix un peu vibrante :

— Je cherche le Hollandais.

Il soutint le regard de Jef. C'était un défi. Eh ! oui, il cherchait le Hollandais. Et après ? Est-ce que Jef devinait ? Tant mieux ! Michel n'avait pas peur de lui. Il savait qu'il n'oserait pas le trahir. S'il avait eu la faiblesse de boire, il en aurait certainement dit davantage.

— A moins qu'il soit allé à Panama, tu devrais le trouver à cette heure-ci aux environs du marché.

Il ne monta pas voir Renée. Avec elle, c'était fini. Il courut au marché et plongea le regard dans tous les petits cafés des alentours sans apercevoir Suska.

Il fallait rentrer pour déjeuner. Il fallait ensuite, le crayon à la main, attendre la monotone dictée de Ferchaux.

— *A moins qu'il soit allé à Panama...*

Une sueur froide. Une angoisse folle, intolérable, à croire que quelque chose allait se briser en lui. Si Suska était à Panama, Michel n'aurait jamais la force de faire ce qu'il resterait à faire une fois Ferchaux mort.

Ferchaux mort... En pensant cela, il regardait le vieillard étendu dans son transatlantique. Un mince, mince sourire lui vint au lèvres.

Est-ce que le grand Ferchaux avait jamais vécu une journée pareille à celle qu'il vivait, lui, Maudet, qu'on regardait comme un petit jeune homme?

Certaines fois, quand il se remémorait sa vie d'Afrique, il arrivait au vieillard de passer la main sur son front et de soupirer :

— J'ai fait de tels efforts, Michel, toujours, toute ma vie durant...

La somme de ces efforts semblait encore l'écraser. Tout son être exprimait une si grande lassitude qu'on eût pu croire qu'il n'aspirait plus qu'à se fondre dans un néant de repos.

Ferchaux n'avait jamais vécu une journée comme la sienne. Il suait. Son costume, qu'il n'avait pas le temps de changer, était crotté. Il y avait de l'eau dans ses souliers.

A quatre heures, le vieux dictait toujours. Il était un peu plus de cinq heures quand Maudet se précipita à nouveau dans les rues. Et, à huit heures, il n'avait pas trouvé Suska. Il lui restait exactement douze heures devant lui. Encore y aurait-il, le lendemain matin, même si les choses se passaient au mieux, un sérieux danger.

Faute d'argent, par prudence aussi — il aurait pu emprunter de l'argent comme il le faisait si souvent — il n'avait pas retenu sa place à bord de l'avion. Or, il arrivait que les avions des grandes lignes fussent complets. Il jouait sa chance. Il ne saurait qu'à la dernière minute.

A huit heures et demie, il pénétrait chez Jef, et celui-ci vit bien qu'il était las, inquiet ; il y eut une question involontaire dans le regard qu'il fit peser sur lui.

Michel eut la force de ne rien dire, de suivre pendant un bon moment une partie de cartes. Quand le tremblement le prenait, quand sa gorge se serrait, il se regardait dans la glace, fier qu'on ne lût aucune faiblesse sur son visage.

— Tu cherches toujours Suska ?

Il haussa les épaules, comme si la question était sans importance. Ce fut Jef qui insista.

— Je vais te dire où tu le trouveras sûrement. Va chez le vieux Pedro, dans le quartier nègre. Descends dans la cave.

Le renseignement était bon. Le vieux Pedro, qui

tenait, dans une maison de bois, un petit café où on ne voyait jamais personne, essaya bien de barrer le passage à Michel quand celui-ci voulut descendre dans la cave. Mais on n'arrêtait pas Michel à ce moment.

En bas, il trouva une demi-douzaine d'indigènes — il crut reconnaître un blanc dans la pénombre — qui buvaient de la *chicha* et qui avaient tous le même regard halluciné.

— Suska !

Celui-ci leva vers lui des yeux vides.

— Il faut que tu viennes avec moi. J'ai à te parler.

Une dernière angoisse : si Suska, ivre de chicha, allait n'être plus bon à rien ?

Le grand corps mou le suivit dans la rue. Les deux hommes traversèrent le boulevard sous la pluie battante, s'arrêtèrent sous une loggia.

— Écoute, Suska, il faut absolument que, ce soir, dans une heure, peut-être dans deux...

Il lui serrait si fort le bras que ses ongles meurtrissaient la chair. Il parlait bas, d'une voix haletante, incisive, soufflant au visage du Hollandais sa respiration brûlante.

— Je te donnerai ce que tu voudras.

Si Jef allait avoir menti ? Si Suska...

— Viens avec moi. Tu resteras caché dans la rue jusqu'à ce que je fasse de la lumière sur la véranda. Tu as compris ? Tu ne t'en iras pas, n'est-ce pas ? Tu dis ?

L'autre disait qu'il voulait d'abord retourner chez

Pedro pour boire encore un verre de chicha. Michel résistait. Suska s'obstinait, énorme et silencieux.

— Eh bien, j'irai avec toi. Je n'entrerai pas, mais je t'attendrai à la porte. Tu te dépêcheras, n'est-ce pas ? Tu ne boiras pas trop ?

Plus forte que jamais, si impérieuse que cela lui faisait vraiment mal, lui vint la tentation de boire. Le moment approchait. Le geste...

— Va vite. Je ne bouge pas d'ici.

Il se colla contre une maison qui l'abritait quelque peu de la pluie, il était déjà tellement mouillé que celle-ci n'avait plus d'importance.

Chose étrange, de toute la journée, il n'avait pas pensé une seule fois à Gertrud Lampson. Ce qui le lui rappela, ce fut une auto qui se dirigeait vers le *Washington.* L'Américaine avait joué son rôle. Elle n'avait déjà presque plus d'importance. Même si, là-bas, au Chili, il ne la retrouvait pas, il n'y aurait rien de changé, car le pas serait franchi.

Il fallait tenir bon quelques heures encore. Cela seul importait.

Jef savait qu'il avait passé la plus grande partie de sa journée à chercher le Hollandais. Le lendemain, il comprendrait, et Michel regrettait de ne pas être là pour rencontrer son regard à ce moment.

Mais non ! Il serait loin, très loin de tout ce milieu misérable, aussi loin qu'à Panama il l'était des rues sombres de Valenciennes. Il n'y penserait plus. Est-ce qu'il pensait encore à son père et à sa mère ? Est-ce qu'il se souvenait encore de Lina ? A peine assez pour reconstituer son visage, et encore, pas en détail !

Quelqu'un qu'il n'avait pas entendu venir se tenait à côté de lui. C'était Suska, qui attendait.

— Viens.

Il l'entraîna, le posta dans une encoignure, à moins de cent mètres de chez Vuolto, et s'assura que, de cette place, il verrait la lumière de la véranda.

Il ouvrit avec sa clef la porte de la maison qu'il laissa contre derrière lui et s'engagea dans l'escalier.

Là, il eut sa première faiblesse. Il s'immobilisa soudain, sur la troisième ou quatrième marche, en tenant la rampe, car ses jambes molles refusaient d'avancer. C'était tout de suite, sans doute, qu'il faudrait faire le geste. Il s'efforça de penser que, dans quelques minutes, tout serait fini, il se rappela la jambe que Ferchaux avait fait couper par son frère dans la forêt équatoriale, il monta, comme un automate, la gorge si serrée, cette fois, que nulle puissance au monde n'aurait pu lui arracher une parole.

Il y avait de la lumière sous la porte des Vuolto. Ceux-ci, le soir, comme beaucoup de commerçants, faisaient leurs comptes assez tard.

Un bateau venait sans doute d'arriver, car on chargeait la camionnette dans la cour de Dick Weller.

Michel poussa la porte. L'appartement était dans l'obscurité et il évita de tourner le commutateur.

Il était impossible de savoir, sans se pencher sur

lui, si Ferchaux dormait, car il restait souvent couché pendant des heures les yeux grands ouverts.

Pourquoi se souvint-il de la nuit où il avait attendu l'heure qu'il s'était fixée pour quitter sans bruit la maison de la dune et aller rejoindre Lina dans son auberge normande ? Alors qu'il se rappelait à peine les traits de sa femme, il revit avec netteté la grosse fille de ferme qu'il avait hélée à travers le portail et qui lui avait enfin ouvert, il retrouva l'odeur d'étable par un matin humide...

Dans la cuisine, il ouvrit le tiroir où il avait laissé le meilleur couteau et le marteau.

Que serait-il arrivé si, à ce moment-là, Ferchaux avait parlé ? Malgré la pluie, il y avait une légère clarté lunaire. En outre, quelques rayons des becs de gaz du boulevard parvenaient jusqu'à la véranda et permettaient, quand l'œil s'y était habitué, de distinguer le contour des objets.

Aucun bruit proche, pas même celui, si faible fût-il, d'une respiration.

Est-ce que Ferchaux, par miracle, était sorti ?

Non. Il vit la forme du corps sur le drap blême, fit trois ou quatre pas, très vite, la main serrée sur le manche du marteau, et il frappa de toutes ses forces.

Il vacillait, perdait pied. Il avait peur de s'évanouir. Le bruit du marteau sur les os était le plus sinistre qu'il eût jamais entendu. Par contre, il n'y eut pas un cri, pas un soupir.

Il faillit, par peur de faiblir, allumer tout de suite la lampe électrique qui servirait de signal à Suska. Pourquoi lui semblait-il que le vieux n'était pas mort ? Il distinguait ses yeux, malgré la pénombre. Il était sûr qu'ils étaient ouverts, qu'ils le regardaient.

Alors, pour en finir, il se servit du couteau qu'il plongea à plusieurs reprises, au petit bonheur, dans la poitrine. La dernière fois, la lame dut se coincer entre les côtes, car il ne parvint pas à la retirer.

C'était fini. Fini pour le geste. Il avait soif. Il chercha autour de lui quelque chose à boire. Près du lit de camp de Ferchaux, à même le sol, il y avait la bouteille de lait qui ne quittait pas le vieillard. Et, comme celui-ci l'avait peut-être fait quelques minutes auparavant, Michel but à longs traits à même le goulot.

Est-ce que le vieux caïman, comme disait Jef, avait eu autant de mal avec ses trois nègres ? Avait-il, pendant toute sa vie, lui qui parlait si volontiers de la somme de ses efforts comme d'une montagne qui l'écrasait encore, avait-il, pendant toute sa vie, déployé autant d'énergie que Michel venait de le faire en une seule journée ?

Il ne trouvait pas les boutons qui fermaient la ceinture. Pour les défaire, il fallait retourner le corps et il avait déjà du gluant sur les mains. Il coupa la toile avec son canif. Ses doigts cherchèrent les billets qu'il fourra au petit bonheur dans ses poches.

Alors seulement il fit de la lumière, l'espace de quelques secondes, en évitant de regarder vers le lit de camp. Il alla se poster sur le palier où il attendit l'arrivée du Hollandais. Celui-ci monta l'escalier si doucement que, jusqu'au moment de le toucher, Michel doutait encore.

— Viens... souffla-t-il.

A deux, ils tirèrent le lit de camp dans la chambre où la lumière ne pouvait pas se voir du dehors.

— Voici ce que je t'ai promis. Maintenant, il faut attendre que je revienne.

Dans sa chambre, il tourna le commutateur et se trouva en tête à tête avec son image que lui renvoyait le miroir. Par miracle, il n'y avait pas une tache de sang sur son complet blanc. Il se lava les mains dans la cuvette dont l'eau devint rose. Une fois encore, il eut envie de boire. Est-ce que, maintenant, cela avait encore de l'importance ?

Il se donna un coup de peigne, se pinça les joues pour les colorer. Il fallait suivre le programme qu'il avait minutieusement élaboré alors qu'il avait tout son sang-froid. D'ailleurs, ce sang-froid lui revenait.

Il descendit l'escalier, s'arrêta au premier étage, frappa à la porte des Vuolto.

— Entrez.

Il entrevit, par la porte de la chambre à coucher où il y avait une armoire à glace, madame Vuolto en camisole. Dans la cuisine, son mari était occupé à rédiger des factures.

— Je vous demande pardon de vous déranger à cette heure. M. Louis vient de recevoir un télégramme. Nous partirons probablement demain matin de bonne heure et nous serons sans doute un mois ou deux absents.

— Vous gardez l'appartement ?

— C'est à peu près certain. Cependant, au cas où, pour des raisons que je ne puis prévoir, nous ne reviendrions pas, je vous écrirais afin de vous demander de vendre les meubles. Le loyer est encore payé pour deux mois, n'est-ce pas ?

— C'est ma femme qui est au courant des locations. Tu entends, Rosita ? Est-ce que le loyer...

— C'est exact, répondait-elle de son lit dont on avait entendu grincer les ressorts.

— Si je ne vous revois pas...

— Nous nous reverrons sûrement demain matin. Vous partez par le *Wisconsin* ?

— C'est probable. Oui. Je ne sais pas encore au juste ce que M. Louis compte faire.

— Ainsi, vous rentrez en France ?

C'était un petit homme affable qui tenait au conventions et il alla prendre un carafon de liqueur dans l'armoire, tint à en verser deux verres.

— M. Louis ne descendra pas trinquer avec nous ?

— Vous savez comment il est !

— Eh bien, à votre santé et à votre bon voyage.

Ce fut la seule goutte d'alcool que Michel but de la journée et de la nuit — et le verre cerné d'or, minuscule, ne contenait guère plus qu'un dé à coudre.

Ils attendirent encore près de deux heures, là-haut, dans la chambre de Michel, que Vuolto fût endormi. Le Hollandais ne prononçait pas un mot et fixait sur n'importe quel point de l'espace le regard de ses prunelles agrandies par la chicha.

— Tu as bien compris, Suska ?

Est-ce que seulement les paupières battaient en signe d'assentiment ?

Enfin, les bruits se turent, la camionnette de Dick Weller revint à vide et on entendit mettre les barres à la porte du garage.

— Allons !

Michel commença par tout éteindre, car il ne voulait pas voir le cadavre. Ils le soulevèrent à deux, évitèrent, dans l'escalier, de le heurter au mur ou à la rampe.

L'itinéraire avait été choisi en connaissance de cause : deux rues à parcourir, deux rues où, la nuit, il ne passait personne. Ils rasaient les maisons. Le bruit de la mer commençait à leur parvenir.

Ils passèrent derrière la gare qui ressemblait dans la nuit à un tas de ferraille ; leurs pieds enfoncèrent bientôt dans le sable de la plage et de l'eau salée se mêla à l'eau du ciel qui les fouettait.

— Je peux compter sur toi, Suska ?

Il préférait s'éloigner. Ils étaient arrivés tout près des premières vagues mais, avant d'y traîner le corps, le Hollandais avait encore une besogne à accomplir.

Pendant près d'une demi-heure, Michel resta le dos collé contre le mur de la gare, à ne rien voir qu'un peu de blanc à la crête des vagues, à ne rien entendre que le fracas de l'océan.

Puis une ombre passa près de lui en silence. C'était Suska, qui portait un paquet de la grosseur d'une tête humaine.

Il ne rentra pas chez lui par le même chemin. Il savait bien où ses pas le conduisaient. Il vit de loin de la lumière dans le café de Jef et, quelques instants plus tard, après s'être arrêté sous un réverbère pour s'assurer qu'il n'y avait sur lui aucune trace de ce qui s'était passé, il en poussait la porte.

Une dizaine de Français du *Wisconsin* mangeaient des saucisses ou de la soupe à l'oignon. Jef, de loin, le regarda s'avancer en fronçant les sourcils, car il n'attendait pas sa visite à pareille heure.

Michel aussi se regardait marcher à pas réguliers, toutes les glaces lui renvoyaient son image et il en était fier comme il fut fier de sa voix quand il prononça :

— Je crois que je suis venu vous dire au revoir.
— Tu t'en vas ?
— Le vieux a reçu des nouvelles.

Jef le croyait-il ? Cela n'avait pas d'importance.
— Qu'est-ce que tu bois ?
— De la bière.
— Ah !

Puis, aussitôt :
— Tu as fini par trouver Suska ?
— Je l'ai trouvé.

Jef, qui devait trinquer à toutes les tables et raconter des histoires, n'insista pas. Les autres habitués n'étaient pas là. Napo s'affairait dans le cagibi qui lui servait de cuisine.

— Donne-moi une paire de saucisses ! lui lança Maudet.

Il ne s'assit pas, ne voulut ni assiette ni fourchette. Il mangea ses saucisses debout près du comptoir, en les trempant dans la moutarde.

C'était fini. Il s'en allait. Il jeta de la monnaie sur

le marbre d'une table. Sans savoir au juste pourquoi, il évita d'aller serrer la main de Jef qui buvait le champagne dans un coin.

— Tu t'en vas ?

— Je viendrai sans doute vous dire au revoir demain matin.

Il ne viendrait plus. Il ne les verrait plus. La porte à ouvrir et à refermer et ils sombreraient d'un seul coup dans le passé, perdant leur qualité d'êtres réels pour ne garder que la vague consistance de souvenirs.

Il se promena près d'une heure, tout seul, dans la pluie, avant de rentrer chez Vuolto. Il courait un dernier risque ; que le propriétaire, inquiet, ou désireux de dire adieu à Ferchaux, se fût relevé pour aller frapper à leur porte.

Car Michel avait tout prévu, jusqu'aux moindres aléas. Il traversa la cuisine, fit partout de la lumière pour s'assurer qu'il ne laissait derrière lui aucune trace compromettante. Avec un chiffon qu'il brûla ensuite, il alla effacer sur la terrasse quelques taches de sang.

Il se déshabilla, prit un tub glacé, mit son meilleur complet et rangea les banknotes dans un portefeuille que, la veille, il avait acheté tout exprès. (Il l'avait acheté au bazar de Nic Vrondas où il était allé pour savoir si celui-ci s'était aperçu de la disparition du briquet.)

Il se servit de ce briquet pour allumer une cigarette. Le torse nu, afin de ne pas mouiller déjà sa chemise de sueur, il fit ses bagages, ou plutôt *leurs bagages,* car il devait emporter aussi les effets de Ferchaux.

Il était calme, un peu vide. Les saucisses de chez Jef lui pesaient sur l'estomac ; une fois ou deux il se demanda s'il n'allait pas les vomir et, trouvant du bicarbonate de soude, il en prit deux cuillerées.

A trois heures du matin, il était prêt. A trois heures et demie, il ramenait un fiacre devant la maison et y chargeait les deux valises.

Les heures étaient longues. Les minutes n'en finissaient pas de s'ajouter aux minutes. Il ne savait où aller jusqu'au départ de l'avion.

Comme le fiacre passait par la rue réservée, il entrevit la Bretonne dans la lumière rose de son petit salon et l'idée lui vint d'arrêter la voiture.

— Attendez-moi.

Elle ne s'attendait pas à le voir.

— Je suis venu vous dire au revoir. Nous partons demain de très bonne heure.

— C'est gentil d'avoir pensé à moi. Qu'est-ce que vous prenez ?

Car la Bretonne, qui tutoyait tout le monde, lui avait toujours dit vous.

Ce fut d'abord parce qu'il était las qu'il s'étendit en travers sur son lit. Puis il eut peur de s'endormir. Dans quelques heures, ce serait fini à jamais de ce monde-là.

— Je peux vous offrir un petit verre ?

Elle avait refermé sa porte, comme pour les clients. En face, le cheval était luisant de pluie dans l'obscurité et le cocher était allé se coller contre un mur en attendant.

Sans doute la femme raconterait-elle à Jef qu'il était venu la voir ?

Par défi, pour que Jef le sache, il fit l'amour. Après quoi il resta longtemps à lui parler, comme il aurait parlé tout seul.

— Sais-tu que j'ai une femme en Europe ? C'est rigolo, hein ?

— Elle est belle ?

S'il avait eu un portrait de Lina, il le lui aurait fait voir, mais depuis longtemps il n'en avait plus.

— Je ne reviendrai sans doute jamais à Colon. Je ne sais pas. En tout cas, si je reviens...

Il se comprenait. S'il revenait, il ne ferait que passer sans s'arrêter dans cette rue, au volant d'une grosse voiture qui le conduirait au *Washington*.

Cette nuit, c'étaient ses adieux à la canaille.

— Il est mon heure.

— Quel bateau prends-tu ?

— Chut !

Et il voulut à toute force lui faire accepter un billet de cent dollars. Cela aussi, Jef l'apprendrait peut-être. Et Jef comprendrait.

Le cocher attendait qu'on lui donnât une adresse.

— Allez toujours jusqu'au *Relly's*.

Il ne voulait pas entrer à l'*Atlantic* où il eût rencontré Renée. Jamais le monde ne lui avait paru si peu réel que cette nuit-là. Il s'asseyait dans une boîte de nuit ou dans une brasserie, commandait des verres auxquels il se gardait bien de toucher. Il voyait des visages, près ou loin, des nez, des bouches, des yeux. Des gens riaient. Des hommes s'excitaient sur des filles qui les repoussaient mollement.

Il lui semblait qu'il n'aurait pas pu vivre une journée de plus, une seule, dans ce monde-là.

Cinq heures. A cinq heures et demie, dans un bar qui restait ouvert à cause de la présence dans le port du *Wisconsin*, il aperçut un type qui portait la casquette galonnée de la *South American Airway*.

— Viens ici, mon petit.
— Monsieur ?
— Tu ne sais pas si l'avion de ce matin est complet ?
— Lequel ?
— Bogota-Lima-Valparaiso.
— Je crois qu'il reste de la place. Voulez-vous que je téléphone ?

Il découvrit que cette nuit lui rappelait sa nuit de Bruxelles, du *Merry-Grill*, du *Palace*, le bain que l'entraîneuse, dont il ne se rappelait pas le nom, avait pris dans sa baignoire et les seins mous qu'il avait découverts.

— Il y a de la place, monsieur. Deux places au moins.
— Une suffira.

Déjà il donnait des pourboires comme les gens du *Washington*, envoyait le garçon porter un verre à son cocher.

Il n'avait pas de remords. Il sentait qu'il n'en aurait jamais. Le spectre de Ferchaux ne le poursuivait pas.

Et même il avait déjà presque oublié le fameux geste qui avait été plus facile qu'il l'avait cru.

Est-ce que Ferchaux, lui, avait eu des remords ? Et Jef ?

Pourtant, il y avait quelque chose de changé, d'irrémédiablement changé. Il regardait avec des yeux nouveaux l'agitation qui l'entourait, les gens dont le visage lui apparaissait soudain en gros plan.

Tout à l'heure, parlant à la Bretonne d'un âge presque canonique, il lui avait dit :

— *Mon petit...*

Il se sentait vieux. Il avait l'impression d'être égaré dans une cour d'école au moment de la récréation et la vue d'un gros Bordelais, qui venait manger une saucisse avec encore sur la tête le bonnet de papier dont on l'avait affublé au *Moulin-Rouge* ou à l'*Atlantic* n'était plus capable de le faire sourire.

— Au camp d'aviation !

Le jour se levait. La pluie tombait toujours. On lui délivra son billet sans difficulté et il fut un des premiers à prendre place dans la carlingue.

Ce fut alors qu'il aperçut un bar en bordure du terrain et il s'y précipita, car il en avait enfin le droit ; il but coup sur coup quatre ou cinq whiskies doubles et ce ne fut que de justesse qu'il reprit sa place dans l'avion au moment où on retirait les cales.

Michel Maudet vécut trois mois en Amérique du Sud en compagnie — ou plutôt à la traîne — de Gertrud Lampson. On les vit à Buenos Aires, à Rio, à Pernambouc, à La Paz et à Quito.

A Caracas, ils prirent place, pour une croisière dans le golfe du Mexique, à bord du yacht d'une amie yankee de Mrs Lampson.

A La Havane, on embarqua plusieurs personnes de la meilleure société, dont une Cubaine de vingt-sept ans que Maudet épousa trois semaines plus tard, lorsque le yacht mouilla enfin à New York.

Il en eut un enfant — une petite fille — mais peu après il accepta, à des conditions avantageuses, le divorce que ses beaux-parents lui proposaient.

Quatre ans plus tard, à Singapour, on le retrouvait qui, sous le nom de captain Philps, était au mieux, disait-on, avec lady Wilkie, laquelle approchait d'assez près la cour d'Angleterre.

C'était un homme jeune et mince, hâlé par le soleil, qui pratiquait tous les sports, possédait une écurie de polo, dansait à la perfection et buvait sec.

Malgré son âge, ses cheveux s'argentaient légèrement aux tempes et il y avait dans son sourire une ironie indéfinissable, dans ses yeux clairs une fixité qui contrastait avec son enjouement.

Il avait l'habitude de dire sur le ton de la plaisanterie ou du moins ses interlocuteurs le prenaient ainsi et protestaient avec véhémence :

— Moi qui suis très vieux...

Et c'était encore une volupté d'être seul à savoir qu'il avait raison.

Saint-Mesmin, le 7 décembre 1943.

Note de l'Auteur

PREMIÈRE PARTIE : *L'homme de l'Oubangui.*

DEUXIÈME PARTIE : *Le vieillard de Panama.*

COLLECTION FOLIO

Dernières parutions

2865. Didier Daeninckx — *Un château en Bohême.*
2866. Christian Giudicelli — *Quartiers d'Italie.*
2867. Isabelle Jarry — *L'archange perdu.*
2868. Marie Nimier — *La caresse.*
2869. Arto Paasilinna — *La forêt des renards pendus.*
2870. Jorge Semprun — *L'écriture ou la vie.*
2871. Tito Topin — *Piano barjo.*
2872. Michel del Castillo — *Tanguy.*
2873. Huysmans — *En Route.*
2874. James M. Cain — *Le bluffeur.*
2875. Réjean Ducharme — *Va savoir.*
2876. Mathieu Lindon — *Champion du monde.*
2877. Robert Littell — *Le sphinx de Sibérie.*
2878. Claude Roy — *Les rencontres des jours 1992-1993.*
2879. Danièle Sallenave — *Les trois minutes du diable.*
2880. Philippe Sollers — *La Guerre du Goût.*
2881. Michel Tournier — *Le pied de la lettre.*
2882. Michel Tournier — *Le miroir des idées.*
2883. Andreï Makine — *Confession d'un porte-drapeau déchu.*
2884. Andreï Makine — *La fille d'un héros de l'Union soviétique.*
2885. Andreï Makine — *Au temps du fleuve Amour.*
2886. John Updike — *La Parfaite Épouse.*
2887. Daniel Defoe — *Robinson Crusoé.*

2888.	Philippe Beaussant	*L'archéologue.*
2889.	Pierre Bergounioux	*Miette.*
2890.	Pierrette Fleutiaux	*Allons-nous être heureux ?*
2891.	Remo Forlani	*La déglingue.*
2892.	Joe Gores	*Inconnue au bataillon.*
2893.	Félicien Marceau	*Les ingénus.*
2894.	Ian McEwan	*Les chiens noirs.*
2895.	Pierre Michon	*Vies minuscules.*
2896.	Susan Minot	*La vie secrète de Lilian Eliot.*
2897.	Orhan Pamuk	*Le livre noir.*
2898.	William Styron	*Un matin de Virginie.*
2899.	Claudine Vegh	*Je ne lui ai pas dit au revoir.*
2900.	Robert Walser	*Le brigand.*
2901.	Grimm	*Nouveaux contes.*
2902.	Chrétien de Troyes	*Lancelot ou Le chevalier de la charrette.*
2903.	Herman Melville	*Bartleby, le scribe.*
2904.	Jerome Charyn	*Isaac le mystérieux.*
2905.	Guy Debord	*Commentaires sur la société du spectacle.*
2906.	Guy Debord	*Potlatch (1954-1957).*
2907.	Karen Blixen	*Les chevaux fantômes* et autres contes.
2908.	Emmanuel Carrère	*La classe de neige.*
2909.	James Crumley	*Un pour marquer la cadence.*
2910.	Anne Cuneo	*Le trajet d'une rivière.*
2911.	John Dos Passos	*L'initiation d'un homme : 1917.*
2912.	Alexandre Jardin	*L'île des Gauchers.*
2913.	Jean Rolin	*Zones.*
2914.	Jorge Semprun	*L'Algarabie.*
2915.	Junichirô Tanizaki	*Le chat, son maître et ses deux maîtresses.*
2916.	Bernard Tirtiaux	*Les sept couleurs du vent.*
2917.	H.G. Wells	*L'île du docteur Moreau.*
2918.	Alphonse Daudet	*Tartarin sur les Alpes.*
2919.	Albert Camus	*Discours de Suède.*
2921.	Chester Himes	*Regrets sans repentir.*
2922.	Paula Jacques	*La descente au paradis.*
2923.	Sibylle Lacan	*Un père.*
2924.	Kenzaburô Ôé	*Une existence tranquille.*
2925.	Jean-Noël Pancrazi	*Madame Arnoul.*

2926.	Ernest Pépin	*L'Homme-au-Bâton.*
2927.	Antoine de Saint-Exupéry	*Lettres à sa mère.*
2928.	Mario Vargas Llosa	*Le poisson dans l'eau.*
2929.	Arthur de Gobineau	*Les Pléiades.*
2930.	Alex Abella	*Le Massacre des Saints.*
2932.	Thomas Bernhard	*Oui.*
2933.	Gérard Macé	*Le dernier des Égyptiens.*
2934.	Andreï Makine	*Le testament français.*
2935.	N. Scott Momaday	*Le Chemin de la Montagne de Pluie.*
2936.	Maurice Rheims	*Les forêts d'argent.*
2937.	Philip Roth	*Opération Shylock.*
2938.	Philippe Sollers	*Le Cavalier du Louvre. Vivant Denon.*
2939.	Giovanni Verga	*Les Malavoglia.*
2941.	Christophe Bourdin	*Le fil.*
2942.	Guy de Maupassant	*Yvette.*
2943.	Simone de Beauvoir	*L'Amérique au jour le jour, 1947.*
2944.	Victor Hugo	*Choses vues, 1830-1848.*
2945.	Victor Hugo	*Choses vues, 1849-1885.*
2946.	Carlos Fuentes	*L'oranger.*
2947.	Roger Grenier	*Regardez la neige qui tombe.*
2948.	Charles Juliet	*Lambeaux.*
2949.	J.M.G. Le Clézio	*Voyage à Rodrigues.*
2950.	Pierre Magnan	*La Folie Forcalquier.*
2951.	Amos Oz	*Toucher l'eau, toucher le vent.*
2952.	Jean-Marie Rouart	*Morny, un voluptueux au pouvoir.*
2953.	Pierre Salinger	*De mémoire.*
2954.	Shi Nai-an	*Au bord de l'eau I.*
2955.	Shi Nai-an	*Au bord de l'eau II.*
2956.	Marivaux	*La Vie de Marianne.*
2957.	Kent Anderson	*Sympathy for the Devil.*
2958.	André Malraux	*Espoir — Sierra de Teruel.*
2959.	Christian Bobin	*La folle allure.*
2960.	Nicolas Bréhal	*Le parfait amour.*
2961.	Serge Brussolo	*Hurlemort.*
2962.	Hervé Guibert	*La piqûre d'amour* et autres textes.
2963.	Ernest Hemingway	*Le chaud et le froid.*

2964.	James Joyce	*Finnegans Wake.*
2965.	Gilbert Sinoué	*Le Livre de saphir.*
2966.	Junichirô Tanizaki	*Quatre sœurs.*
2967.	Jeroen Brouwers	*Rouge décanté.*
2968.	Forrest Carter	*Pleure, Géronimo.*
2971.	Didier Daeninckx	*Métropolice.*
2972.	Franz-Olivier Giesbert	*Le vieil homme et la mort.*
2973.	Jean-Marie Laclavetine	*Demain la veille.*
2974.	J.M.G. Le Clézio	*La quarantaine.*
2975.	Régine Pernoud	*Jeanne d'Arc.*
2976.	Pascal Quignard	*Petits traités I.*
2977.	Pascal Quignard	*Petits traités II.*
2978.	Geneviève Brisac	*Les filles.*
2979.	Stendhal	*Promenades dans Rome.*
2980.	Virgile	*Bucoliques. Géorgiques.*
2981.	Milan Kundera	*La lenteur.*
2982.	Odon Vallet	*L'affaire Oscar Wilde.*
2983.	Marguerite Yourcenar	*Lettres à ses amis et quelques autres.*
2984.	Vassili Axionov	*Une saga moscovite I.*
2985.	Vassili Axionov	*Une saga moscovite II.*
2986.	Jean-Philippe Arrou-Vignod	*Le conseil d'indiscipline.*
2987.	Julian Barnes	*Metroland.*
2988.	Daniel Boulanger	*Caporal supérieur.*
2989.	Pierre Bourgeade	*Éros mécanique.*
2990.	Louis Calaferte	*Satori.*
2991.	Michel Del Castillo	*Mon frère l'Idiot.*
2992.	Jonathan Coe	*Testament à l'anglaise.*
2993.	Marguerite Duras	*Des journées entières dans les arbres.*
2994.	Nathalie Sarraute	*Ici.*
2995.	Isaac Bashevis Singer	*Meshugah.*
2996.	William Faulkner	*Parabole.*
2997.	André Malraux	*Les noyers de l'Altenburg.*
2998.	Collectif	*Théologiens et mystiques au Moyen Âge.*
2999.	Jean-Jacques Rousseau	*Les Confessions (Livres I à IV).*
3000.	Daniel Pennac	*Monsieur Malaussène.*
3001.	Louis Aragon	*Le mentir-vrai.*
3002.	Boileau-Narcejac	*Schuss.*

3003.	LeRoi Jones	*Le peuple du blues.*
3004.	Joseph Kessel	*Vent de sable.*
3005.	Patrick Modiano	*Du plus loin de l'oubli.*
3006.	Daniel Prévost	*Le pont de la Révolte.*
3007.	Pascal Quignard	*Rhétorique spéculative.*
3008.	Pascal Quignard	*La haine de la musique.*
3009.	Laurent de Wilde	*Monk.*
3010.	Paul Clément	*Exit.*
3011.	Léon Tolstoï	*La Mort d'Ivan Ilitch.*
3012.	Pierre Bergounioux	*La mort de Brune.*
3013.	Jean-Denis Bredin	*Encore un peu de temps.*
3014.	Régis Debray	*Contre Venise.*
3015.	Romain Gary	*Charge d'âme.*
3016.	Sylvie Germain	*Éclats de sel.*
3017.	Jean Lacouture	*Une adolescence du siècle : Jacques Rivière et la N.R.F.*
3018.	Richard Millet	*La gloire des Pythre.*
3019.	Raymond Queneau	*Les derniers jours.*
3020.	Mario Vargas Llosa	*Lituma dans les Andes.*
3021.	Pierre Gascar	*Les femmes.*
3022.	Penelope Lively	*La sœur de Cléopâtre.*
3023.	Alexandre Dumas	*Le Vicomte de Bragelonne I.*
3024.	Alexandre Dumas	*Le Vicomte de Bragelonne II.*
3025.	Alexandre Dumas	*Le Vicomte de Bragelonne III.*
3026.	Claude Lanzmann	*Shoah.*
3027.	Julian Barnes	*Lettres de Londres.*
3028.	Thomas Bernhard	*Des arbres à abattre.*
3029.	Hervé Jaouen	*L'allumeuse d'étoiles.*
3030.	Jean d'Ormesson	*Presque rien sur presque tout.*
3031.	Pierre Pelot	*Sous le vent du monde.*
3032.	Hugo Pratt	*Corto Maltese.*
3033.	Jacques Prévert	*Le crime de Monsieur Lange. Les portes de la nuit.*
3034.	René Reouven	*Souvenez-vous de Monte-Cristo.*
3035.	Mary Shelley	*Le dernier homme.*
3036.	Anne Wiazemsky	*Hymnes à l'amour.*
3037.	Rabelais	*Quart livre.*
3038.	François Bon	*L'enterrement.*
3039.	Albert Cohen	*Belle du Seigneur.*
3040.	James Crumley	*Le canard siffleur mexicain.*

3041.	Philippe Delerm	*Sundborn ou les jours de lumière.*
3042.	Shûzaku Endô	*La fille que j'ai abandonnée.*
3043.	Albert French	*Billy.*
3044.	Virgil Gheorghiu	*Les Immortels d'Agapia.*
3045.	Jean Giono	*Manosque-des-Plateaux* suivi de *Poème de l'olive.*
3046.	Philippe Labro	*La traversée.*
3047.	Bernard Pingaud	*Adieu Kafka ou l'imitation.*
3048.	Walter Scott	*Le Cœur du Mid-Lothian.*
3049.	Boileau-Narcejac	*Champ clos.*
3050.	Serge Brussolo	*La maison de l'aigle.*
3052.	Jean-François Deniau	*L'Atlantique est mon désert.*
3053.	Mavis Gallant	*Ciel vert, ciel d'eau.*
3054.	Mavis Gallant	*Poisson d'avril.*
3056.	Peter Handke	*Bienvenue au conseil d'administration.*
3057.	Anonyme	*Josefine Mutzenbacher. Histoire d'une fille de Vienne racontée par elle-même.*
3059.	Jacques Sternberg	*188 contes à régler.*
3060.	Gérard de Nerval	*Voyage en Orient.*
3061.	René de Ceccatty	*Aimer.*
3062.	Joseph Kessel	*Le tour du malheur I : La fontaine Médicis. L'affaire Bernan.*
3063.	Joseph Kessel	*Le tour du malheur II : Les lauriers roses. L'homme de plâtre.*
3064.	Pierre Assouline	*Hergé.*
3065.	Marie Darrieussecq	*Truismes.*
3066.	Henri Godard	*Céline scandale.*
3067.	Chester Himes	*Mamie Mason.*
3068.	Jack-Alain Léger	*L'autre Falstaff.*
3070.	Rachid O.	*Plusieurs vies.*
3071.	Ludmila Oulitskaïa	*Sonietchka.*
3072.	Philip Roth	*Le Théâtre de Sabbath.*
3073.	John Steinbeck	*La Coupe d'Or.*
3074.	Michel Tournier	*Éléazar ou La Source et le Buisson.*
3075.	Marguerite Yourcenar	*Un homme obscur — Une belle matinée.*
3076.	Loti	*Mon frère Yves.*

3078. Jerome Charyn — *La belle ténébreuse de Biélorussie.*
3079. Harry Crews — *Body.*
3080. Michel Déon — *Pages grecques.*
3081. René Depestre — *Le mât de cocagne.*
3082. Anita Desai — *Où irons-nous cet été ?*
3083. Jean-Paul Kauffmann — *La chambre noire de Longwood.*
3084. Arto Paasilinna — *Prisonniers du paradis.*
3086. Alain Veinstein — *L'accordeur.*
3087. Jean Maillart — *Le Roman du comte d'Anjou.*
3088. Jorge Amado — *Navigation de cabotage. Notes pour des mémoires que je n'écrirai jamais.*
3089. Alphonse Boudard — *Madame... de Saint-Sulpice.*
3091. William Faulkner — *Idylle au désert* et autres nouvelles.
3092. Gilles Leroy — *Les maîtres du monde.*
3093. Yukio Mishima — *Pèlerinage aux Trois Montagnes.*

*Impression Bussière Camedan Imprimeries
à Saint-Amand (Cher),
le 13 août 1998.
Dépôt légal : août 1998.
1er dépôt légal dans la collection : avril 1977.
Numéro d'imprimeur : 983897/1.*

ISBN 2-07-036930-7./Imprimé en France.

87989